westermann

D
Eins

Deutsch | Arbeitsheft 9

Dieses Arbeitsheft gehört:

_____

Eins

Deutsch | Arbeitsheft 9

Herausgegeben von
Claus Gigl und Klaus-Michael Guse

Erarbeitet von
Klaus Ackermann, Luise Esser, Katharina Fischer, Maria Fuhs, Claus Gigl,
Jens Göttert, Klaus-Michael Guse, Lucia Haldorn, Franziska Happ, Christian Kass,
Christina Knott, Markus Alexander Kopp, Andreas Seidler, Dorothee Wielenberg

westermann GRUPPE

© 2022 Westermann Bildungsmedien Verlag GmbH, Georg-Westermann-Allee 66, 38104 Braunschweig
www.westermann.de

Druck A[1] / Jahr 2022
Alle Drucke der Serie A sind im Unterricht parallel verwendbar.

Redaktion: Christina Kauschke, Lena Röseler
Illustrationen: Hannah Brückner, Yaroslav Schwarzstein
Umschlaggestaltung und Layout: Janssen Kahlert Design & Kommunikation, Hannover
© iStockphoto.com/Valeriy_G
Satz: Integra Software Services
Druck und Bindung: Westermann Druck GmbH, Georg-Westermann-Allee 66, 38104 Braunschweig

ISBN 978-3-507-**69009**-7

Inhaltsverzeichnis

So arbeitest du mit dem Arbeitsheft

Dies ist dein persönliches Arbeitsheft. Es passt genau zu deinem Deutschbuch **D Eins** und begleitet dich durch das ganze Jahr. Hier kannst du noch einmal gezielt üben, was ihr im Unterricht erarbeitet habt. Immer, wenn du im Schulbuch dieses Piktogramm 📄 siehst, bekommst du einen Hinweis, welche Seiten aus dem Arbeitsheft zu den Seiten im Buch passen.

- Du kannst direkt in dein **Arbeitsheft** schreiben, Wörter unterstreichen oder zeichnen. Manche Aufgaben musst du allerdings im Heft lösen.
- Auf einigen Seiten findest du auch rote Aufgaben zum Weiterarbeiten. Diese sind besonders knifflig und anspruchsvoll.
- Seiten aus dem Arbeitsheft, die du bereits bearbeitet hast, kannst du im Inhaltsverzeichnis abhaken. So behältst du den Überblick, was du schon gemacht hast, und kannst einzelne Seiten noch einmal wiederholen.
- Zu diesem Arbeitsheft gibt es ein **Lösungsheft**, mit dem du deine Arbeit überprüfen kannst. Für manche Aufgaben gibt es unterschiedliche Lösungen, z. B. wenn du einen eigenen Text schreibst. Arbeite dann mit einer Lernpartnerin oder einem Lernpartner zusammen und besprecht eure Lösungen. Sicher hilft dir bei Fragen auch deine Lehrerin oder dein Lehrer.

Wir wünschen dir viel Spaß und guten Lernerfolg mit deinem **D Eins**-Arbeitsheft!

Ein Bewerbungsanschreiben überarbeiten

Hier ist Platz für deine Notizen:

Kundenbetreuer im Nahverkehr (w/m/d)

Wir suchen dich als Kundenbetreuer im Nahverkehr der Fuchstrain AG am Standort Essen.

Deine Aufgaben:
- Aktive Beratung und Betreuung der Kunden am und im Zug
- Du sorgst dafür, dass unsere Kunden rundum zufrieden sind.
- Du verkaufst und kontrollierst Fahrscheine.

Was wir von dir erwarten:
- Du hast ein ausgeprägtes Verantwortungsbewusstsein und Service ist kein Fremdwort für dich.
- Du bist zuverlässig, teamfähig, einsatzfreudig und liebst den Kontakt zu Menschen.
- Belastbarkeit, Durchsetzungsvermögen, Konflikt- und Kommunikationsfähigkeit gehören zu deinen Stärken.
- Du bist bereit im Schichtdienst zu arbeiten.
- Führerschein ist sinnvoll, aber nicht zwingend nötig.

Deine Vorteile:
- Mit Seminaren, Trainings und Qualifizierungen bieten wir dir die Chance, deine Talente zu nutzen und ein zentraler Baustein in unserem Unternehmen zu werden.
- Wer alles gibt, soll auch viel bekommen: Neben einem überdurchschnittlichen Gehalt warten Extraurlaubstage, eine kostenlose Mitgliedschaft im Fitnessstudio und kostenloses Bahnfahren auf dich.
- Du wirst Teil eines erfolgreichen Bahnunternehmens, das Tag für Tag mit klimaneutralen Zügen dazu beiträgt, unsere Welt ein Stück besser zu machen.

Nutze deine Chance und bewirb dich unter:
Fuchstrain AG: Standort Essen
z. Hd. Frau Luise Schmied
An der Zollbrücke 23
45130 Essen

(Zeilennummern am Seitenrand: 5, 10, 15, 20, 25, 30)

1   Erschließe die Stellenanzeige und markiere die Informationen, die für eine Bewerbung wichtig sind.

2   Trage die markierten Informationen in die folgende Tabelle ein.

Angaben zur Stellenanzeige	Fuchstrain AG
Stellentitel	
Tätigkeitsprofil	
Angaben zum Unternehmen	
Anforderungen, Qualifikationen, Kompetenzen	
Arbeitsbedingungen	
Leistungen	
Bewerbungsverfahren	

3   Alina hat die Stellenanzeige der Fuchstrain AG gefunden und hat eine Bewerbung verfasst, da sie sich bei dem Unternehmen für ein Praktikum bewerben möchte. Lies ihr Anschreiben auf S. 8 und markiere, an welchen Stellen sie sich konkret auf die Anzeige bezogen hat.

4   Mache Vorschläge, auf welche Aussagen aus der Stellenanzeige Alina eingehen könnte, um sich besser an der Anzeige zu orientieren.

_____

_____

_____

_____

_____

5   Lies das Bewerbungsanschreiben erneut und notiere neben dem Text Stellen,
- an denen sich Alina ungeschickt präsentiert hat, mit einem (–).
- an denen Alina umgangssprachliche Formulierungen verwendet hat, mit einem (A).
- an denen Alina Rechtschreib- bzw. Zeichensetzungsfehler gemacht hat, mit einem (R) bzw. (Z).

6 Überarbeite Alinas Bewerbungsanschreiben. Nutze dazu ein Textverarbeitungsprogramm.

Hier ist Platz für deine Notizen:

Alina Bußmann
Am Viadukt 3
45329 Essen
Tel.: 0201 / 559 557 553 28
E-Mail: bussi-bussi@online.de

Fuchstrain AG
Luise Schmidt
An der Zollbrücke 23
45130 Essen

08.05.2022

Bewerbung

Sehr geehrte Frau Schmidt,

Bahnfahren ist mein Leben und deswegen möchte ich mich um
ein Praktikum vom 15.05.-19.05.2023 in Ihrem Unternehmen
bewerben.
Zurzeit besuche ich die 9. Klasse des Städtischen Gymnasiums
Essen, das ich voraussichtlich im Juni 2024 mit dem Abitur abschließen werde. Meine Lieblingsfächer sind Deutsch und Kunst.
Mit der Bahn zu verreisen ist für mich eine echte Leidenschaft.
Schon als Kind habe ich von meinen Eltern meine erste „Zugbe-
gleiterinnenuniform" geschenkt bekommen und diese Begeisterung hat nie nachgelassen. Seit ein paar Jahren organisiere
ich sogar die Bahnreisen für meine Familie und meinen Freun-
deskreis und kene mich daher im Streckennetz sehr gut aus.
Deswegen würde ich auch gerne bei ihnen ein Praktikum als
Kundenbetreuerin machen.

Ich bin stets freundlich und sehr belastbar. Das übernehmen von
Verantwortung und das arbeiten im Team liegen mir mega gut.
Ich bin zum Beispiel seit mehreren Jahren Klassensprecherin
und wirke in der SV und der Umwelt-AG mit. Ich bin also top für
sie geeignet, denn so jemanden suchen sie ja. In meiner Freizeit
helfe ich ehrenamtlich in der Kunsthalle, was zeigt, dass ich
gerne mit Menschen umgehe und auch Arbeit abends oder am
Wochenende gewohnt bin.

Ich freue mich echt darauf Sie bald persönlich kennenzulernen
und Sie zu überzeugen, dass ich genau die Richtige für Sie bin.

Viele liebe Grüße
Alina Bußmann

Anlage: Lebenslauf

Einen Lebenslauf erstellen

1 Levin bewirbt sich auf eine Ausbildungsstelle zum Pflegefachmann. Neben seinem Bewerbungsanschreiben hat er den folgenden Lebenslauf angelegt. Dieser ist jedoch unvollständig und teilweise ungeschickt formuliert.

a) Überprüfe, welche Bestandteile und Informationen in Levins Lebenslauf fehlen. Mache dir dazu Notizen am Rand.

b) Erläutere, inwieweit Levin sich nicht ideal präsentiert. Notiere deine Verbesserungsvorschläge am Rand.

Lebenslauf

Hier ist Platz für deine Notizen:

Persönliche Daten

Name:	Levin
Adresse:	Moritz-Steiner-Allee 16
	59759 Arnsberg
E-Mail:	derneueronaldo@mail.de
Geburtsdatum:	15.06.2006
Geburtsort:	Krankenhaus

Schulbildung

2012–2015	Grundschule „Am Bach", Arnsberg
seit 2015	Gymnasium, Arnsberg

Praktische Erfahrungen

12.06.2020	Tagespraktikum bei der Seniorenresidenz „Schöner Abend" in Arnsberg
seit März 2021	Teilnahme an „Schüler helfen Schülern" von Herrn Braun

Kenntnisse, Qualifikationen und Interessen

Computerkenntnisse:	viele
Sprachkenntnisse:	Englisch (geht so)
	Französisch (muss mehr Vokabeln lernen)
Interessen:	Fußball
	Urlaub
	Verwandten und Freunden mit technischen Geräten helfen

2 Levin hat überlegt, welche Informationen er in seinem Lebenslauf noch ergänzen könnte. Entscheide, welche dieser Informationen er noch in seinen Lebenslauf aufnehmen könnte und welche er lieber weglassen sollte. Begründe deine Einschätzung und berücksichtige dabei, dass nur Informationen aufgenommen werden sollten, die auch für den Arbeitgeber/die Arbeitgeberin wichtig sein könnten.

a. Levin kellnert regelmäßig für seine Oma, die ein eigenes Restaurant besitzt.

b. Levin plant, die Schule im Jahr 2024 mit dem Abitur abzuschließen.

c. Levin ist der Kapitän seiner Fußballmannschaft.

d. Levin spielt sehr gerne Gesellschaftsspiele und macht dies auch regelmäßig mit seiner Oma, die allerdings meistens gewinnt.

e. Levin ist beim eSport äußerst erfolgreich und steht kurz davor, zu einem großen Turnier eingeladen zu werden.

3 Schreibe Levins Lebenslauf neu. Nutze dazu ein Textverarbeitungsprogramm.

Eine Eröffnungsrede untersuchen

Die Frage, ob und unter welchen Bedingungen Jugendliche Alkohol trinken sollten, betrifft sowohl Jugendliche als auch Erwachsene. Man muss medizinische, gesellschaftliche und juristische Aspekte beachten, um gut über das Thema zu debattieren.

1   Lies die folgende Eröffnungsrede der Pro-Seite. Um welche Streitfrage geht es genau in dieser Debatte? Kreuze an.

☐ Soll die Werbung für Alkohol in Deutschland verboten werden?

☐ Sollen alkoholische Getränke stärker besteuert werden?

☐ Soll man Alkohol erst mit 18 Jahren trinken dürfen?

Die Saarbrücker Zeitung veröffentlichte am 1.3.21 auf ihrer Titelseite eine Graphik, die besagt, dass der Alkoholkonsum in Zeiten von Corona stark nach oben geht. Als Gründe werden auf der einen Seite
5   mehr verfügbare Zeit, aber auf der anderen Seite auch psychische Probleme genannt. Solche Probleme sind Stress, Einsamkeit und Depressionen. Diese Entwicklung ist bedenklich, weil Alkohol aus medizinischer Sicht eine Substanz ist, die für unse-
10   ren Körper und unsere Zellen giftig ist und von der viele Gefahren ausgehen; im Extremfall die Gefahr, davon süchtig zu werden. In unserer Debatte geht es deshalb heute darum, ob man Jugendlichen das Trinken von Alkohol ver-
15   bieten soll. Für die Pro-Seite spreche ich mich klar dafür aus und schlage Folgendes vor, damit junge Menschen erst mit 18 Jahren Alkohol trinken dürfen. Wir wollen Paragraph 9 des Jugendschutzgesetz so verschärfen, dass an Jugendliche bis zur Volljäh-
20   rigkeit mit 18 Jahren keine branntweinhaltigen Getränke, also Wodka oder Ähnliches, oder Getränke mit geringerem Alkoholgehalt, wie zum Beispiel Bier und Wein, verkauft werden dürfen. Dieses Verbot gilt für Supermärkte, andere Verkaufsstellen
25   wie Tankstellen und Kioske und auch in Gaststätten. Laut Jugendschutzgesetz ist es bisher erlaubt, dass Jugendliche ab 16 Jahren Wein und Bier kaufen dürfen. Dieses wollen wir verbieten, so dass man erst mit 18 Jahren Wein, Bier und hochprozentige
30   Alkoholgetränke kaufen darf. Es soll Jugendlichen auch verboten sein, in Restaurants, Parks oder anderen öffentlichen Plätzen Alkohol zu trinken. Diese Regelung gilt auch dann, wenn die Jugendlichen von ihren Eltern begleitet werden. Uns ist bewusst,
35   dass wir damit das Erziehungsrecht der Eltern einschränken, wir halten diese Verschärfung aber trotzdem für notwendig, um die Jugendlichen vor einer Substanz zu schützen, die sie nachhaltig schädigt. Durch Alkohol wird der Botenstoff Dopamin
40   vermehrt ausgeschüttet, wodurch der Mensch mit dem Konsum einer schädlichen Substanz positive Gefühle, wie z.B. Zufriedenheit und Stärke verbindet. Vor dieser Täuschung müssen gerade jungen Menschen geschützt werden. Und deshalb …

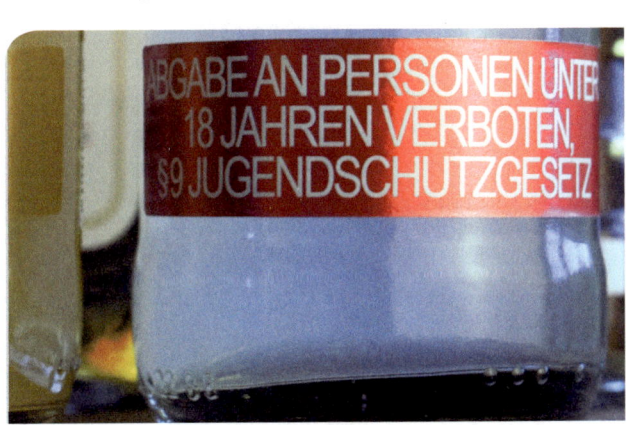

2   Vervollständige den letzten Satz der Rede passend zur Streitfrage.

3 Wurde diese Rede von Pro 1 oder Pro 2 gehalten? Begründe Deine Antwort, indem du auf die jeweilige Aufgabe von Pro 1 und Pro 2 in der Eröffnungsphase der Debatte eingehst.

_____

_____

_____

_____

4 Untersuche die vorgeschlagene Maßnahme darauf, ob sie auf alle relevanten Aspekte des Problems eingeht. Gib die Zeilen an, in der sich die Antwort auf die jeweilige Frage befindet, oder notiere in Stichworten, welche Aspekte fehlen bzw. konkretisiert werden müssten.

Fragen zur Klärung der Maßnahme	Die Frage wird beantwortet in den Zeilen	Die Frage wird nicht bzw. zu wenig beantwortet
Wer ist von der Maßnahme betroffen?		
Wann soll die Maßnahme durchgeführt werden?		
Wo soll die Maßnahme durchgeführt werden?		
Was genau umfasst die Maßnahme?		
Was genau umfasst die Maßnahme?		
Wie wird die Maßnahme durchgeführt?		
Wozu dient die Maßnahme?		

5 Formuliere Fragen, die auf die Schwachstellen der vorgeschlagenen Maßnahme eingehen. Zum Beispiel: Mit welchem Recht schränkt der Staat das Erziehungsrecht der Eltern deutlich ein?

_____

_____

_____

_____

Argumente in der Freien Aussprache untersuchen

1 Untersuche die folgenden Beiträge aus der 2. Phase der Debatte.

    a) Ordne die Argumente der Pro- bzw. Kontra-Seite zu.

    b) Bestimme die Ebene der Argumente. Dafür musst du überlegen, ob der Beitrag
- auf Schwierigkeiten bei der Durchführung der Maßnahme eingeht (**Machbarkeit**),
- Nachteile oder Vorteile für die Betroffenen erklärt (**Nützlichkeit der Maßnahme zur Lösung des Problems**),
- auf grundsätzliche Ideen und Werte verweist, die durch die Maßnahme betroffen sind (**Werte-Ebene**).

Argument	Pro oder Kontra?	Ebene
1) In vielen Bundesstaaten der USA dürfen junge Menschen erst mit 21 Jahren Alkohol konsumieren. Diese Regelung wird durch den Staat kontrolliert, indem „ABC-Agenten" das Verbot überwachen, die extra dafür ausgebildet wurden. In Deutschland können Polizeikräfte und Mitarbeiter des Ordnungsamts diese Aufgaben übernehmen.	☐ Pro ☐ Kontra	☐ Machbarkeit ☐ Nützlichkeit ☐ Werte-Ebene
2) Ein Verbot ist ein Eingriff in das Selbstbestimmungsrecht der jungen Menschen. Das Alter eines Menschen sagt nichts über seinen Reifegrad aus. Junge Menschen werden durch ein pauschales Verbot daran gehindert, wichtige Erfahrungen zu sammeln und eine eigene Persönlichkeit zu entwickeln.	☐ Pro ☐ Kontra	☐ Machbarkeit ☐ Nützlichkeit ☐ Werte-Ebene
3) Wenn man Jugendlichen das Trinken von Alkohol verbietet, erhöht dies für sie nur den Reiz, Alkohol zu konsumieren. Sie werden immer illegal an Alkohol kommen und dann heimlich und übermäßig trinken.	☐ Pro ☐ Kontra	☐ Machbarkeit ☐ Nützlichkeit ☐ Werte-Ebene
4) Wenn man Eltern die Chance nimmt, ihren Kindern einen bewussten Umgang mit Alkohol zu zeigen, schränkt dies das Erziehungsrecht der Eltern ein, das ihnen laut Grundgesetz zusteht.	☐ Pro ☐ Kontra	☐ Machbarkeit ☐ Nützlichkeit ☐ Werte-Ebene

    c) Überprüfe, auf welches der oben genannten Argumente das folgende Argument eingeht, um es zu entkräften.

> Du sagst, dass Jugendliche heimlich trinken werden, weil das Verbot den Alkohol erst richtig interessant macht. Dass es den Reiz des Verbotenen gibt, stimmt natürlich. Aber ein Verbot macht auch für alle klar, dass Alkohol schadet. Das hält Jugendliche, die sich nicht schaden wollen, klar davon ab, Alkohol zu trinken.

2 Formuliere in eigenen Worten Beiträge, mit denen du auf zwei der bei Aufgabe 1 b) genannten Argumente reagieren kannst, um sie zu entkräften. Achte darauf, zuerst das genannte Argument in eigenen Worten wiederzugeben. Dabei kannst du die Formulierungen aus dem Wortspeicher verwenden.

> Du sagst, dass ..., Es stimmt, dass ...;
> Meiner Meinung nach ist aber auch zu bedenken ..., Dagegen spricht, dass ...,
> Man muss allerdings auch beachten, dass...

3 Verfasse abschließend eine eigene Stellungnahme zur Debattenfrage.

Einen Blog untersuchen

Seit 2015 führt Livia Kerp einen eigenen Blog. Damals war sie gerade 13 Jahre alt. Anfangs ging es in ihrem Blog um Themen wie Lippenstift und Nagellack. Doch inzwischen ist ihr Blog immer politischer geworden. Livia Kerp war inzwischen sogar Jurymitglied des Young Media Award 2019 und bei der Wahl des Jugendwortes des Jahres 2016–2018. Kürzlich hat sie ihr erstes Buch veröffentlicht. Und darum geht es im folgenden Blogbeitrag.

„How to Politik" – Vom Nagellackblog zum jugendpolitischen Buch

Mein erstes Buch ist endlich erschienen. **„How to Politik"**– ein jugendpolitisches Buch ab 14 Jahren. [...]

Corona hat gezeigt, wie viel Macht die Politik tatsächlich hat, und daher ist es einfach wichtig, dass
5 jeder Jugendliche in der Welt der Politik einen besseren Einblick bekommt. Es gibt so viele Fragen an die Politik aber so wenige Antworten. Was mir dabei besonders wichtig war, als ich das Buch geschrieben habe, dass jeder, der es gelesen hat, sich anschlie-
10 ßend selbst seine eigene Meinung über die Themen bilden kann.
Es gibt so viele Fragen. Warum dürfen in Deutschland nur etwa die Hälfte der Jugendlichen ab 16 wählen? Warum gibt es keine gerechten Lehrpläne
15 für alle Schüler in Deutschland und was hat eigentlich der Plastikabfall mit der Klimaerwärmung zu tun? Das sind nur einige davon.
Ich werde oft gefragt, warum ich über Politik blogge. Nun, als ich mit 13 zum Bloggen kam, ging es
20 ehrlich gesagt nicht um Politik. Ich schrieb über Nagellacke und Mode. Dazu stehe ich auch, denn als junges Mädel sind das normale und zu dieser Zeit auch wichtige Themen. Aber dann kam der September 2015. Die große Flüchtlingswelle aus
25 Syrien an unserem Münchner Hauptbahnhof und ich mittendrin. Das hat letztendlich alles verändert. Und da schließt sich auch wieder ein Kreis. Denn das war auch gleichzeitig der Startschuss für die Kolumne bei LangweileDich.net.
30 Als ich dann die ersten Interviews mit großen Politi-

kern gemacht habe, wie mit **Christian Lindner**, **Cem Özdemir** oder **Sebastian Kurz** und ich gemerkt habe, dass ich als junge Bloggerin ernst genommen werde, war das meine Motivation, weiter über Politik zu schreiben und mit Politikern über Jugend- 35 themen zu reden.
Im Laufe der letzten Jahre wurde mir immer klarer, dass ich irgendwann auch gerne Bücher schreiben würde. Und es war auch immer klar, dass mein erstes Buch für meine Generation sein wird. In 40 den vielen Jahren, in denen ich mich mit Politik beschäftigt habe und mich mit so vielen Politikern und Wissenschaftlern unterhalten habe, wäre es ja fast unverantwortlich meine Kenntnisse nicht mit meiner Generation zu teilen und dafür führe ich als 45 Cartoon-Figur durch das Buch. [...]
Für **„How to Politik"** hatte ich insgesamt 17 Gesprächspartner. Ich versuchte von jeder der großen Parteien mindestens einen Gesprächspartner zu bekommen. Von Links bis Rechts, außer von der AfD. 50 So habe ich mich unter anderem mit **Katja Kipping**, **Kevin Kühnert**, **Annalena Baerbock**, **Manfred Weber**, **Alexander Hold**, **Christian Lindner** oder unserem ehemaligen Bundespräsidenten **Christian Wulff** unterhalten. 55
Besonders stolz bin ich auch darauf, dass der bekannte Klimaforscher **Prof. Dr. Mojib Latif** alle Klimafakten mit mir durchgegangen ist und sie überprüft hat. Oder Rechtsanwalt **Christian Solmecke**, den viele von seiner Insta-Seite **„recht2go"** kennen, 60 hat mich für mein Buch super unterstützt. Denn es ist auch für viele junge Menschen wichtig zu wissen, was darf ich auf Insta posten oder was nicht und wann verletze ich ein Urheberrecht.
Ich habe mich auch mit **„Fridays for Future"** un- 65 terhalten. Ich wollte auch das Innenleben der Organisation zeigen und mich mit Maira Kellers, der Jüngsten im Organisationsteam von FFF, darüber informiert. Besonders interessant ist, was FFF über

70 Greta sagt. Denn, dass Greta in der Öffentlichkeit mehr als Pop-Idol gesehen wird, kommt bei FFF nicht so gut an. [...]

Bildung, Demokratie und Klimaschutz stehen in meinem Buch im Fokus. Es ist so etwas wie ein 75 Handbuch für alle, die durchblicken und mitreden wollen, randvoll mit Wissen, Fun Facts, Interviews und Challenges. Also, was erfahrt ihr alles in meinem Buch?

Nun ja, habt ihr eigentlich gewusst, dass nur ein 80 Bruchteil der Sonnenenergie der Sahara den Strom für die ganze Welt produzieren könnte?

Und welcher Politiker findet diese Idee wohl super? Oder wie lange dauert es, bis sich eine Wasserflasche aus Plastik und im Ozean treibt zersetzt? 150, 250 oder 450 Jahre? Und in was zersetzt sich dann 85 wohl die Plastikflasche? Luft? Eher nicht.

Eines meiner Lieblingszitate einer Politikerin in meinem Buch ist übrigens: „Die Jugend ist nicht politikverdrossen, sondern die Regierungsparteien sind jugendverdrossen." Wer hat das gesagt? [...] 90

https://www.liviajosephine.de/2021/08/20/how-to-politik-vom-nagellackblog-zum-jugendpolitischen-buch/

1 Lies den Blogbeitrag und fasse in einem Satz zusammen, worum es der Autorin geht.

_____

_____

2 Unterstreiche im Text die zentralen Argumente von Livia Kerp, die dafür sprechen, ihr Buch zu kaufen. Notiere stichpunktartig die fünf wichtigsten:

1. _____

2. _____

3. _____

4. _____

5. _____

3 Was erfahren wir aus dem Blog über die Autorin? Kreuze die richtigen Antworten an und belege deine Auswahl mit entsprechenden Textstellen.

☐ Livia Kerp ist eine berühmte Fernsehjournalistin, die seit Jahren zu politischen Themen arbeitet.   Z. _____

☐ Livia Kerp ist eine Bloggerin, die sich im Laufe der Zeit politischen Themen zugewandt hat.   Z. _____

☐ Durch die Flüchtlingswelle 2015 ist Livia Kerp zur Politik gekommen.   Z. _____

☐ Livia Kerp hat mit Vertretern aller großen politischen Parteien gesprochen.   Z. _____

4   a) Ergänze folgenden Text:

Ein Elevator Pitch sollte die zentralen _____

_____ .

Der Elevator Pitch ist aus der Idee entstanden, _____

_____ .

Daher sollte ein Elevator Pitch nicht länger als _____ sein.

   b) Verfasse einen Elevator Pitch zu dem Blog von Livia Kerp.

_____

_____

_____

5   So sieht die Auftaktseite des Blogs von Livia Kerp aus. Benenne die einzelnen Elemente
der Seite mithilfe des Wortspeichers.

Datum, Autorin, Kommentarfunktion   Menüleiste   Nutzerprofil
Möglichkeiten, Blog zu teilen   Titel des Blogbeitrags   Bild zum Blog

1 _____

2 _____

3 _____

4 _____

5 _____

6 _____

6 a) Benenne die Möglichkeiten, die man als Leserin oder Leser hat, um mit der Verfasserin des Blogs in den Austausch zu kommen.

_____

_____

_____

_____

b) Livia Kerp veröffentlicht die Kommentare ihrer Leserinnen und Leser nicht. Benenne die Vorteile und die Nachteile des Vorgehens.

Vorteile:

_____

_____

_____

_____

Nachteile:

_____

_____

_____

_____

_____

7 Schreibe einen kurzen Kommentar zum Blog von Livia Kerp.

_____

_____

_____

Eine Filmszene deuten

Filmszenen sind zumeist aus mehreren aufeinanderfolgenden Kameraeinstellungen montiert und bieten auf der Bild- und Tonebene eine Vielzahl an Eindrücken, die oft so schnell an den Zuschauenden vorbeirauschen, dass diese kaum bemerken, wie die Szenen im Detail gestaltet sind. Will man eine Szene deuten, muss man sie zunächst genau untersuchen. Dazu muss der Film immer wieder gestoppt werden, um die einzelnen Einstellungen in einem Szenenprotokoll zu beschreiben.

1 Betrachte die Szene aus dem Film „Mein Herz tanzt", in der die Hauptfiguren Eyad und Naomi in Jerusalem in eine Personenkontrolle geraten (0:43:49 bis 0:45:04). Die Szene besteht aus 21 Einstellungen. Beschreibe in dem Protokoll knapp, was dort jeweils zu sehen und zu hören ist.

> ◉ **Tipp**
>
> Die Szene findest du unter dem Webcode WES-69009-001 auf www.westermann.de/webcode

Nr.	Handlung	Kamera	Sprache	Geräusche/Musik	Zeit
1	Eyad und Naomi gehen auf dem Bürgersteig entlang einer belebten Straße und unterhalten sich, bis sie von einem Soldaten gestoppt werden.	Die Kamera zeigt die Personen in der Halbtotalen. Zunächst steht sie fest und fährt dann parallel zu den gehenden Figuren mit. Immer wieder fahren Autos durchs Bild.	Dialog zwischen Eyad und Naomi: E: Kann ich dich anrufen? N: Klar, erfinde einfach irgendeinen Namen. E: Wie Mustafa? N: (lacht) Blödmann! E: Ist das ein jüdischer Name? N: (lacht) E: Vielleicht Yonatan, passt das, Yonatan? N: Nein, zu dir passt Eyad. E: Ich liebe dich, weißt du das? N: Sag's auf Arabisch. E: (sagt „Ich liebe dich" auf Arabisch) Soldat: (zu Eyad) Hey du, komm mal her!	Musik von Straßenmusikanten, die im Bild zu sehen sind, Rauschen des Straßenverkehrs.	0:00:00–0:00:21
2					
3					
4					

5					
6					
7					
8					
9					
10					
11					
12					
13					

14

15

16

17

18

19

20

21

2 Betrachte noch einmal den Dialog zwischen dem Soldaten und Eyad von Einstellung 3 bis 12 (0:00:24 bis 0:00:39).

a) Fertige dazu eine Skizze an, in der du die Personen, die Handlungsachse und die verschiedenen Kamerapositionen einzeichnest.

b) Erläutere, warum die Kamera so geführt wird.

_____

_____

_____

3 Schreibe die Gedanken auf, die Naomi durch den Kopf gehen könnten, während Eyad von den Soldaten überprüft wird.

_____

_____

_____

_____

_____

Problemstellung klären

In der Diskussionsspalte auf der Schulwebsite der AG „Nachhaltige Schule" des Hildegard-von-Bingen-Gymnasiums wird die Frage nach Möglichkeiten und Grenzen eines nachhaltigen Konsums heftig diskutiert. Auch du möchtest dich beteiligen, indem du dich mit der Problemstellung „Ist Online-Shopping sinnvoll" argumentativ auseinandersetzt.

1 Werde dir über die Problemstellung klar, indem du folgende Fragen in Stichpunkten beantwortest.

a. Wer ist der Adressat deines Textes?

_____

_____

b. Was ist das Ziel deines Textes?

_____

_____

c. Ist eine lineare oder eine antithetische Argumentation anzufertigen? Begründe deine Entscheidung.

_____

_____

_____

d. Was ist unter Online-Shopping genau zu verstehen?

_____

_____

_____

2 Stelle fest, welche Begriffe in den folgenden Problemstellungen genauer geklärt werden müssen, damit eine sinnvolle Diskussion möglich ist und markiere diese. Entscheide anschließend, ob eine lineare oder antithetische Erörterung anzufertigen ist.

		linear	antithetisch
a.	Sollen Geschäfte auch am Sonntag öffnen?	○	○
b.	Welche Vorteile hat es, sich vegetarisch zu ernähren?	○	○
c.	Wie ist es zu erklären, dass immer mehr Menschen auf ein eigenes Auto verzichten?	○	○
d.	Wäre es sinnvoll, Inlandflüge zu verbieten?	○	○

Argumente sammeln und gliedern

Ist Online-Shopping wirklich besser als Einkaufen im Laden?   M1

Online einzukaufen, ist praktisch. Unpraktisch wird es aber, wenn man die Hälfte der Sachen doch wieder zurückschicken muss. Ist das Einkaufen im Laden am Ende also doch besser? […]

Berlin/Düsseldorf (dpa/tmn) – Das Internet macht es möglich: Man sitzt zu Hause gemütlich auf dem Sofa, nimmt einen Laptop in die Hand und kauft ein. Ob Kleidung, Bücher, Lebensmittel oder Medikamente - der Onlinehandel in Deutschland boomt. Laut Digitalverband Bitkom shoppt jeder fünfte Internetnutzer mehrmals pro Woche oder sogar täglich online. Die Vorteile: Verbraucher können unabhängig von Ladenöffnungszeiten einkaufen, und die Waren bekommen sie nach Hause geschickt. Auch Preise lassen sich im Netz oft gut vergleichen und so günstige Angebote finden. Nach einer Bitkom-Umfrage haben 52 Prozent der Verbraucher die Erfahrung gemacht, dass es sich im Netz billiger einkaufen lässt als im Geschäft.

Im Geschäft kann der Kunde die Waren ausprobieren

«Das heißt aber nicht, dass man im Netz immer die besten Preise erzielen kann», sagt Georg Tryba von der Verbraucherzentrale NRW in Düsseldorf. «Mitunter gibt es im Geschäft bessere Angebote.» Solche Angebote lassen sich allerdings nicht vom Sofa aus entdecken.
Wer in einen Laden geht, kann von einem Vorteil des stationären Handels profitieren: Im Geschäft hat der Kunde die Waren direkt vor Augen. «Das ist etwas anderes, als sich die Bilder von den Produkten im Internet anzugucken», so Tryba. Zudem kann der Kunde die Ware befühlen und anprobieren.
Allerdings gilt dann auch: Gekauft ist gekauft. Denn mangelfreie Ware können Kunden nur auf Kulanzbasis zurückgeben. Wenn einem im Laden gekaufte Produkte nicht gefallen, muss sie der Händler nicht zurücknehmen. Nur bei defekten Waren gilt das Gewährleistungsrecht.

Für Online-Käufe gilt 14-tägiges Widerrufsrecht

Anders im Online-Handel: Hier lassen sich Kunden Produkte oft in mehreren Größen nach Hause schicken. Schon zu dem Zeitpunkt steht dabei fest: Der Kunde schickt einen Teil der bestellten Ware zurück – nämlich die Stücke, die nicht passen.
Der Hintergrund: Wer im Internet Produkte bestellt, hat in der Regel ein 14-tägiges Widerrufsrecht. Das bedeutet, Kunden können die Ware ohne Nennung von Gründen innerhalb dieser Zeit zurückschicken und bekommen ihr Geld wieder. «Grundsätzlich ist es das gute Recht der Kunden, im Rahmen des Widerrufsrechts im Internet gekaufte Waren zurückzusenden», stellt Stefan Genth klar, Hauptgeschäftsführer des Handelsverbands Deutschland (HDE).

Retouren entwickeln sich zu einem Problem

Zwar gehören Retouren für die Online-Händler zum Alltag. Allerdings werden sie inzwischen immer mehr zu einem Problem. Wissenschaftler der Universität Bamberg haben ermittelt, dass die Bundesbürger bei Bestellungen im Internet jedes sechste Paket wieder zurückschicken. Im vergangenen Jahr sind das demnach 280 Millionen Pakete und 487 Millionen Artikel gewesen. Bei Kleidung und Schuhen geht sogar fast die Hälfte der Pakete zurück an den Absender. Nach Erkenntnis der Forscher landen rund vier Prozent der Artikel im Müll. Nicht zuletzt deshalb gibt es inzwischen politische Diskussionen um das Thema. «Die Aufbereitung zum Wiederverkauf von zurückgeschickten Waren ist mit viel Aufwand verbunden», erklärt Christopher Meinecke, Bereichsleiter digitale Transformation bei Bitkom. Retouren bedeuten für die Anbieter einen entgangenen Umsatz. Gleichzeitig verursachen sie Personal- und Prozesskosten, um die Retouren zu prüfen und in den Lagerbestand zurückzuführen.
Manche Retouren sind in einem derart desolaten Zustand, dass Händler sie entsorgen müssen. Aus Sicht von Genth sollten es Unternehmen künftig leichter haben, zurückgeschickte und gut erhaltene Waren zu spenden. Derzeit zahlen die Händler für ihre Sachspenden Umsatzsteuer, ohne Geld für die Ware erhalten zu haben. Der HDE fordert, Sachspenden von der Umsatzsteuerpflicht zu befreien. […]

Die meisten Internet-Nutzer shoppen regelmäßig im Netz   M 2

Wie häufig kaufen Sie in der Regel im Internet ein?

Täglich
5 %
1 %

Mehrmals pro Woche
14 %
8 %

Einmal pro Woche
15 %
14 %

Mehrmals pro Monat
40 %
42 %

Seltener
25 %
33 %

■ 2014
■ 2017

Wie hat sich Ihr Einkaufverhalten im Vergleich zum Beginn der Corona-Pandemie verändert?

1 % deutlich weniger
4 % eher weniger
17 % deutlich mehr

43 % kaufen seit Corona mehr im Internet

26 % etwas mehr
1 % weiß nicht/ keine Angabe
52 % genau so viel wie vorher

Basis: Online-Shopper ab 14 Jahren, zu 100 fehlende Prozent: weiß nicht/keine Angabe
Quelle: Bitcom

Basis: Online-Shopper ab 16 Jahren (n=1048), Befragte, die seit Corona mehr im Internet gekauft haben (n=451), zu 100 fehlende Prozent: weiß nicht/keine Angabe

Was ist bei deutschen Online-Käuferinnen und -Käufern beliebt?   M 3

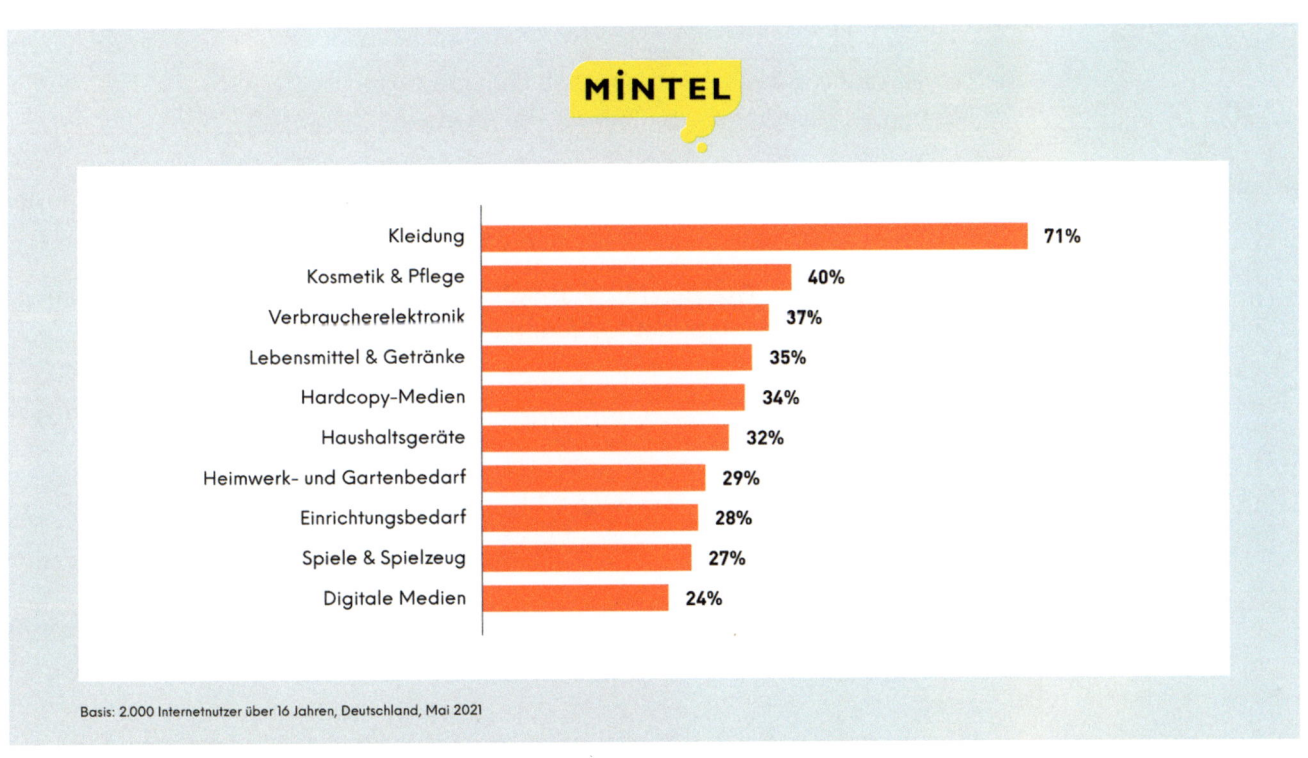

MINTEL

Kleidung — 71%
Kosmetik & Pflege — 40%
Verbraucherelektronik — 37%
Lebensmittel & Getränke — 35%
Hardcopy-Medien — 34%
Haushaltsgeräte — 32%
Heimwerk- und Gartenbedarf — 29%
Einrichtungsbedarf — 28%
Spiele & Spielzeug — 27%
Digitale Medien — 24%

Basis: 2.000 Internetnutzer über 16 Jahren, Deutschland, Mai 2021

1   Stelle mithilfe der Diagramme M 2 und M 3 fest, welche der folgenden Aussagen richtig oder falsch sind. Berichtige die fehlerhaften Aussagen.

	✓	✗
a. Die Deutschen kaufen lieber Spielzeug als Großelektronik im Online-Handel ein.	○	○
b. 23 % der Internet-Nutzer kaufen mindestens einmal pro Woche online ein.	○	○
c. Die Deutschen kaufen am wenigsten oft Lebensmittel und Getränke im Online-Handel ein.	○	○
d. Nur 1 % der Internet-Nutzer kauft heute seltener im Internet ein als vor 12 Monaten.	○	○
e. 32 % der Deutschen kaufen im Online-Handel Kleinelektronik ein.	○	○
f. 39 % der Internet-Nutzer sagen von sich, dass sie selten im Internet einkaufen.	○	○
g. 55 % der Internet-Nutzer kaufen heute genauso oft im Internet ein wie vor 12 Monaten.	○	○
h. Der Einkauf von Kleinelektronik und Pflegeprodukten ist zusammen beliebter als der Einkauf von Kleidung.	○	○

2   Formuliere mithilfe der Grafiken M 2 und M 3 die drei wichtigsten Erkenntnisse zum Online-Kaufverhalten der Internet-Nutzerinnen und -Nutzer.

- _____

  _____

- _____

  _____

- _____

  _____

3 Lies den Informationstext M 1. Es werden darin zahlreiche Vor- und Nachteile des Online-Shoppings genannt. Markiere die Vorteile grün und die Nachteile rot.

4 Übertrage die Tabelle in dein Heft. Sammle darin Argumente, die für und gegen das Online-Shopping sprechen. Nutze dafür M 1–M 3 und ergänze die Tabelle um eigene Ideen. Markiere anschließend die Pro- und Kontraargumente in unterschiedlichen Farben.

Behauptung	Begründungen	Beispiel/Belege/ Vergleiche/Folgerungen
Online-Shopping ist bequemer	Unabhängigkeit von Laden- öffnungszeiten, Ware wird nach Hause geschickt	Man sitzt bequem auf dem Sofa und kauft ein
…		

5 Überarbeite deine Stoffsammlung nun nach folgenden Kriterien:
- Streiche, was nicht zum Thema gehört.
- Streiche Aspekte, zu denen du nicht genügend Informationen hast.
- Fasse die Punkte, die sich inhaltlich überschneiden, zusammen.
- Überprüfe, ob die Belege und Beispiele zu den Begründungen passen. Stelle gegebenenfalls die Zuordnung um, ergänze oder streiche bestimmte Aspekte.

6 Sieh dir die Behauptungen der Pro- und Kontra-Seite in deiner Stoffsammlung noch einmal an und bewerte sie danach, wie überzeugend du sie findest (1 = wichtigste Behauptung).

7 Erstelle auf der Grundlage deiner Stoffsammlung aus Aufgabe 5 eine Gliederung für deine Argumentation nach dem Ping-Pong-Prinzip.

1 (Einleitung) _____

2 (Hauptteil) _____

2.1 (Argument) _____

2.2 (Gegenargument) _____

2.3 (Argument) _____

2.4 (Gegenargument) _____

2.5 (Argument) _____

2.6 (Gegenargument) _____

2.7 (Argument) _____

3 (Schluss) _____

Argumentation schreiben

Um Argumente sinnvoll zu strukturieren und überzeugend zu formulieren, kannst du auf unterschiedliche Formulierungshilfen zurückgreifen.

1 Ordne die Formulierungshilfen aus dem Wortkasten den passenden Argumentations-schritten zu und ergänze sie in der Tabelle.

> Daraus wird klar, dass …   Aus diesem Grund ist es (nicht) sinnvoll, dass …
> Denn Ursache/Grund/Folge dafür/davon ist …   daraus ergibt sich, dass …
> Allerdings sollte auch bedacht werden, dass …   infolgedessen   An erster Stelle …
> Auch ist zu bedenken, dass …   Deshalb sollte man …   Der Grund dafür liegt …
> Das liegt daran, dass …   Dem kann man entgegengehalten, dass …   demzufolge
> Damit wird deutlich, dass …   Im Gegensatz dazu muss …   Zunächst einmal
> Die Konsequenz kann nur sein, dass …   Belegen kann man dies dadurch …

Argumentationsschritt	Formulierungshilfen
Behauptung	*Für das Online-Shopping spricht **außerdem**, dass es viel bequemer ist als das Einkaufen in Läden.*
Begründung	***Das liegt daran, dass** man unabhängig von Ladenöffnungszeiten ist und die Ware nach Hause geschickt wird.*
Beispiel/Beleg/ Vergleich/Folgerung	*So kann man **zum Beispiel** genau dann einkaufen, wenn man selbst dafür Zeit hat. Für viele ist es sicherlich von Vorteil, wenn sie nicht an die Ladenöffnungs-zeiten gebunden sind und nach der Arbeit noch schnell los müssen, um bestimm-te Produkte im Laden zu kaufen. **Im Vergleich dazu** kann man beim Online-Shop-ping jederzeit die gewünschten Produkte bestellen und bekommt sie dann auch noch nach Hause geliefert. **Folglich** muss man nicht einmal mehr das Zuhause verlassen.*
Rückführung	***Daraus wird klar, dass** das Online-Shopping deutlich bequemer als das Einkaufen in Läden ist.*

2 Schreibe nun ein Pro- und ein Kontra-Argument in dein Heft. Berücksichtige dabei die vier Argumentationsschritte und nutze die Formulierungshilfen.

3   Das folgende Kontra-Argument ist wenig überzeugend.

> *Ein weiterer Aspekt, der gegen das Online-Shopping und für den Einkauf im Laden spricht, sind die vielen Retouren, die beim Online-Shopping anfallen. Der Grund dafür ist der, dass den Menschen ja oft langweilig ist und dann kaufen sie online einfach irgendwelche Sachen ein. Zuhause merken sie dann zum Beispiel, dass sie die Sachen doof finden und nicht haben wollen, weil sie eh schon viel zu viele Dinge besitzen. Wenn man nachhaltig leben will, dann sollte man nur die Dinge einkaufen, die man wirklich braucht. Folglich schicken sie die Sachen wieder zurück. Und das ist dann voll schlecht für die Umwelt. Daher sollte man besser im Laden einkaufen.*

a) Kreuze an, welche Argumentationsfehler gemacht wurden:
- ☐ a. Das Argument ist nicht stichhaltig, da es nicht mit überprüfbaren Fakten belegt ist.
- ☐ b. Das Argument passt nicht exakt zur Problemstellung.
- ☐ c. Das Argument wird nicht durch eine passende Begründung gestützt oder durch anschauliche Belege und Beispiele weiter ausgeführt.
- ☐ d. Die Behauptung, Begründung und Beispiel/Beleg ergeben kein stimmiges Argument.
- ☐ e. Es wird verallgemeinert oder übertrieben.
- ☐ f. Die Sprache ist unsachlich, gedankliche Zusammenhänge fehlen.

b) Überarbeite das fehlerhafte Argument und schreibe eine verbesserte Version in dein Heft.

4   a) Kreuze an, was eine gute Einleitung ausmacht.

Eine gute Einleitung ...	✔	✘
a. ... nennt bereits wichtige Argumente.	○	○
b. ... weckt das Interesse der Leserin/des Lesers.	○	○
c. ... führt zum Thema hin.	○	○
d. ... formuliert eine eigene Meinung zur Problemstellung.	○	○
e. ... berücksichtigt den Kontext der Argumentation.	○	○
f. ... nennt möglichst viele Daten und Fakten zur Problemstellung.	○	○

b) Schreibe eine eigene Einleitung zum Thema „Online-Shopping – ja oder nein". Wähle als Art der Einleitung die Definition des zentralen Schlüsselbegriffs oder ein aktuelles Ereignis.

c) Nenne weitere Möglichkeiten für die Art der Einleitung.

5   a) Kreuze an, was einen guten Schluss ausmacht.

Ein guter Schluss ...	✔	✘
a. ... schließt sinnvoll an den Hauptteil an.	○	○
b. ... fasst noch einmal alle wichtigen Argumente zusammen.	○	○
c. ... rundet die Argumentation ab.	○	○
d. ... nennt noch weitere im Hauptteil nicht angesprochene Argumente.	○	○
e. ... berücksichtigt den Kontext der Argumentation.	○	○
f. ... greift beispielsweise den Einleitungsgedanken noch einmal auf.	○	○

b) Schreibe einen eigenen Schluss zum Thema „Online-Shopping – ja oder nein". Wähle als Art des Schlusses einen persönlichen Wunsch, eine Forderung bzw. einen Appell.

c) Nenne weitere Möglichkeiten für die Gestaltung des Schlusses.

Materialgestützt einen informierenden Text schreiben

Die Klasse 9a möchte ein Roll-Up-Banner für eine Wanderausstellung an Schulen erstellen. Es soll die Auswanderung von Deutschen im 19. Jahrhundert in die USA zum Thema haben. Der Text soll ungefähr 300 Wörter umfassen. Einige Texte und Schaubilder wurden schon gefunden, sie müssen aber noch ausgewertet werden.

1   Bevor du dich näher mit deinem Thema beschäftigst, musst du den Schreibauftrag klären. Kreuze an, was dabei zu tun ist.

☐ a. Ich überlege, wen ich mit meinem Text erreichen will.
☐ b. Ich denke mir eine spannende Überschrift aus.
☐ c. Ich lese zuerst alle Texte genau.
☐ d. Ich kläre, wie umfangreich mein Text sein soll.
☐ e. Ich verfasse die Einleitung.

2   Beschäftige dich mit dem Thema, das du bearbeiten willst: Was weißt du schon, was zeigt dir ein kurzer Blick auf die Materialien?
a) Überlege zuerst, was du bereits über das Thema weißt. Notiere es stichpunktartig.

b) Überfliege die vorliegenden Texte M 1 – M 5. Lies dazu die Überschriften und Textanfänge, nicht die gesamten Texte. Notiere mit einem farbigen Stift in der Randspalte auf Höhe der Überschriften, worum es in diesen Materialien gehen könnte.
c) Schaue dir das Schaubild M 6 an. Lies den Titel und die Bildunterschrift. Notiere auch dazu am Rand, worum es gehen könnte.

Helmut Schmahl

Wirtschaftliche Gründe für die Auswanderung in die USA

Für den deutschen Massenexodus[1] des 19. Jahrhunderts waren ebenso wie im Jahrhundert zuvor die misslichen wirtschaftlichen Verhältnisse von Kleinbauern, Gewerbetreibenden und Handwerkern verantwortlich, die durch Ernteausfälle und Teuerungskrise[2] oft prekäre[3] Ausmaße annahmen. Eine entscheidende Rolle spielte hierbei das rasche Bevölkerungswachstum, das spätestens seit der französischen Zeit zu beobachten war. So stieg die Bevölkerung Rheinhessen zwischen 1816 und 1834 von 158.035 auf 205.320, was einer Zunahme von 29% innerhalb einer Generation entsprach. [...] Die in den meisten Landesteilen verbreitete Realteilung[4], die alle Erben gleichstellte, war von der napoleonischen Gesetzgebung bestätigt worden, und führte aufgrund des steigenden Bevölkerungsdrucks in den kommenden Jahrzehnten zu einer bedenklichen Aufsplitterung der landwirtschaftlichen Nutzfläche [...] Viele Kleinbauern arbeiteten daher im Taglohn oder als Handwerker.

Neben der Realteilung führten einige Errungenschaften aus französischer Zeit [...] zu einer Verschärfung der wirtschaftlichen und sozialen Lage. Aufgrund der Gewerbefreiheit waren zahlreiche Handwerksberufe überbesetzt, insbesondere in der Textilindustrie, die unter englischen Billigimporten sowie unter der zunehmenden Mechanisierung zu leiden hatte. Viele Kleinbauern und Handwerker mussten sich als Taglöhner oder Saisonarbeiter verdingen[5]. [...]

Zu einer weiteren Verschlechterung der sozialen Lage breiter Bevölkerungsschichten kam es in den 1840er- und 1850er-Jahren, dem Zeitalter des „Pauperismus" (lateinisch pauper = Armer). Nach den Missernten der Jahre 1846 und 1853 kletterten die Preise für Grundnahrungsmittel wie Brot und Kartoffeln um ein Vielfaches. In vielen Gegenden kam es zu Hungersnöten, die durch staatliche Maßnahmen wie die verbilligte Abgabe von Lebensmitteln an Bedürftige oder Bauprojekte kaum gelindert werden konnten. Ein Indiz für die große Armut, die vielerorts herrschte, sind die Abschiebeaktionen zahlreicher Gemeinden. Manche Dorfvorstände versuchten in den Jahren um 1850, die Last der Armenunterstützung von sich abzuwenden, indem sie zahlreiche unbemittelte Familien auf ihre Kosten nach Amerika schickten und für ihre Schulden aufkamen [...].

[1] Exodus: Flucht, Emigration
[2] Teuerungskrise: Gesellschaftliche Krise, weil Lebensmittel teurer werden
[3] prekär: im Sinne von: schwierig, problematisch
[4] Realteilung: der Grundbesitz wird unter den Erben gleich aufgeteilt
[5] verdingen: ihren Lebensunterhalt verdienen

Hier ist Platz für deine Notizen:

Hier ist Platz für deine Notizen:

Helmut Schmahl   M 2

Politische Gründe für die Auswanderung in die USA

Politische Motive, insbesondere Unzufriedenheit über die obrigkeitsstaatlichen Verhältnisse, spielten mitunter auch eine wichtige Rolle, insbesondere bei den Auswanderungsbewegungen nach dem Hambacher Fest[1] 1832 und nach der gescheiterten Revolution von 1848. Zwar betrug die Zahl der „Achtundvierziger" lediglich ein Hundertstel der deutschen Immigranten der 1850er-Jahre, es handelte sich bei ihnen jedoch um Angehörige einer bildungsbürgerlichen Elite, die in den USA einen „kaum zu überschätzenden Einfluss auf die deutschamerikanische Presse und Politik" gewann. Die große Bedeutung, die diesem Personenkreis heute in der rheinland-pfälzischen Erinnerungskultur beigemessen wird, ist darauf zurückzuführen, dass es relativ viele der Emigranten vermochten, wichtige Positionen im wirtschaftlichen, politischen und kulturellen Leben der Vereinigten Staaten bekleiden.

[1] Hambacher Fest: Politische Kundgebung auf Schloss Hambach in der Pfalz gegen einen deutschen Obrigkeitsstaat, für bürgerliche Freiheitsrechte

Martin Uebele, Wido Geis   M 3

US-amerikanische Einwanderungspolitik

Durch die Territorialgewinne in der ersten Hälfte des 19. Jahrhunderts erweiterte sich das Staatsgebiet stetig und so gab es auch einen stetigen Bedarf an Arbeitskräften; entsprechend liberal war weiterhin die Einwanderungspolitik. Mit dem Homestead Act von 1862 bot die US-Regierung allen Siedlern Land in den neuen Gebieten an, sofern diese sich verpflichteten, es für mindestens fünf Jahre zu bestellen. Bei Abwesenheit eines Sozialstaats war, dem liberalen Geist folgend, nicht vorgesehen, von zentraler staatlicher Stelle für die Bedürfnisse der Migranten zu sorgen; wenn, dann geschah dies auf Ebene der Kommunen oder der Mitgliedsstaaten und meistens in Einreisehäfen (Jones, 1992, 214). Im Gegenteil konzentrierten sich die ersten politischen Forderungen in der Mitte des 19. Jahrhunderts, die Einwanderung zu steuern und zu beschränken, auf den Ausschluss von Kriminellen und Armen, die eine Last für die öffentliche Hand zu werden drohten.

Stefanie Paul, dpa **M 4**

Levi Strauss

Er hat sie zwar nicht erfunden, aber Levi Strauss hat sie weltberühmt gemacht: die Jeans-Hose . [...] Heute trägt man sie fast überall auf der Welt. Ursprünglich stammte Levi Strauss aus Deutschland. Dort wurde er vor 190 Jahren geboren.

5 Buttenheim (dpa) – Familie Strauss wandert aus. Sie beantragt Pässe und Genehmigungen, kratzt Geld zusammen und packt ihre Sachen. Mit dem Schiff fährt die Familie in die [...] USA. An Bord: Mutter Rebecca, ihre beiden Töchter und Sohn Levi. Was da noch keiner weiß, Levi Strauss wird einmal berühmt sein.

10 Denn er macht die Jeans-Hose weltbekannt!
Bislang lebte die Familie im Dorf Buttenheim. Das liegt im heutigen Bundesland Bayern. Die Familie gehört dem jüdischen Glauben an. Für Juden galten damals strenge Gesetze. «Sie durften nur bestimmte Berufe ausüben, kein Land besitzen

15 und auch nicht einfach so heiraten. Viele Juden lebten daher in Armut, auch Levi Strauss und seine Familie», erzählt Tanja Roppelt. Sie leitet das Levi Strauss Museum in Buttenheim. Als der Vater von Levi starb, wurde es für die Familie immer schwerer, Geld zu verdienen. Deshalb entschied sie: Wir gehen weg.

20 Und sie waren mit ihrer Entscheidung nicht allein. Vor rund 170 Jahren wanderten viele Menschen in die USA aus. Das Land befand sich noch mitten im Aufbau, neue Gegenden wurden besiedelt und neue Städte gegründet. Alles schien hier möglich. Zunächst half Levi Strauss noch im Geschäft seiner Brüder mit.

25 Diese waren bereits einige Jahre zuvor ausgewandert und handelten in der Stadt New York unter anderem mit Stoffen. 1853 zog es ihn dann ans andere Ende des Landes: an die Westküste, in die Stadt San Francisco. [...] Man hatte Gold gefunden – und Tausende Menschen machten sich nun auf die Suche nach

30 mehr davon. «San Francisco war ein wichtiger Knotenpunkt. Fast alle Goldsucher mussten hier durch», erklärt die Fachfrau. Levi Strauss gründete ein Warenhaus und verkaufte Stoffe und Kurzwaren. Das waren zum Beispiel Zahnbürsten, Hosenträger und Knöpfe. Alles, was Goldsucher eben so brauchten.

35 Eines Tages bekam er Post. Es war ein Brief von einem Mann namens Jacob Davis. Er war Schneider von Beruf und hatte eine besonders robuste Hose entwickelt: Sie bestand aus einem blauen, festen Stoff und die Hosentaschen wurden beispielsweise durch Nieten aus Metall verstärkt. Für Goldsucher genau das

40 Richtige! Die beiden Männer meldeten ein Patent auf die Hose an. So konnten sie sicher gehen, dass ihnen niemand die Idee klaute. Levi Strauss sorgte dann für den Verkauf. Damals trug diese Arbeitshose den Namen «waist overall». Also: Hüft-Overall. Man zog sie über die eigentliche Hose drüber. Heute kennen

45 wir sie unter einem anderen dem Namen: Jeans!

Hier ist Platz für deine Notizen:

Hier ist Platz für deine Notizen:

Zeittafel   **M 5**

Carl Schurz

1829 am 2. März auf einer Burg bei Liblar im Rheinland als erstes Kind eines Schulmeisters geboren

1839 – 1846 Besuch des Gymnasiums in Köln

1847/48 Studium der Philologie und Geschichte in Bonn

1848/49 Beteiligung an der Märzrevolution, Flucht aus der eingeschlossenen Festung Rastatt in die Schweiz, später nach England

1852 Heirat mit Margarethe Meyer, ab August Auswanderung in die USA

1854 Schurz wird in Watertown, Wisconsin, sesshaft

1857 Schurz wird republikanischer Kandidat für das Amt des Vizegouverneurs von Wisconsin

1858 Unterstützung des republikanischen Senatskandidaten Abraham Lincoln, Schurz arbeitet als Rechtsanwalt

1861 Gesandter der Vereinigten Staaten in Spanien

1862 Rückkehr in die USA, im Sezessionskrieg auf der Seite der Nordstaaten gegen die Sklaverei

1869 Bundessenator von Missouri in Washington (bis 1875)

1877 – 1881 amerikanischer Innenminister

1881 – 1883 Rückzug aus der Politik, vorwiegend journalistisch tätig

1906 gestorben am 14. Mai in New York City

Immigration aus Deutschland in die USA **M 6**

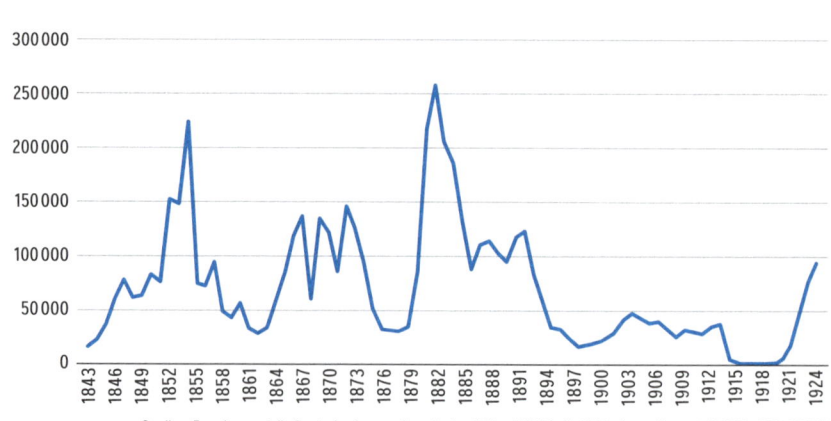

Quellen: Forschungsstelle Deutsche Auswanderer in den USA – DAUSA, Uni Oldenburg; Ferenczi, I.,1929, 380, 384 ff.

3   Erschließe nun die Materialien gründlich durch intensives Lesen.
a) Lies die Texte noch einmal genau und schaue dir die Schaubilder an. Streiche im Material an, was dir besonders wichtig erscheint und schreibe es stichwortartig in die Randspalte.
b) Markiere unbekannte Wörter und unverständliche Textstellen und kläre ihre Bedeutung.

4   Sichere die Ergebnisse.
a) Halte die Informationen aus den einzelnen Materialien, die dir für deinen Schreibauftrag wichtig erscheinen, dazu im Cluster unten fest. Beziehe dabei auch deine Ergebnisse und Aufzeichnungen aus Aufgabe 2 und 3 ein. Notiere in Klammern, woher du die Informationen hast.
b) Du kannst auch einzelne Sätze, die dir wichtig erscheinen, im Wortlaut festhalten, um sie später als wörtliches Zitat wiederzugeben.

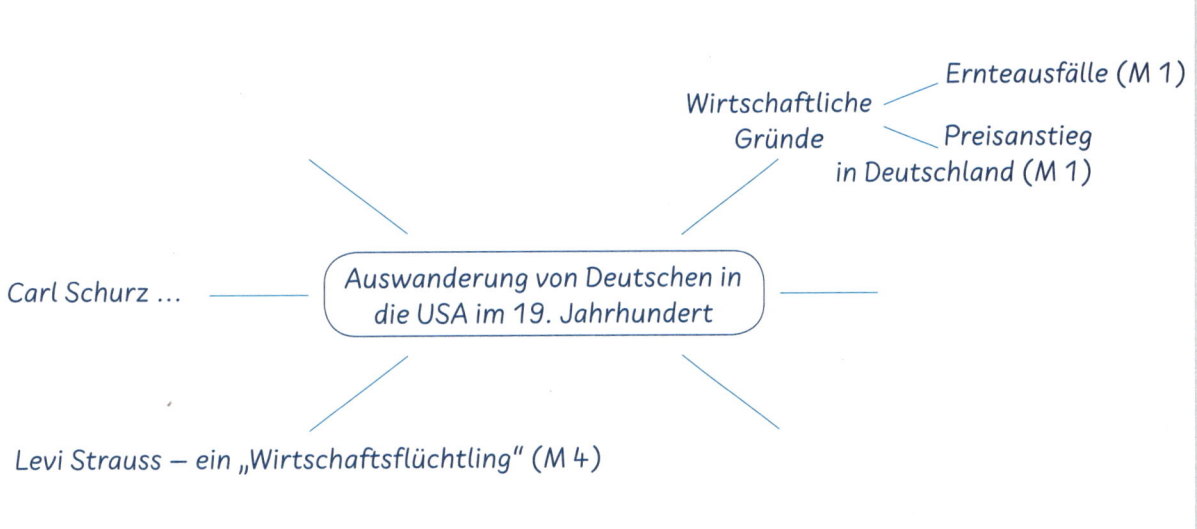

5   Vergleiche die Materialien und kläre offene Fragen.
a) Vergleiche die Materialien und markiere in deinem Cluster, von welchen Aspekten es Doppelungen oder Mehrfachnennungen gibt. Möglicherweise handelt es sich dabei um wichtige Aspekte zu deinem Thema, auf die du besonders intensiv eingehen solltest.
b) Gibt es noch Fragen, die du mithilfe der Materialien nicht beantworten kannst? Recherchiere selbstständig im Internet, um offene Fragen zu klären und ergänze die Informationen in deinem Cluster.

 Tipp

Denk daran zu notieren, woher die Informationen stammen.

6   Ergänze den folgenden Schreibplan.

Aufbau	Material	Wichtige Informationen
Überschrift		Auswanderung von Deutschen in die USA im 19. Jahrhundert
Einleitung	M 1	• _____
	M 2	• _____
	M 6	• *ab 1850* _____
Hauptteil	M 1/M 3	*Wirtschaftliche Gründe:* • *Ernteausfälle* • *Preisanstieg in Deutschland* • _____
	M 4	*Beispiel:* • _____
	M 2	*Politische Gründe:* • _____ • _____
	M 5	*Beispiel:* • _____
Schluss		*Bedeutung von Migration in der Geschichte*

7   Schreibe nun die Einleitung deines informierenden Textes in dein Heft. Orientiere dich dabei an deinem Schreibplan aus Aufgabe 6.

8 Wichtige Stellen aus den Materialien kannst du in deinem Hauptteil als direktes oder indirektes Zitat wiedergeben.

a) Das folgende direkte Zitat klingt recht steif und ist für das Roll-Up-Banner daher nicht geeignet. Formuliere es in ein indirektes Zitat um, indem du den vorgegebenen Zitatanfang fortsetzt.

> „Helmut Schmahl schreibt: Zu einer weiteren Verschlechterung der sozialen Lage breiter Bevölkerungsschichten kam es in den 1840er und 1850er Jahren, dem Zeitalter des „Pauperismus" (lateinisch pauper = Armer). (M 1)"
>
> Nach Helmut Schmahl (M1) kam es im Zeitalter des Pauperismus (nach 1840) _____
>
> _____
>
> _____
>
> _____
>
> _____
>
> _____ (vgl. M 1).

b) Folgende Textstelle aus M 4 wäre als direktes Zitat viel zu lang für das Roll-Up-Banner. Formuliere den Kerngedanken dieser Textstelle in ein indirektes Zitat um, indem du den vorgegebenen Zitatanfang fortsetzt.

> „Levi Strauss wurde mit dem Namen Löb Strauss am 26. Februar 1829 in Buttenheim geboren, einem kleinen Dorf im heutigen Bayern. Die Familie gehörte dem jüdischen Glauben an. Für Juden galten damals strenge Gesetze. „Sie durften nur bestimmte Berufe ausüben, kein Land besitzen und auch nicht einfach so heiraten. Viele Juden lebten daher in Armut, auch Levi Strauss und seine Familie", erzählt Tanja Roppelt. Sie leitet das Levi Strauss Museum in Buttenheim.
> Als Levis Vater starb, wurde es für die Familie immer schwerer, Geld zu verdienen. Deshalb entschied Levis Mutter: Wir gehen weg." (M 4)
>
> Im 19. Jahrhundert lebten in Bayern viele Juden in Armut, so auch die Familie
>
> Strauss aus Buttenheim, die _____
>
> _____
>
> _____
>
> _____
>
> _____ (vgl. M 4).

9 Schreibe nun auch den Hauptteil und den Schluss deines informierenden Textes in dein Heft. Orientiere dich dabei an deinem Schreibplan aus Aufgabe 6.

Eine Figur untersuchen: Kalaf der Flüchtling

„Viel hundert Meilen weit von meiner Heimat"
Zu Beginn der Handlung ist Kalaf ein Flüchtling. Durch einen Krieg verlor der Vater das Königreich, die Familie musste fliehen und lebt seitdem im Elend. Kalaf schildert Barak, seinem ehemaligen Hofmeister, der nun in China lebt, die Flucht und was danach geschah.

Hier ist Platz für deine Notizen:

Kalafs Geschichte

Kalaf: Das nackte Leben blieb uns zum Gewinn.

Wir mussten kämpfen mit des Hungers Qualen

5 Und jedes Elends mannigfacher Not.

Den Vater trug ich bald und bald die Mutter

Auf meinen Schultern, eine teure Last.

10 Kaum wehrt' ich seiner wütenden Verzweiflung,

Dass er den Dolch nicht auf sein Leben zuckte[1];

Die Mutter hielt ich kaum, dass sie, von Gram

15 Erschöpft, nicht niedersank! So kamen wir

Nach Jaik endlich, der Tartarenstadt,

Und hier, an der Moscheen Tor, musst' ich,

20 Ein Bettler, flehen um die magre Kost,

Der teuren Eltern Leben zu erhalten [...].

Und wisse, Barak! In der Not allein

25 Bewähret sich der Adel großer Seelen.

Wir kamen in der Karazanen Land;

Dort in den Gärten König Keikobads

30 Musst' ich zu Knechtes Diensten mich bequemen,

Dem bittern Hungertode zu entfliehen. [...]

Vier Jahre lang schafft' ich den Eltern Brot,

35 Dass ich um dürft'ges Taglohn Lasten trug[2].

Barak: Nicht weiter, Prinz. Vergessen wir das Elend,

Da ich Euch jetzt in kriegerischem Schmuck

40 Und Heldenstaat erblicke. Sagt, wie endlich

Das Glück Euch günstig ward?

Kalaf: Mir günstig! Höre!

45 Dem Chan[3] von Berlas war ein edler Sperber[4]

Entwischt, den er in hohem Werte hielt.

Ich fand den Sperber, überbracht' ihn selbst

50 Dem König [...].

[Der Chan belohnt ihn.] Mir ließ der Kaiser diese Börse reichen.

Ein schönes Pferd und dieses Ritterkleid.

55 Den greisen Eltern sag' ich Lebewohl;

„Ich gehe", rief ich, „mein Geschick zu ändern,

Wo nicht, dies traur'ge Leben zu verlieren!"

60 Was taten sie nicht, mich zurückzuhalten [...].

Hier bin ich nun, zu Pekin, unerkannt,

Viel hundert Meilen weit von meiner Heimat.

65 Entschlossen komm' ich her, dem großen Chan

Vom Lande China als Soldat zu dienen,

70 Ob mir vielleicht die Sterne günstig sind,

Durch tapfre Tat mein Schicksal zu verbessern.

---

[1] den Dolch auf sein Leben…: er zückt den Dolch, um sich zu erstechen;
[2] um dürft'ges Taglohn …: als Lastenträger für geringen Lohn arbeiten;
[3] Chan: Herrscher, Kaiser;
[4] Sperber: Greifvogel (hier: zur Jagd abgerichtet)

1 Halte in einigen Sätzen fest, was Kalaf über sein Schicksal berichtet; achte dabei besonders darauf, welcher Vorfall sein Schicksal ändert.

_____

_____

_____

_____

_____

2 Erläutere, warum der Dialog zur Exposition des Dramas gehört.

_____

_____

_____

3 Lies den Dialog noch einmal überfliegend und markiere dabei Textstellen, die etwas über
Kalafs Charakter aussagen; notiere dir entsprechende Stichwörter am Rand des Textes.

4 Notiere, welche Eigenschaften und Fähigkeiten sich in Kalafs Verhalten zeigen; unterscheide dabei die drei Etappen in seinem Leben als Flüchtling:

Kalaf und seine Eltern auf der Flucht	
Kalaf fängt den Sperber	
Kalaf nach der Belohnung durch den Chan	

5

> Kalaf ist ein typischer Prinz, wie man ihn aus dem Märchen kennt: tapfer und unerschrocken. Es ist von Anfang an klar, dass er siegen wird.

> Kalaf ist ein Verlierer: Er hat seine Heimat verloren und lebt im Elend. Außer seinem Leben hat er nichts mehr zu verlieren.

Nimm Stellung zu diesen Äußerungen und verfasse einen Text über Kalaf. Gehe dabei auch auf seine Worte ein: „Durch tapfre Tat mein Schicksal zu verbessern." (Z. 73/74) Wie verstehst du sie vor dem Hintergrund der zwei Äußerungen? Du kannst folgendermaßen beginnen: So sehe ich Kalaf …

Die Figur der Turandot: Original und Übertragung am Beispiel ihres ersten Monologs vergleichen

Friedrich Schillers Drama fußt auf dem 1762 uraufgeführten Schauspiel des Italieners Carlo Gozzi. In beiden Dramen tritt die Titelfigur zum ersten Mal im 2. Akt (4. Aufzug) auf und begründet ihr Handeln in einem Monolog.

Gozzi

Turandot: Ich sage Euch, mein Prinz, steht ab
Von diesem schweren Wagnis. Zwar, der Himmel weiß es,
Die Menschen alle lügen, die mich grausam nennen.
5 Doch fühl ich Abscheu vor dem männlichen Geschlecht,
So tiefen Abscheu, dass ich mich verteid'gen muss,
So wie ich kann und weiß, um immer fern zu bleiben
10 Von diesem hassenswürdigen Geschlecht. Darf ich
Allein der Freiheit nicht genießen? Steht sie nicht
Jedwedem zu? Und wer ist's, der Euch heißt, mich gegen,
15 Ja, gegen meinen Wunsch zur Grausamkeit zu zwingen?
Wenn Bitten es verhindern kann, so will ich gern
Zum Bitten mich erniedrigen: steht ab, mein Prinz,
20 Von dieser Probe! Nehmt das Wagnis nicht auf Euch,
Mit Eurem Scharfsinn meinen zu versuchen, denn
Mein Scharfsinn ist es ganz allein, auf den ich stolz bin.
25 Ihn hat die Gunst des Himmels mir verliehen, und
Ich musste sterben, wenn zu aller Spott im Diwan
Mich eines Mannes Geist besiegte. Geht, erlasst mir,
Euch meine Rätsel kundzutun. Noch ist es Zeit.
30 Vergeblich würdet Ihr um Euer Leben weinen.

Schiller

Turandot: Prinz! Noch ist's Zeit. Gebt das verwegene
Beginnen auf! Gebt's auf! Weicht aus dem Divan.
Der Himmel weiß, dass jene Zungen lügen,
Die mich der Härte zeihn und Grausamkeit.
5 Ich bin nicht grausam. Frei nur will ich leben.
Bloß keines andern will ich sein; dies Recht,
Das auch dem Allerniedrigsten der Menschen
Im Leib der Mutter anerschaffen ist,
Will ich behaupten, eine Kaiserstochter.
10 Ich sehe durch ganz Asien das Weib
Erniedrigt und zum Sklavenjoch verdammt,
Und rächen will ich mein beleidigtes Geschlecht
An diesem stolzen Männervolke, dem
Kein andrer Vorzug vor dem zärtern Weibe
15 Als rohe Stärke ward. Zur Waffe gab
Natur mir den erfindenden Verstand
Und Scharfsinn, meine Freiheit zu beschützen.
Ich will nun einmal von dem Mann nichts wissen,
Ich hass' ihn, ich verachte seinen Stolz
20 Und Übermut – Nach allem Köstlichen
Streckt er begehrlich seine Hände aus;
Was seinem Sinn gefällt, will er besitzen.
Hat die Natur mit Reizen mich geschmückt,
Mit Geist begabt – warum ist's denn das Los
25 Des Edeln in der Welt, dass es allein
Des Jägers wilde Jagd nur reizt, wenn das Gemeine
In seinem Unwert ruhig sich verbirgt?
Muss denn die Schönheit eine Beute sein
Für *einen*? Sie ist frei so wie die Sonne,
30 Die allbeglückend herrliche am Himmel,
Der Quell des Lichts, die Freude aller Augen,
Doch keines Sklavin und Leibeigentum.

---

1 Lies die Monologe aufmerksam durch und markiere in zwei verschiedenen Farben Passagen, die sich (inhaltlich) ähneln (grün) und speziell nur in einer Fassung auftreten (rot).

2 Notiere in Stichworten, was Turandot jeweils in den verschiedenen Fassungen im Hinblick auf folgende Aspekte sagt:

	Gozzi	Schiller
Appell an Kalaf		
Wie sie sich selbst sieht		
Ihre Meinung über Männer		

3 a) Halte in ein bis zwei Sätzen fest, was Schiller bei der Gestaltung seiner Turandot aus dem italienischen Original übernommen hat.

b) Halte in ein bis zwei Sätzen fest, wo bzw. in welchen Aspekten sich Gozzis Turandot am deutlichsten von der Schillers unterscheidet.

4 Halte fest, worin für dich das Besondere der Schiller'schen Turandot besteht.

Merkmale expressionistischer Lyrik im Vergleich erkennen

Die nachfolgenden Gedichte haben beide das gleiche Thema: Sie beschreiben jeweils eine Stadt in der Nacht. Anhand des Vergleichs beider Texte kannst du die Merkmale expressionistischer Lyrik hier noch einmal einüben.

Hugo von Hofmannsthal

Siehst du die Stadt (1890)

Siehst du die Stadt, wie sie da drüben ruht,

Sich flüsternd schmieget[1] in das Kleid der Nacht?

Es gießt der Mond der Silberseide Flut

Auf sie herab in zauberischer Pracht.

5   Der laue[2] Nachtwind weht ihr Atmen her,

So geisterhaft, verlöschend leisen Klang:

Sie weint im Traum, sie atmet tief und schwer,

Sie lispelt, rätselvoll, verlockend bang ...

Die dunkle Stadt, sie schläft im Herzen mein

10   Mit Glanz und Glut, mit qualvoll bunter Pracht:

Doch schmeichelnd schwebt um dich ihr Widerschein[3],

Gedämpft zum Flüstern, gleitend durch die Nacht.

[1] sich schmiegen: sich an etwas genau anpassen
[2] lau: mäßig warm
[3] Widerschein: Reflex, Helligkeit

Das lyrische Ich beschreibt die Stadt, auf die das

Mondlicht fällt, _____

_____

⇨ _____

_____

_____

_____

⇨ _____

_____

_____

_____

⇨ _____

1   Fasse den Inhalt jeder Strophe in jeweils einem Satz zusammen. Nutze die Schreiblinien neben dem Gedicht.

2   Schreibe jeweils hinter den Pfeil, welcher Eindruck von der Stadt in der betreffenden Strophe vermittelt wird.

Georg Heym

Die Stadt (1911)

Sehr weit ist diese Nacht. Und Wolkenschein

Zerreißet vor des Mondes Untergang.

Und tausend Fenster stehn die Nacht entlang

Und blinzeln mit den Lidern, rot und klein.

5 Wie Aderwerk gehn Straßen durch die Stadt,

Unzählig Menschen schwemmen aus und ein.

Und ewig stumpfer Ton von stumpfem Sein

Eintönig kommt heraus in Stille matt.

Gebären, Tod, gewirktes Einerlei[1],

10 Lallen der Wehen, langer Sterbeschrei,

Im blinden Wechsel geht es dumpf vorbei.

Und Schein und Feuer, Fackeln rot und Brand,

Die drohn im Weiten mit gezückter Hand

Und scheinen hoch von dunkler Wolkenwand.

[1] gewirktes Einerlei: hier eintönige, immer gleiche Arbeit

3 Stelle zusammen, welche Eindrücke von der Stadt in den jeweiligen Strophen formuliert werden. Schreibe diese in Stichworten auf die Schreiblinien.

4 Beschreibe die inhaltliche Darstellungsweise des expressionistischen Gedichts von Heym im Vergleich zu Hofmannsthal, indem du in deinem Heft einen kurzen Text formulierst. Verwende dabei die Ausdrücke aus dem Wortspeicher.

> Zusammenhang   Inhalt   Eindruck   nachvollziehbare Schilderung
> Abkehr von nachvollziehbaren Zusammenhängen   Struktur   logischer Aufbau

5   Zitiere aus jedem Gedicht mindestens drei Metaphern und Personifikationen mit Versangaben und beschreibe deren jeweilige Wirkung. Du kannst dich aus den Begriffen im Wortspeicher bedienen.

> geheimnisvoll   träumerisch   rätselhaft   verlockend   brutal   gefährlich
> abstoßend   gewaltig   riesenhaft   bedrohlich

Hofmannsthal, Siehst du die Stadt	Heym, Die Stadt
• „das Kleid der Nacht" (V. 2) ⇒ träumerisch	• „Wolkenschein zerreißet vor des Mondes Untergang" (V. 1/2) ⇒ bedrohlich

6   In der 2. Strophe des Gedichts von Hofmannsthal und in der 3. Strophe des Gedichts von Heym geht es um die Geräusche in der Stadt. Schreibe jeweils das bestimmende Stilmittel der Strophe mit Beleg auf. Formuliere, welche Wirkung diese Geräusche auf die Leser/-innen bzw. Hörer/-innen wohl jeweils haben.

Hofmannsthal, Siehst du die Stadt	Heym, Die Stadt

7   Beschreibe die sprachliche Gestaltung des expressionistischen Gedichts von Heym in einem kurzen zusammenhängenden Text: Welche Stilmittel werden bevorzugt verwendet? Welche Wirkung wird damit erzeugt? Schreibe in dein Heft.

Merkmale der Lyrik der Neuen Sachlichkeit erkennen

Mit der Analyse des nachfolgenden Gedichts kannst du noch einmal die typischen inhaltlichen und sprachlichen Merkmale der Lyrik der Neuen Sachlichkeit erarbeiten.

Fritz Droop

Auf der Neckarbrücke in Mannheim (1931)

Der Arbeit Barometer[1] steigt und steigt;

Der Kampf ums Dasein fiebert durch die Stunden ...

Nur wenn der Schutzmann[2] seine Hand hebt, schweigt

des Lebens rascher Pulsschlag für Sekunden ...

5   Ein Engpaß, eine Gasse durch den Tag,

den nimmermüden, der die Ruhe flieht[3] ...

Ein Dampfer, der hier atemholend lag,

stößt eben in den Rhein, der meerwärts zieht.

Siehst du den Bettler, der am Pfeiler ruht?

10   Dieweil[4] er mit den Händen, leidverkrampft,

ins volle Gold der Abendsonne greift,

wirft eines armen Kindes Mitleid ihm

ein Kupferstück in seinen alten Hut ...

[1] Barometer: Gerät zum Messen des Luftdrucks, nötig zur Information
   über die Wetterlage
[2] Schutzmann: umgangssprachlich für Polizist
[3] die Ruhe fliehen: keine Ruhe haben
[4] dieweil: währenddessen

1   Fasse den Inhalt des Gedichts strophenweise zusammen. Nutze dazu die Schreiblinien neben dem Gedicht.

2 Ordne die Themenbereiche, die im Gedicht angesprochen werden, einzelnen Versen zu.
Finde für die noch nicht zugeordneten Verse dann eigene Themenbezeichnungen.

• Arbeitsleben
• Situation der
  Menschen
• Straßenverkehr

_____

_____

_____

3 Die Gedichte der Neuen Sachlichkeit wollen Kritik an den gesellschaftlichen Zuständen
ihrer Zeit üben. Zitiere in den vorgegebenen Versen Ausdrücke, die diese Kritik enthalten.
Schreibe dahinter, was genau angeprangert wird.

V. 1   „Barometer steigt und steigt" – hoher Arbeitsdruck, hohe Arbeitsbelastung

V. 2   _____

V. 5/6   _____

V. 9/10   _____

4 Unterstreiche die Personifikationen in den ersten beiden Strophen. Fasse schriftlich zusammen, wie das Leben in der Stadt aufgrund der Verwendung dieser Personifikationen wirkt.

_____

_____

_____

5 Betrachte die Darstellung der Menschen im vorliegenden Gedicht. Wähle aus den Stichworten die für dich passenden zur Beschreibung der Menschen aus und ordne sie in die
zweite Spalte ein. Füge in der dritten Spalte an, welche Wirkung diese Darstellung hat.

Reduzierung eines Menschen auf sein Gefühl, Reduzierung eines Menschen auf seinen Beruf, genaue Beschreibung eines Menschen und seiner Handlungen

Person	Darstellung des Menschen	Wirkung der Darstellungsweise auf den Leser
Schutz-mann		
Bettler		
Kind		

Eine Inhaltsangabe zu einem Gedicht schreiben

Zur schriftlichen Gedichtanalyse gehört immer auch eine Inhaltsangabe. Diese zu verfassen ist gerade bei lyrischen Texten manchmal recht schwierig. Hier kannst du die Inhaltsangabe an einem Gedicht von Erich Kästner einmal üben.

Erich Kästner

Vorstadtstraßen (1932)

1 [1]

Mit solchen Straßen bin ich gut bekannt.

Sie fangen an, als wären sie zu Ende.

Trinkt Magermilch! steht groß an einer Wand,

als ob sich das hier nicht von selbst verstände.

2

Es riecht nach Fisch, Kartoffeln und Benzin.

In diesen Straßen dürfte niemand wohnen.

Ein Fenster schielt durch schräge Jalousien.

Und welke Blumen blühn auf den Balkonen.

3

Die Häuser bilden Tag und Nacht Spalier[2]

und haben keine weitern Interessen.

Seit hundert Jahren warten sie nun hier.

Auf wen sie warten, haben sie vergessen.

4

Die Nacht fällt wie ein großes altes Tuch,

von Licht durchlöchert, auf die grauen Mauern.

Ein paar Laternen gehen zu Besuch,

und vor den Kellern sieht man Katzen kauern.

5

Die Häuser sind so traurig und so krank,

weil sie die Armut auf den Straßen trafen.

Aus einem Hof dringt ganz von ferne Zank.

Dann decken sich die Fenster zu und schlafen.

6

So sieht die Welt in tausend Städten aus!

Und keiner weiß, wohin die Straßen zielen.

An jeder zweiten Ecke steht ein Haus,

in dem sie Skat und Pianola spielen[3].

7

Ein Mann mit Sorgen geigt aus dritter Hand[4].

Ein Tisch fällt um. Die Wirtin holt den Besen.

Trinkt Magermilch! steht groß an einer Wand.

Doch in der Nacht kann das ja niemand lesen.

---

[1] Um die Orientierung zu erleichtern, sind die Strophen des Gedichts hier durchnummeriert.
[2] bilden Spalier: militärischer Ausdruck, zwei Reihen von Soldaten bilden auf jeder Seite einer Straße eine dichte Reihe und halten Zuschauer bei einer Parade von der Straße ab
[3] ein Haus, in dem...: gemeint ist eine Gastwirtschaft
[4] geigt aus dritter Hand: sprichwörtlicher Ausdruck dafür, dass dem Musiker keine originelle Musik einfällt und er langweilige Musik spielt

1 Kreuze an, welche Kriterien eine gelungene Inhaltsangabe erfüllt.

Eine gute Inhaltsangabe ...	✔	✘
... ist im Präsens verfasst.	○	○
... verwendet viele Zitate und wörtliche Ausdrücke aus dem Originaltext.	○	○
... ist in einer sachlichen Sprache geschrieben.	○	○
... fasst die wesentlichen Handlungsschritte oder Aussagen knapp zusammen.	○	○
... benennt möglichst ausführlich viele Details.	○	○
... enthält keine Deutungen, Wertungen oder Erläuterungen zum Text.	○	○
... geht bei einem Gedicht strophenweise vor.	○	○

2 Verfasse den Einleitungssatz der Inhaltsangabe mit Angaben über Autor, Titel, Textart, Erscheinungsjahr und Thema. Schreibe den Einleitungssatz in dein Heft.
Wähle für die Themenformulierung eine der drei Alternativen aus und kreuze sie an.

☐ 1. Das Gedicht stellt dar, wie hässlich die Straßen einer Großstadt sind.
☐ 2. Das Gedicht verdeutlicht, wie schwer das Leben in den Randbezirken einer Großstadt ist.
☐ 3. Das Gedicht beschreibt sehr detailliert das Aussehen der Straßen in den Vororten von Berlin.

3 a) Lies die Inhaltsangaben zur 1. und 2. Strophe und unterstreiche die drei Fehler, die gemacht wurden. Schreibe auf die Linien daneben jeweils ein Stichwort, das den Fehler benennt.

In der ersten Strophe wurden die Straßen in den Vorstädten eingeführt, die jeder kennt. Die Werbung „Trinkt Magermilch!", die für die Menschen hier überflüssig ist, ist an einer Hauswand angebracht.
Die zweite Strophe benennt verschiedene stinkende Gerüche, defekte Fenster und verwelkte Blumen, was eine lebensunwürdige Umgebung für die Bewohner bedeutet.

1. _____

2. _____

3. _____

b) Schreibe eine korrigierte Version der Inhaltsangabe zu den ersten beiden Strophen in dein Heft.

4 In der Inhaltsangabe werden die sprachlichen Bilder des Gedichts durch eine sachliche Sprache ersetzt. Außerdem sollen nur die zentralen Aussagen in der Inhaltsangabe wiedergegeben werden. In der 3. Strophe ist es das Bild der Häuser, die personifiziert werden.

a) Lies noch einmal die Anmerkung zur Strophe und wähle dann aus den folgenden Ausdrucksvorschlägen die passenden Formulierungen aus. Kreuze an. Entscheide auch, welche Aussagen wichtig sind.

☐ Die Häuser stehen eng beieinander.
☐ Die Häuser interessieren sich nicht für die Menschen.
☐ Die Häuser sind alt.
☐ Die Häuser warten auf die Parade.
☐ In den Straßen geschieht nichts.
☐ Die Straßen wirken unbelebt.

b) Schreibe anschließend mit den Formulierungsbausteinen die Inhaltsangabe zur 3. Strophe in dein Heft.

c) Gehe zur 4. Strophe ebenso vor. Hier sind es der Vergleich der Nacht mit einem Tuch und die Metapher der Laternen, die sachlich umformuliert werden müssen.

☐ Die Nacht bedeckt die grauen Häuser.
☐ Die Dunkelheit der Nacht wird von einzelnen Lichtern durchbrochen.
☐ Einzelne Straßenlaternen leuchten.
☐ Die Straßenbeleuchtung besucht die Straßen.
☐ Nachts streifen Katzen durch die Straßen.
☐ Katzen hocken vor den Häusern.

5 Entschlüssele die Bilder in der 5. Strophe, indem du neben die Verse eine sachliche Formulierung schreibst. Schreibe dann die Inhaltsangabe zur 5. Strophe in dein Heft.

Die Häuser sind so traurig und so krank,

weil sie die Armut auf den Straßen trafen.

Aus einem Hof dringt ganz von ferne Zank.

Dann decken sich die Fenster zu und schlafen.

6 Formuliere nun die Inhaltsangabe zur 6. und 7. Strophe in deinem Heft.
Nutze die Ausdrücke aus dem Wortspeicher, um die Übergänge zwischen den Strophen sprachlich abwechslungsreich zu gestalten.

in der 1. Strophe, anschließend, in der folgenden Strophe, danach, darauf folgend, nun, zu Beginn, am Schluss, am Ende, in der letzten Strophe, …

7 Überprüfe abschließend deine Inhaltsangabe: Sind die wichtigen Kriterien aus Aufgabe 1 eingehalten? Hast du die Inhalte vollständig wiedergegeben? Stimmen Rechtschreibung, Satzbau und Wortwahl? Überarbeite deinen Text wenn nötig.

Frankys Mutter charakterisieren

Frankys Mutter Krista Pierson (geb. Connor) ist früher eine Nachrichtensprecherin gewesen, doch seit sie mit Reid verheiratet ist und ihre Kinder Franky und Samantha bekommen hat, ist sie nicht mehr in ihrem früheren Beruf tätig. Als Frau eines berühmten Sportreporters wird von ihr oft erwartet, ihren Ehemann bei öffentlichen Veranstaltungen zu begleiten, was sie zunehmend immer weniger möchte.

Krista Pierson: Künstlerin, Ehefrau und Mutter

Moms Begeisterung darüber, Mrs. Reid Pierson zu sein, ließ nach. Sie hatte sich noch nie wohlgefühlt auf diesen riesigen Banketts und Cocktailempfängen, auf den Benefizveranstaltungen, für die Reid
5 Pierson und andere Prominente ständig umworben wurden, damit sich die Eintrittskarten gut verkauften. Sie versuchte immer, Witze darüber zu machen, wie elend sie sich fühlte zwischen Schwärmen von Fremden in Frack und langem Abendkleid, die ganz
10 versessen darauf waren, Reid Pierson die Hand zu schütteln und ein Autogramm von ihm zu bekommen, aber durch Krista Pierson hindurchsahen, als wäre sie gar nicht da. Trotzdem hatte sie Dad vierzehn Jahre lang zu all diesen Veranstaltungen
15 begleitet und die Rolle von Reid Piersons bildschöner Frau Krista gespielt, die selbst einmal Nachrichtensprecherin bei einem Fernsehsender in Portland gewesen war. Jetzt hörte ich mit an, wie Mom zu Dad sagte: „Diese Party heute Abend! Ich mag nicht mit-
20 gehen, Liebling. Mir ist absolut nicht nach Scharen von Menschen zumute. Könnte ich bitte zu Hause bleiben?", und Dad sagte: „Nein, mein Schatz. Das kannst du nicht." [...] „Natürlich ist es wundervoll, dass du geehrt wirst", sagte Mom, „und ich weiß
25 auch, dass es für eine gute Sache ist, aber ich würde so viel lieber mit den Mädchen zu Hause bleiben und ein bisschen in meinem Studio[1] arbeiten. [...] Ich würde gern früh mit Francesca und Samantha zu Abend essen, nur wir drei. Ich habe den Eindruck,
30 wir sehen mittlerweile so wenig voneinander, plötzlich sind die beiden aus dem Haus, wie Todd[2]. Das Haus wird leer sein. Und ich bin –" „Einsam? Ganz allein mit deinem Ehemann?" „Liebling, du bist doch nie da. Und wenn du mal zu Hause bist, dann gehst
35 du jeden Abend aus. Das ist doch kein Leben, und es wird immer schlimmer. Und ich – ich bin nicht mehr der Mensch, den du geheiratet hast. Ich bin keine zweiundzwanzig mehr." „O nein, du gehst mit Riesenschritten auf die vierzig zu. [...]"

Krista hatte sich im Haus einen Raum in ein kleines Atelier umgewandelt und besuchte Kurse im Töpfern, Weben und Malerei.

40 Dad hatte es Mom erlaubt, den Raum in ein Atelier zu verwandeln, aber gefallen hatte ihm die Idee nie. Je mehr Zeit Mom zu Hause verbrachte, in eben jenem Atelier, umso weniger Zeit hatte sie für die Art von gesellschaftlichem Leben, die er von seiner Ehefrau
45 erwartete [...]. Samantha und ich fanden die ersten Stoffe, die Mom gewebt, und die Tongefäße, die sie hergestellt hatte, wunderschön, aber als Mom sie Dad zeigte, lächelte er nur und schüttelte den Kopf wie ein nachsichtiger Vater. [...] Mom war verletzt,
50 bemühte sich aber, es nicht zu zeigen. Bald zeigte sie Dad nicht mehr, was sie gearbeitet hatte, auch dann nicht, als es ihr gelungen war, Stücke in einer Galerie in Seattle auszustellen und zu verkaufen.

Frankys Mutter verbringt immer mehr ihrer Zeit ohne ihre Familie in einer kleinen Hütte in einem Fischerdorf namens Skagit Harbor. Eines Tages verkündet Reid seinen Töchtern, dass sie eine Zeit bei ihrer Mutter in Skagit Harbor in ihrer kleinen Hütte verbringen dürfen.

Mom lachte wie ein kleines Mädchen, als sie uns die
55 Hütte aufschloss. „Ich hoffe, es riecht nicht muffig. Das hier ist schließlich auch mein Atelier." Innen war die Hütte ganz ähnlich wie Moms Atelier zu Hause, nur gemütlicher und mit mehr Möbeln. [...] Moms Tagesablauf sah so aus: Den Morgen über
60 arbeitete sie in ihrem Atelier, dann aß sie etwas und machte Besorgungen in der Stadt, schaute vielleicht unangemeldet bei Freunden herein; am späteren Nachmittag arbeitete sie wieder in ihrem Atelier oder kümmerte sich um ihren Haushalt, und abends
65 traf sie sich zwanglos mit Nachbarn und Freunden. „Es geht nicht sehr förmlich zu hier in Skagit Harbor, das könnt ihr euch sicher denken." Mom trug alte Jeans oder Khaki-Shorts mit Farbflecken, dazu T-Shirts, Turnschuhe oder Sandalen, manchmal
70 ging sie auch barfuß. Sie hatte lange Beine und einen warmen, goldenen Hautton; ihr kräftiges Haar trug sie kurz geschnitten, es war mattrot und von wunderschönen silbergrauen Strähnchen durchzogen. Die meiste Zeit sah sie so glücklich aus, man hätte sie fast für eine Collegestudentin halten kön-
75 nen. Sie platzte fast vor Energie und Begeisterung. *Frei* sah sie aus. [...]
Es gab einen einzigen Schrank in der Hütte, und ich sah nur wenig von Moms Kleidung darin. Hauptsächlich Blusen, Jeans, Freizeithosen. Ein langer
80 Rock, ein einziges schlichtes, kürbisfarbenes Kleid [...]. Ein paar Pullover, eine leichte Leinenjacke. Auch kaum Schuhe. Zu Hause[3] war Moms Schrank vollgestopft mit schicken Sachen, vor allem Kleidern. Und sie hatte bestimmt dreißig – oder vierzig? –
85 Paar Schuhe.

[1] ihr Kunstatelier im Haus
[2] Reids ältester Sohn aus erster Ehe und Frankys und Samanthas Halbbruder
[3] in Yarrow Heights

1 Lies den Textauszug sorgfältig durch und markiere, was du über Kristas Aussehen erfährst (rot), was du über ihre Hobbys erfährst (blau) und was du über ihre Charaktereigenschaften erfährst (grün).

2 Eine kleine Fachzeitschrift mit dem Titel „(Klein-)Künstler" ist auf die Arbeiten von Frankys Mutter aufmerksam geworden und möchte eine Seite zu ihr gestalten.
a) Fülle dafür zunächst den Steckbrief zu Krista aus.

Name: _____

Wohnort: _____

Alter: _____

Familie: _____

_____

Beruf: _____

b) Eine Journalistin führt ein Interview mit Krista durch, um möglichst viel über sie zu erfahren. Beantworte die ersten Fragen der Journalistin mithilfe des Textauszuges.

Journalistin: Hallo Frau Connor, schön, dass es geklappt hat und Sie sich die Zeit genommen haben, mit mir zu sprechen, um den Leserinnen und Lesern unserer Zeitschrift mehr von Ihnen zu erzählen. Waren Sie schon immer Künstlerin?

Krista: _____

_____

_____

Journalistin: Erzählen Sie uns etwas darüber, wie Sie zur Kunst gekommen sind.

Krista: _____

_____

_____

c) Schreibe auf, welche Fragen die Journalistin noch an Krista haben könnte, die mithilfe des Textausschnittes beantwortet werden können, und welche Antworten Krista geben würde. Ideen dafür findest du im Themenspeicher rechts.

- Tagesablauf als Künstlerin
- Lebensgefühl als Künstlerin
- Skagit Harbor
- ihr Leben als Reid Piersons Ehefrau

Journalistin: _____

_____

Krista: _____

_____

_____

Journalistin: _____

_____

Krista: _____

_____

_____

_____

Journalistin: _____

_____

Krista: _____

_____

_____

d) Suche im Internet Bilder, die deiner Meinung nach Krista am nächsten kommen und die sie auch bei Aktivitäten zeigen.

3 Erstelle nun die Zeitschriftenseite zu Krista. Verwende dazu den Steckbrief, das Interview und ggf. das Bild aus Aufgabe 2 d). Du kannst die Zeitschriftenseite kreativ gestalten und sowohl mit Auszügen des Interviews arbeiten als auch mit anderen Möglichkeiten, z. B. weiteren passenden Bildern zu Kristas Hobbys oder ihrer Kunst.

4 Schreibe auf, welche Informationen Krista in dem Interview nicht preisgeben würde, und begründe.

_____

_____

_____

_____

_____

_____

5 Schreibe auf, ob eine Zeitschrift mit dem Titel „Stars hautnah" ein anderes Bild von Krista Connor in ihrer Zeitschrift darstellen würde und begründe. Schreibe in dein Heft.

Das Verhalten der Hauptfigur erläutern

Frankys Mutter wird seit einiger Zeit vermisst und die Polizei untersucht den Fall.

Die Ermittlungen

freaky-logik

Freaky hat sich alles zurechtgelegt. Es war genauso leicht wie herauszufinden, dass die Seiten eines gleichseitigen Dreiecks alle gleich lang sind. Wenn
5 Mom tot ist und nicht zurückkommt, dann ist da nur noch Dad. Daddy, der dich liebt. Nur noch Daddy, der dich liebt. [...]

In unserer Familie waren die polizeilichen Untersuchungen kein Thema. Mit „unsere Familie" meine
10 ich unsere Restfamilie: Dad, Todd, Samantha und mich.
Wir sprachen nie direkt von Krista Connor; meistens sprachen wir nur von „ihr". Ein Mensch war verschwunden, und es war, als wäre irgendein Ge-
15 genstand verschwunden. Mero Okawa wurde kaum je erwähnt – es war leicht, ihn zu vergessen, aber wenn doch einmal von ihm die Rede war, dann nur von „Okawa". Und nur Dad und Mr. Sheehan sprachen den Namen überhaupt aus – „Okawa". Mit ei-
20 nem Ausdruck voller Verachtung, voller Abscheu. Als hätten sie etwas Ekliges gegessen.
Wenn man die Zeitung las oder Fernsehberichte ansah, dann schien es ganz klar, dass die beiden verschwundenen Personen „ein Paar" waren. Da sie
25 beide unauffindbar waren und da Mero Okawas Jeep die Nacht über vor Krista Connors Hütte gestanden hatte, nahm man an, dass die beiden ein Liebespaar waren oder etwas Ähnliches. Freunde und Nachbarn in Skagit Harbor bestritten das energisch,
30 aber niemand nahm sie ernst. Es gab den kollektiven Wunsch, dass die vermisste Frau, die von ihrem prominenten Ehemann getrennt lebte, eine Affäre mit einem örtlichen Galeriebesitzer hatte und dass diese – vonseiten der Frau ehebrecherische – Beziehung
35 höchstwahrscheinlich der Grund für das Verschwinden der beiden war. Allgemein wurde angenommen, dass der berühmte Ehemann etwas mit diesem Verschwinden zu tun hatte, aber es gab auch die gegenteilige Meinung, dass das Paar zusammen durchge-
40 brannt war. [...] Mr. Sheeran räumte gegenüber der Presse ein, dass sein Klient und Krista Connor über eine „einvernehmliche Trennung" nachgedacht hätten, jedoch nicht über eine Scheidung. Weder Reid Pierson noch seine Frau, Krista Connor, hiel-
45 ten Scheidungen für eine sinnvolle Lösung, betonte Mr. Sheehan. Es sei nicht auszuschließen, dass es da einen anderen Mann gegeben habe („über den mein Klient nichts weiß"), aber die Piersons hätten sogar kurz vor einer Versöhnung gestanden, als Krista
50 Connor verschwand.
Als ich dies auf einer Internetseite las, durchfuhr mich kurz so etwas wie Hoffnung. Mom kommt nach Hause? Wirklich? Ich wollte es glauben, unbedingt, mit Freaky-mäßiger Besessenheit.
55 „Was wollte deine Tante Vicky von dir, Franky?"[1] Dads Stimme war freundlich, locker. Aber an seiner Kieferpartie sah ich, wie angespannt er war. In letzter Zeit hatte er nicht mehr fürs Fernsehen gearbeitet. Er bekam zwar noch sein Gehalt vom
60 Sender, aber von allen Aufgaben im Bereich der Sportreportage war er „vorläufig suspendiert" (laut *The Seattle Times*), und so war er rastlos und überwachte seine Töchter streng. „Nichts Besonderes, Dad, sie wollte nur ein bisschen reden", sagte ich.
65 „Unfrieden säen, was? Wie alle Connors." Ich biss mir auf die Unterlippe. Wusste nicht, was ich sagen sollte. Mein Freaky-mürrisches Herz klopfte schnell. „Ich nehme an, Tante Vicky hat dich nach mir ausgefragt, oder? Um den Verdacht auf mich
70 zu lenken. Als wäre ich nicht selbst völlig fertig wegen der Geschichte, als wäre ich nicht genauso am Boden zerstört vor Kummer wie sie, mehr sogar. Ich bin schließlich der Ehemann, Herrgott noch mal!" Dad wischte sich ärgerlich über die Augen. Er habe
75 jetzt ständig diese Kopfschmerzen, sagte er. Medikamente würden nicht helfen. „Hast du ihr das gesagt? Dieser großen Schwester, die überall ihre

Nase reinstecken muss?" Ich fühlte mich unbehaglich. „Tante Vicky ist ganz in Ordnung, Daddy. Sie
80 macht sich eben Sorgen um … um ihre Schwester."
„Na ja, das sollte sie auch. Verschwindet einfach
so. Mit ihrem Liebhaber. Es heißt, dieser Okawa sei
auch so ein Verrückter. Einer, der sich mit jungen
Kerlen einlässt. […] Und eure irregeleitete Mutter
85 hat sich von ihm täuschen lassen." Dad schüttelte
traurig den Kopf. Das hatte ich ja noch nie gehört!
Freaky-Trotz stieg in mir hoch, das Bedürfnis, mich
aufzulehnen. „Die Connors sind das Musterbeispiel
einer gestörten Familie. So voller Misstrauen, ein-
90 fach krankhaft. Sie haben jeden Kontakt mit mir
abgebrochen, hat ihr Anwalt der Öffentlichkeit mit-
geteilt. Ist doch nett, oder?" Ich war mir nicht sicher,
was Dad damit meinte, aber ich war nicht so dumm,
nachzufragen. […]
95 Dad sah so krank aus, so traurig, dass ich ihn am
liebsten umarmt hätte. Aber ich hatte Angst, ihn
zu berühren. „Okay, Daddy." „Todd ist auf meiner
Seite. Todd ist mein Junge, schon immer gewesen.
Todd weiß, was gespielt wird. Sie hat dem Jungen

das Herz gebrochen, sie hat so getan, als wäre sie 100
ihm eine richtige Mutter, dabei war sie nicht einmal in der Lage, eine Stiefmutter zu sein. Und du,
Süße, und Sam-Sam – ihr seid alle auf Daddys Seite,
stimmt's? Wenn *sie* auftaucht, gesund und munter,
dann wird *sie* festgenommen von der Polizei. Und 105
weißt du, was ich dann mache? Verklagen werde ich
sie! Dafür, dass sie unseren guten Ruf in den Dreck
gezerrt hat, dass sie versucht hat, uns zu zerstören.
Versucht hat, Reid Piersons Karriere zu ruinieren.
Und ihr werdet für mich aussagen, Kinder, das wer- 110
det ihr doch." Das war keine Frage, es war ein Befehl.
„Franky? Meine Große? Du bist mit in Daddys Team,
ja?" „Ja, Daddy." „Es könnte unerfreulich werden.
Höchst unerfreulich. Wenn sie zurückkommt." Dad
sprach mit solcher Überzeugung, zog Grimassen, 115
wie er sie nie im Fernsehen machte, und ich glaubte, dass er die Wahrheit sagte, unbedingt. *Wenn sie
zurückkommt.*

[1] Kristas Schwester Vicky ist zuvor zu Besuch gewesen.

1 Es gibt zahlreiche Vermutungen bezüglich des Verschwindens von Frankys Mutter.
Kreuze an, welche Vermutungen es gibt, und belege deine Antwort mit einer Textstelle
(Zeilenanangabe).

☐ Vicky versteckt ihre Schwester Krista.   Z. _____

☐ Mero Okowa und Krista sind gemeinsam durchgebrannt.   Z. _____

☐ Franky hat ihre Mutter versteckt.   Z. _____

☐ Reid Pierson hat etwas mit dem Verschwinden von Mero   Z. _____
   und seiner Frau zu tun.

2 Notiere kurz, wie uns die Erzählerin verdeutlicht, welche der Vermutungen die wahr-
scheinlichste ist.

_____

_____

_____

3   Welche Gefühle löst das Verschwinden ihrer Mutter bei Franky aus? Unterstreiche im Text alle Passagen, in denen Frankys Gefühle dargestellt werden.

4   Franky handelt oft anders als sie denkt oder fühlt. Verdeutliche ihre Gedanken zu den folgenden Gesprächssituationen, indem du die Gedankenblasen ausfüllst.

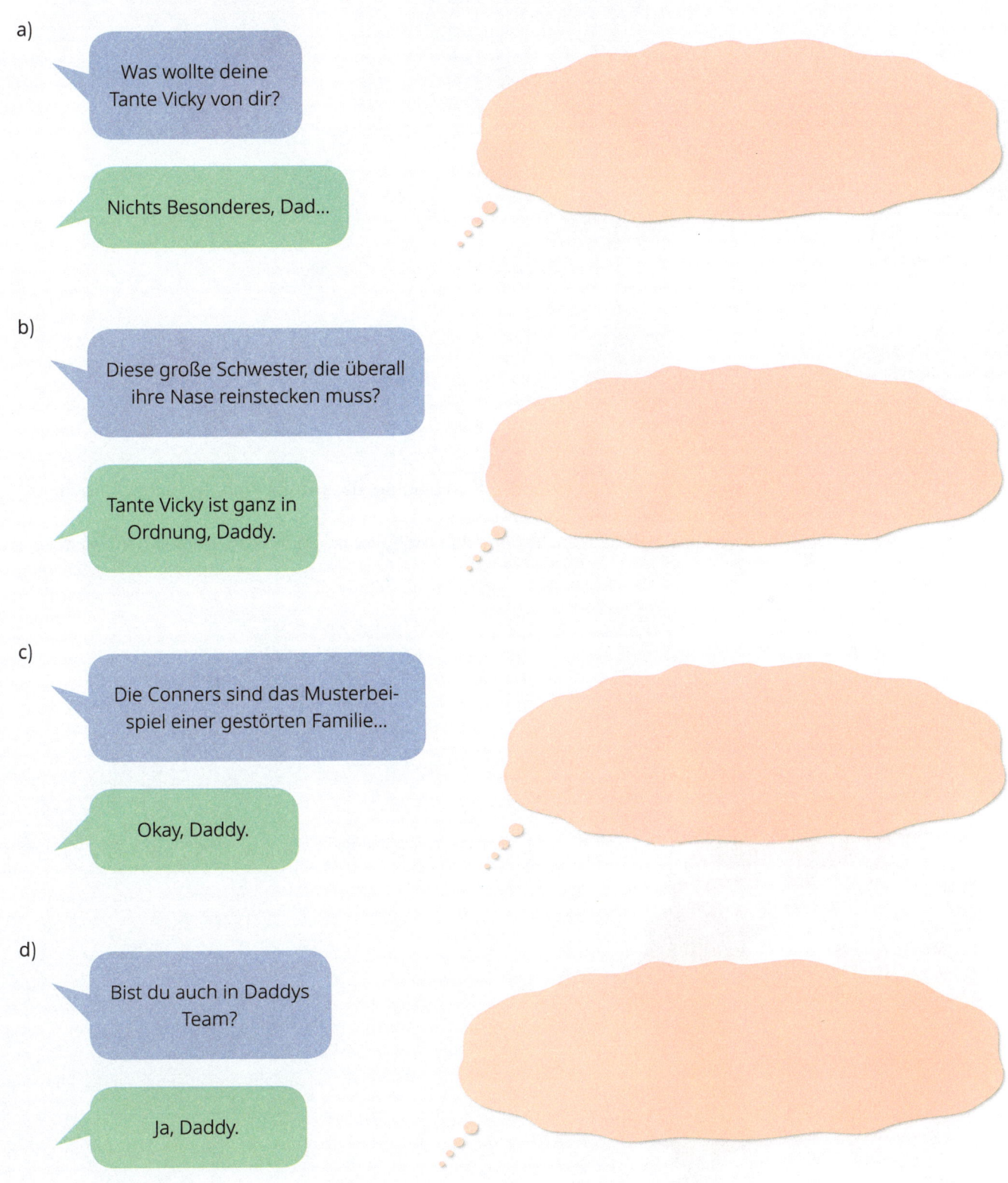

a)

Was wollte deine Tante Vicky von dir?

Nichts Besonderes, Dad...

b)

Diese große Schwester, die überall ihre Nase reinstecken muss?

Tante Vicky ist ganz in Ordnung, Daddy.

c)

Die Conners sind das Musterbeispiel einer gestörten Familie...

Okay, Daddy.

d)

Bist du auch in Daddys Team?

Ja, Daddy.

5   Stelle Vermutungen an, warum Frankys Gefühle mit ihren Äußerungen und Handlungen
       oft nicht übereinstimmen.

6   Am Ende der Textstelle heißt es: „[I]ch glaubte, dass er die Wahrheit sagte, unbedingt.
       Wenn sie zurückkommt." (Z. 117/118)
       Erläutere diese Gedanken. Beziehe dabei die „Freaky-Logik" vom Beginn der Textstelle ein.

Den Inhalt von Sachtexten erfassen und verwerten

SWR/Südwestrundfunk, Planet Wissen, Stand: 29.06.2021, 13:20 Uhr

Sabine Kaufmann & Martina Frietsch

Verschwörungserzählungen

Verschwörungsgläubige tummeln sich zu Tausenden in sozialen Netzwerken und teilen abstruse Posts, Videos und Bilder. Der Kern von Verschwörungserzählungen (die oft auch „Verschwörungstheorien" genannt werden) ist das Misstrauen gegenüber einer anderen Gruppe. [...]

Was kennzeichnet Verschwörungserzählungen?
Ob Geheimdienst, eine ethnische Volksgruppe oder sogar Außerirdische: Es gibt viele Gruppen, denen Verschwörungsgläubige die übelsten Machenschaften unterstellen. Sind die Verschwörungserzählungen dann noch spannend und gut verständlich formuliert und treffen sie den Nerv der Zeit, verkaufen sie sich – ganz im Sinne ihrer Autoren – blendend. Am Anfang jeder Verschwörungserzählung steht das Misstrauen gegenüber einer gesellschaftlichen Gruppe. Dieses Misstrauen steigert sich zu einem Verschwörungsglauben, der davon ausgeht, dass sich die Gruppe gegen eine andere Gruppe verschworen hat, um ihr zu schaden.
Es wird in Schwarz und Weiß, in Gut und Böse eingeteilt. Wichtig ist auch das Element der Planung – bei Verschwörungserzählungen geschieht nichts durch Zufall. Nichts ist so, wie es scheint. Und natürlich sind alle Ereignisse miteinander verbunden. [...]

Verschwörungserzählungen funktionieren nach allgemeinen Regeln
Der Ausgangspunkt jeder Verschwörungserzählung ist eine angebliche Geheimgesellschaft, der man böse Machenschaften und schreckliche Vorhaben unterstellt. Das bildet die These, die über der Verschwörungserzählung steht. Alles, was die These stützt, tragen die Autoren der Erzählung zusammen. Was der These widerspricht, lassen sie unter den Tisch fallen.

Die Zahlen oder Fakten, die sie verwenden, sind leicht nachprüfbar. Nur die Schlussfolgerungen, die aus dem ganzen Zahlen- und Datenmaterial gezogen werden, sind falsch. Oft deuten die Verschwörungserfinder wahre Ereignisse so um, dass sie zur Verschwörungserzählung passen.
Wirkungsvoll ist es, die Wissenschaft in Frage zu stellen und zu attackieren. Denn die Behauptung braucht nur den Anstrich von Authentizität. Große Wirkung erzielen Verschwörungserzählungen auch damit, ihre Gegner zu dämonisieren und zu Sündenböcken zu machen.
Unter dem Strich ist eine Verschwörungserzählung also eine Mischung aus einigen nachprüfbaren Fakten und vielen erfundenen Behauptungen und Geschichten, aus denen immer neue Sinnzusammenhänge konstruiert werden.

Wer steckt hinter den Verschwörungserzählungen?

55 Viele Verschwörungserzählungen werden von Menschen erdacht, die wirklich daran glauben. Am Anfang steht ein Verdacht und die wichtige Frage: Wem nützt es? Es werden Verbindungen hergestellt, ein Verdacht formuliert. Die Gruppe, die verdächtigt wird, wird nur vage beschrieben – „die Mächtigen",

60 „die Politiker", „der Feind". Es bleibt Spielraum für Fantasie.

Oft werden Verschwörungsmythen anonym in Umlauf gebracht – das Internet ist hier sehr hilfreich. Problematisch wird es, wenn die Mythen

65 für politische Zwecke eingesetzt werden. Dies ist beispielsweise in den USA bei QAnon zu beobachten, eine anonyme Person oder Gruppe, die mittels Verschwörungserzählungen rechtes Gedankengut verbreitet. […]

Das Geschäft mit den Verschwörungen

70 Hinter manchen Verschwörungserzählungen stecken gut erkennbar finanzielle Interessen. Das Geschäft mit dem Schutz vor den mächtigen Geheimbünden läuft gut. Verkauft werden Bücher, Filme, Wunderheilmittel, T-Shirts, Survival-Kits, Schutz

75 gegen Chemtrails und mehr. Videos auf YouTube und Co. bringen Millionen Clicks und damit Werbeeinnahmen. […]

Text leicht verändert

---

1 Lies den Text „Verschwörungserzählungen" von der Website *www.planet-wissen.de*. Erläutere, mit welcher Absicht der Artikel verfasst wurde.

_____

_____

_____

_____

_____

_____

_____

_____

_____

2 Nutze die Informationen aus Aufgabe 1 und ergänze auf der folgenden Seite das Infoblatt über Verschwörungserzählungen. Fülle die Lücken dabei mit eigenen Formulierungen und schreibe für eine breite Leserschaft. Orientiere dich bei Punkt ❷ an den *Stichwort-Hinweisen*.

Verschwörungserzählungen erkennen

❶ Wie entstehen Verschwörungserzählungen?

Angesichts besonderer Ereignisse oder Situationen glauben Anhänger/-innen von Verschwörungserzählungen, dass eine Gruppe von Menschen oder irgendwelche Mächte

_____

_____ .

Den „Verschwörern" werden _____

_____ unterstellt.

❷ Welche Merkmale kennzeichnen Verschwörungserzählungen?

① Eine größere Anzahl von Menschen _____
gegenüber einer gesellschaftlichen Gruppe und glaubt an eine Verschwörung.

② _____

_____

_____

_____

_____ _(Beweise/Gegenbeweise)_

③ _____

_____

_____

_____ _(Zufall/Planung)_

④ _____

_____

_____

_____ _(vereinfachtes Weltbild/differenziertes Weltbild)_

⑤ _____

_____

_____

_____ _(Zusammenleben/Stimmungsmache, Ausgrenzung)_

❸ Warum werden Verschwörungserzählungen verbreitet?

① _____

_____

② _____

_____

③ _____

_____

___

Sachtextaussagen bewerten und einordnen

1   Schau dir die Mindmap zu sprachlichen Merkmalen verschwörungstheoretischer Texte an.
Ergänze weitere Beispiele zu den genannten Punkten.

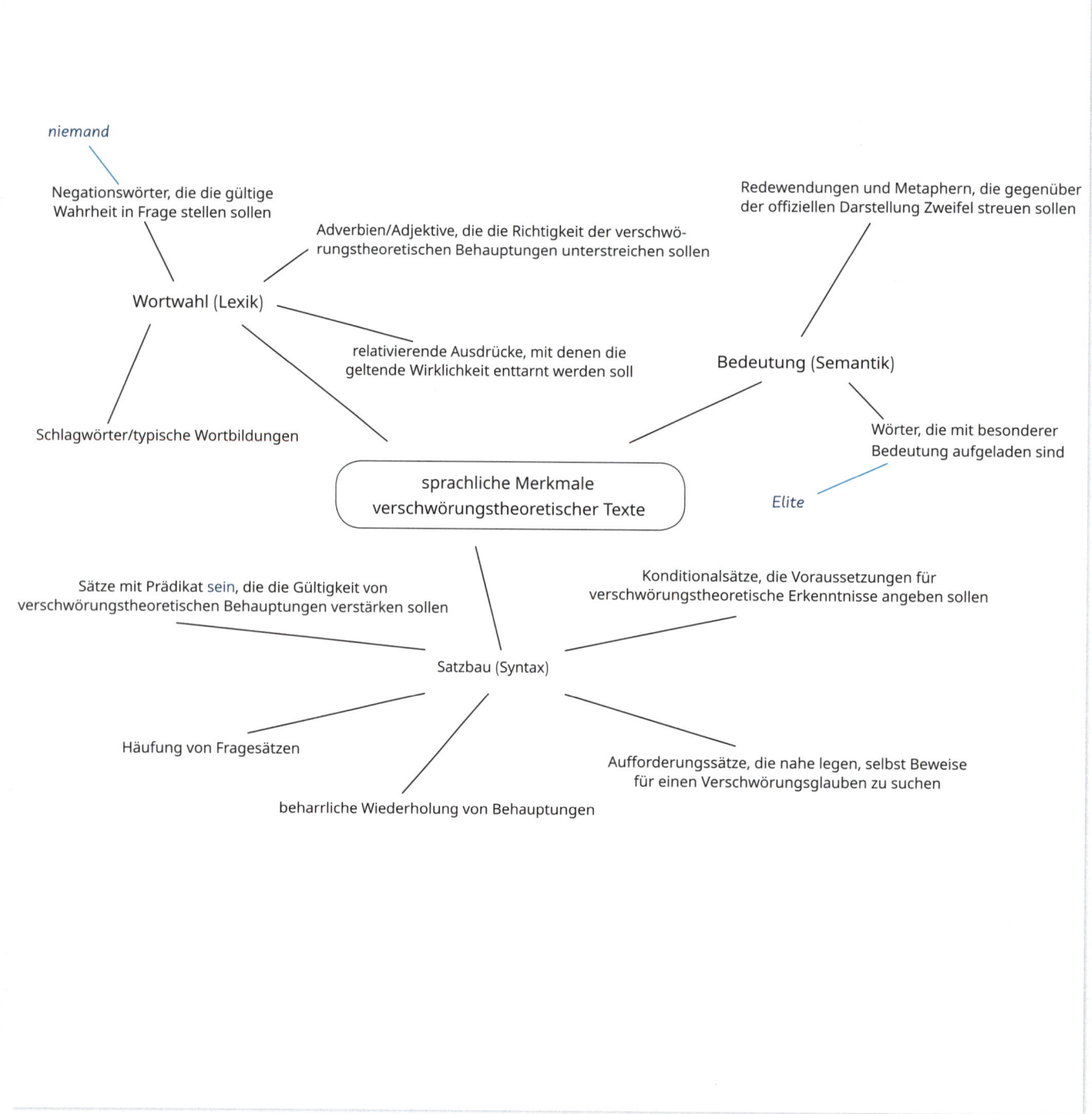

2   Lies die folgenden Aussagen und entscheide: Handelt es sich um Formulierungen, die aus
Verschwörungserzählungen stammen (**!**) oder nicht (**✓**)? Begründe kurz (inhaltlich und/
oder sprachlich) deine Entscheidung.

D
Eins

Deutsch | Arbeitsheft 9

Lösungen

Seite 7, Aufgabe 2

Angaben zur Stellenanzeige	Fuchstrain AG
Stellentitel	Kundenbetreuer im Nahverkehr (w/m/d)
Tätigkeitsprofil	Aktive Beratung und Betreuung der Kunden am und im Zug, Verkauf und Kontrolle von Fahrscheinen
Angaben zum Unternehmen	Fuchstrain AG, klimaneutrale Züge
Anforderungen, Qualifikationen, Kompetenzen	Verantwortungsbewusstsein, Zuverlässigkeit, Teamfähigkeit, Einsatzfreude, Freude am Kontakt zu Menschen, Belastbarkeit, Durchsetzungsvermögen, Konflikt- und Kommunikationsfähigkeit, möglichst Vorhandensein eines Führerscheins
Arbeitsbedingungen	Standort Essen, Schichtdienst
Leistungen	Angebot zu Trainings- und Qualifizierungsmaßnahmen, überdurchschnittliches Gehalt, zusätzliche Urlaubstage, kostenlose Fitnessstudiomitgliedschaft, kostenlose Bahnfahrten
Bewerbungsverfahren	Fuchstrain AG: Standort Essen, z. Hd. Frau Luise Schneide, An der Zollbrücke 23, 45130 Essen

Seite 7, Aufgabe 3–5:
• Mailadresse ist unseriös
• Name der Ansprechpartnerin im Unternehmen wird falsch geschrieben
• Stellenbezeichnung fehlt
• Ort des Schreibens fehlt
• Einstiegsformulierung wirkt übertrieben
• Formulierungen sind oft umgangssprachlich („liegen mir mega gut", „top für sie geeignet", „freue mich echt darauf")
• Grußformel ist zu persönlich
• Sprachliche Fehler: kene, bei ihnen (statt bei Ihnen), das übernehmen, das arbeiten, für sie, suchen sie ja, fehlendes Komma nach „echt darauf"

Seite 9, Aufgabe 1
a) Folgende Informationen fehlen: Nachname, Geburtsort fehlt bzw. ist unkonkret angegeben, Name des besuchten Gymnasiums, Zeitpunkt und Art des voraussichtlichen Schulabschlusses
b) An folgenden Stellen präsentiert sich Levin nicht ideal: unseriöse E-Mail-Adresse, Computerkenntnisse sind nichtssagend angegeben, Einschätzung der eigenen Sprachkenntnisse ist unsachlich und spricht nicht für Levins Arbeitshaltung, Interessen lassen nur begrenzt einen Zusammenhang zum Beruf bzw. zur geforderten Arbeitshaltung erkennen

Seite 10, Aufgabe 2
Beispiellösung:
a. Kann angegeben werden, da es einerseits Levins Belastbarkeit, andererseits seinen Zugang zu Menschen zeigt
b. Sollte angegeben werden
c. Kann angegeben werden, da es einerseits Levins Teamfähigkeit beweist, andererseits sein Verantwortungsbewusstsein unterstreicht
d. Kann angegeben werden, da es Levins Eignung im Umgang mit älteren Menschen zeigt, wobei die Information, wer meistens gewinnt, irrelevant ist
e. Sollte nicht angegeben werden, da es keinerlei Bezug zum Beruf hat und eher darauf schließen lässt, dass andere Aufgaben für ihn Priorität haben

Seite 11, Aufgabe 1
Soll man Alkohol erst mit 18 Jahren trinken dürfen?

Seite 11, Aufgabe 2
Deshalb spreche ich mich dafür aus, dass Jugendlichen bis zum 18. Lebensjahr verboten wird, Alkohol zu trinken.

Seite 12, Aufgabe 3
Pro 1 hält diese Rede. Pro 1 stellt in der Debatte die Maßnahme vor, indem wichtige Begriffe definiert werden und die Abweichung der vorgeschlagenen Regelung von der bisherigen Regelung erklärt wird (Was ist? Was soll sein?). Pro 2 reagiert auf kritische Fragen der Kontra-Seite, um so die Maßnahme möglichst genau zu bestimmen.

Seite 12, Aufgabe 4

Fragen zur Klärung der Maßnahme	Die Frage wird beantwortet in den Zeilen	Die Frage wird nicht bzw. zu wenig beantwortet
Wer ist von der Maßnahme betroffen?	Z. 16/17, 27 (Jugendliche ab 16 bzw. 18 Jahren) Z. 24–26 (Betreiber von Supermärkten, Gaststätten, Kiosken, Tankstellen) Z. 33–36 (Eltern)	(wenig zu Gastronomie)
Wann soll die Maßnahme durchgeführt werden?		Termin fehlt
Wo soll die Maßnahme durchgeführt werden?	Z. 31/32 (Gaststätten, Restaurants, im öffentlichen Bereich)	Keine Aussage zum privaten Bereich
Was genau umfasst die Maßnahme?	Z. 18–34 (Verschärfung von §9 des Jugendschutzgesetzes)	
Wie wird die Maßnahme durchgeführt?	Z. 20–23, 30–32 (Verbot des Verkaufs und des Konsums)	keine Vorschläge zur Kontrolle des Verbots
Wozu dient die Maßnahme?	Z. 37–39	(Erziehungsrecht der Eltern wird eingeschränkt)

Seite 12, Aufgabe 5
• Wie kann die Maßnahme im privaten Raum überwacht werden?
• Wann soll die Maßnahme in Kraft treten? Welches politische Gremium ist dafür zuständig?
• Wie sollen die Jugendlichen den richtigen Umgang mit Alkohol lernen? Ist es nicht zu gefährlich, wenn Menschen mit 18 Jahren gleichzeitig die Erlaubnis erhalten, Alkohol zu trinken und Auto zu fahren?

Seite 13, Aufgabe 1
a)/b) 1) Pro, Machbarkeit; 2) Kontra, Nützlichkeit; 3) Kontra, Machbarkeit/Nützlichkeit 4) Kontra, Werte-Ebene
c) Argument 3

Seite 14, Aufgabe 2
Zu 1): Polizei und Ordnungsamt haben zu wenige Mitarbeiter, um das Verbot wirksam zu überwachen. Ggf. müssten diese Kräfte für den Umgang mit Jugendlichen extra geschult werden. Vor allem im ländlichen und im privaten Raum scheint eine Überwachung sehr schwierig (unmöglich) zu sein.
Zu 2): Angesichts der Gefährlichkeit der Substanz und der Verführbarkeit von jungen Menschen (Leichtsinn, Gruppenzwang, ...) ist eine Einschränkung des Selbstbestimmungsrechts gerechtfertigt. Wie beim Autoführerschein wird die Volljährigkeit vorausgesetzt zum Schutz aller Betroffenen.
Zu 4): Eine Einschränkung dieses im Grundgesetz festgeschriebenen Rechts (Artikel 6) ist gerechtfertigt, um das Wohlergehen der Gesellschaft im Ganzen langfristig zu stärken. Alkohol wird als Volksdroge verharmlost. Jährlich sterben Tausende Menschen in Folge von übermäßigem Konsum. Alkoholiker berichten davon, dass ihre Sucht schon in Kindheitstagen in der Familie begonnen hat. Ein Verbot würde den Schutz der Kinder stärken.

© Westermann Gruppe · 978-3-507-69009-7

Seite 14, Aufgabe 3

Die Lösung ist abhängig von der Position der Verfasserin/des Verfassers. Wichtig ist, dass die Werte, die im Widerspruch stehen, zueinander in Beziehung gesetzt werden. Warum wird das Recht auf Selbstbestimmung höher/geringer eingeschätzt als die Verantwortung des Staats für seine Bürgerinnen und Bürger?

Seite 16, Aufgabe 1

Livia Kerp wirbt in ihrem Blog für ein Buch, das sie geschrieben hat und das Jugendlichen Politik näherbringen soll. Das Buch hat den Titel „How to Politik".

Seite 16, Aufgabe 2

Argumente, Wertung ist individuell:
- Jugendliche sollen einen besseren Einblick in die Welt der Politik bekommen, weil Politik viel Macht hat.
- Jede/r soll sich nach der Lektüre eine eigene Meinung zu den beschriebenen politischen Themen bilden können.
- Es handelt sich um ein Buch für Jugendliche (die Generation der Autorin).
- Es gibt Interviews mit Vertretern aller großen Parteien, außer der AFD.
- Ein wichtiges Thema des Buches ist der Klimawandel. Dazu hat die Autorin sich Rat beim bekannten Klimaforscher Prof. Dr. Mojib Latif geholt.
- Auch Fridays for Future ist Thema des Buches: Das Innenleben der Organisation und die Meinung zu Greta spielen hier eine Rolle.
- Ein weiteres Thema ist das Recht im Internet, z. B. das Urheberrecht. Dazu hat der Rechtsanwalt Christian Solmecke von „recht2go" sein Fachwissen beigetragen.
- Außerdem geht es in dem Buch auch um Bildung und Demokratie.
- Die Autorin schildert in dem Buch zudem, wie sie von einer zunächst unpolitischen Bloggerin durch die Flüchtlingswelle 2015 zur Politik gekommen ist.

Seite 16, Aufgabe 3

- erste Aussage: falsch, Livia Kerp ist keine Fernsehjournalistin (Z. 18–20)
- zweite Aussage: richtig (Z. 18–29)
- dritte Aussage: richtig (Z. 23–26)
- vierte Aussage: falsch, Livia Kerp hat nicht mit Vertreter/-innen der AfD gesprochen (Z. 47–50)

Seite 17, Aufgabe 4

a) Ein Elevator Pitch sollte die zentralen Aussagen eines Themas oder einer Idee kurz zusammenfassen. Der Elevator Pitch ist aus der Idee entstanden, dass man im Aufzug auf eine/n wichtige/n Gesprächspartner/in trifft, der oder dem man während der Aufzugfahrt kurz, aber zutreffend eine Zusammenfassung seiner Idee vorträgt. Daher sollte ein Elevator Pitch nicht länger als drei bis vier Sätze sein.

b) *Beispiellösung:*
Mir ist klar geworden, dass Politik viel Macht ausübt und dass es in der Politik viele Themen gibt, die für Jugendliche bedeutsam sind. Daher habe ich mich entschlossen, ein Buch zu schreiben, das Politik meiner Generation näherbringt. Dazu habe ich mit vielen wichtigen Politikern gesprochen. Vor allem aber stehen die Themen Bildung, Demokratie und Klimaschutz im Mittelpunkt meines Buches.

Seite 17, Aufgabe 5

1. Menüleiste
2. Titel des Blogbeitrags
3. Datum, Autorin, Kommentarfunktion
4. Nutzerprofil
5. Bild zum Blog
6. Möglichkeiten, Blog zu teilen

Seite 18, Aufgabe 6

a) Es ist möglich, einen Kommentar über die Kommentarfunktion zu schreiben oder den Blog über verschiedene Social-Media-Kanäle mit anderen zu teilen. Nur mit dem Kommentar kann man als Leser/-in mit der Autorin in den Austausch kommen.

b) *Vorteile:* Livia Kerp kann so unterbinden, dass unerwünschte Kommentare, die z. B. die Netiquette verletzen, wie Hatespeech-Kommentare, nur sie sieht und nicht direkt veröffentlicht werden.
Nachteile: Die Leserinnen und Leser können nicht untereinander über den Inhalt der Blogs kommunizieren.

Seite 18, Aufgabe 7

Beispiellösung zustimmender Kommentar:
Ich finde es gut und wichtig, dass jemand für unsere Generation ein Buch über Politik geschrieben hat. Die behandelten Themen interessieren mich sehr und ich finde, dass sich die Politiker viel zu wenig um uns Jugendliche kümmern.
Beispiellösung ablehnender Kommentar:
Ach, schon wieder ein Buch über Politik. Als gäbe es davon nicht genug! Mir reichen die Blogs von Livia. Und eigentlich finde ich es schade, dass sie fast nur noch über Politik in ihren Blogs schreibt. Das Leben besteht doch nicht nur aus Politik…

Seite 19, Aufgabe 1

Nr.	Handlung	Kamera	Sprache	Geräusche/Musik	Zeit
1	Eyad und Naomi gehen auf dem Bürgersteig entlang einer belebten Straße und unterhalten sich, bis sie von einem Soldaten gestoppt werden.	Die Kamera zeigt die Personen in der Halbtotalen. Zunächst steht sie fest und fährt dann parallel zu den gehenden Figuren mit. Immer wieder fahren Autos durchs Bild.	Dialog zwischen Eyad und Naomi: E: Kann ich dich anrufen? N: Klar, erfinde einfach irgendeinen Namen E: Wie Mustafa? N: (lacht) Blödmann! E: Ist das ein jüdischer Name? N: (lacht) E: Vielleicht Yonatan, passt das, Yonatan? N: Nein, zu dir passt Eyad. E: Ich liebe dich, weißt du das? N: Sag's auf Arabisch. E: (sagt, „Ich liebe dich" auf Arabisch) Soldat: (zu Eyad) Hey du, komm mal her!	Musik von Straßenmusikanten, die im Bild zu sehen sind, Rauschen des Straßenverkehrs.	0:00:00– 0:00:21
2	Eyad wendet sich zu dem Soldaten um.	Eyad in Nahaufnahme		Straßenmusik und Straßenlärm	0:00:21– 0:00:22
3	Soldat spricht zu Eyad	Soldat in Nahaufnahme über die Schulter von Eyad gefilmt	„Dein Name?"	Straßenlärm und -musik	0:00:22– 0:00:24

© Westermann Gruppe · 978-3-507-69009-7

4	Eyad antwortet	Eyad in Großaufnahme	„Eyad"	Straßenlärm	0:00:24–0:00:25
5	Soldat spricht zu Eyad	Soldat in Nahaufnahme	„Ausweis!"	Straßenlärm	0:00:25–0:00:26
6	Eyad wendet den Kopf zu der hinter ihm stehenden Naomi	Eyad in Großaufnahme		Straßenlärm	0:00:26–0:00:29
7	Eyad gibt dem Soldaten seinen Ausweis	Soldat in Nahaufnahme über Eyads Schulter		Straßenlärm (Polizeisirene)	0:00:29–0:00:31
8	Soldat betrachtet Eyads Ausweis	Kamera zeigt die Hände des Soldaten mit dem Ausweis und dabei auch einen am Boden hockenden älteren Mann		Straßenlärm	0:00:32–0:00:33
9	Soldat spricht zu Eyad	Soldat in Nahaufnahme	„Setzen und warten!"	Straßenlärm	0:00:34–0:00:35
10	Eyad dreht sich um und küsst Naomi	Eyad in Nahaufnahme		Straßenlärm	0:00:35–0:00:36
11	Soldat spricht zu Eyad	Soldat in Nahaufnahme	„Setzen, habe ich dir gesagt, ..."	Straßenlärm	0:00:37–0:00:37
12	Naomi lächelt Eyad an	Naomi in Nahaufnahme	„...nicht küssen."	Straßenlärm	0:00:37–0:00:38
13	Eyad setzt sich zu anderen Männern. Soldat spricht über Funk.	Halbtotale der Gruppe aus stehenden und sitzenden Menschen auf dem Bürgersteig	Soldat ins Funkgerät: „Ihr müsst 'ne Ausweisnummer gegenchecken." Sitzender Mann zu Eyad: „Was ist bei dir?" Eyad: „Nichts, hoffe ich."	Straßenlärm	0:00:39–0:00:43
14	Wortwechsel zwischen Eyad und dem älteren Mann	Sitzende Männer in Halbnahaufnahme	Mann: „Hast du Zigaretten?" Eyad: „Tut mir leid, ich rauche nicht."	Straßenlärm	0:00:44–0:00:46
15	Soldat gibt einem anderen Soldaten ein Zeichen mit der Hand	Soldat in amerikanischer Einstellung		Straßenlärm	0:00:47–0:00:48
16	Soldat spricht am Funkgerät, dabei ist aber Naomi im Bild	Naomi in Großaufnahme	Mann durchs Telefon: „Die Ausweisnummer." Soldat: „02163765"	Straßenlärm	0:00:48–0:00:53
17	Wortwechsel zwischen Eyad und dem älteren Mann	Sitzende Männer in Halbnahaufnahme	Älterer Mann zu Eyad: „Was wollen die?" Eyad: „Weiß ich auch nicht."	Straßenlärm	0:00:53–0:00:59
18	Soldat spricht mit Kollegen	Soldat in Großaufnahme	Soldat zum Kollegen: „Du passt auf die auf."	Straßenlärm	0:00:59–0:01:00
19	Naomi beobachtet, wie der Soldat Eyads Ausweis an seinen Kollegen übergibt	Naomi in Großaufnahme (scharf), der zweite Soldat dahinter (unscharf)		Straßenlärm	0:01:00–0:01:03
20	Eyad lächelt Naomi zu	Sitzende Männer in Halbnahaufnahme		Straßenlärm	0:01:03–0:01:07
21	Vorbeifahrende beschimpfen die Männer, die kontrolliert werden	Naomi in Großaufnahme (scharf), der zweite Soldat dahinter (unscharf)	Stimme eines Mannes aus dem Off: „Haut ab, ihr scheiß Araber..."	Hupen, Straßenlärm	0:01:08–0:01:15

Seite 22, Aufgabe 2

a)

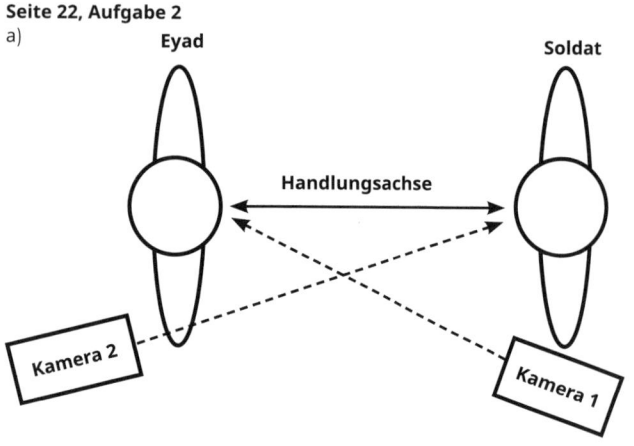

b) Beide Personen werden von verschiedenen Kameras jeweils von vorne gefilmt. Kamera 2, die auf den Soldaten gerichtet ist, schneidet dabei noch die Schulter Eyads an und zeigt somit den Abstand mit an, der zwischen den beiden Personen liegt. Beide Kameras befinden sich auf derselben Seite der Handlungsachse zwischen den beiden Personen, d.h. es wird die sog. 180°-Regel eingehalten.

Seite 23, Aufgabe 1
a. Schulgemeinschaft (Mitschülerinnen und Mitschüler, Lehrkräfte, Eltern)
b. Aufzeigen der Vor- und Nachteile des Online-Shoppings; andere von der eigenen Position überzeugen
c. antithetische Argumentation, da Vor- und Nachteile des Online-Shoppings dargelegt werden müssen
d. Bestellung von Produkten über das Internet, die dann an einen gewünschten Ort geliefert werden

© Westermann Gruppe · 978-3-507-69009-7

Seite 23, Aufgabe 2

a. antithetisch
b. linear
c. linear
d. antithetisch

Seite 26, Aufgabe 1

Falsche Aussagen:

a. Die Deutschen kaufen lieber Spielzeug als Großelektronik im Online-Handel ein.
   Richtig: Die Deutschen kaufen lieber Großelektronik als Spielzeug im Online-Handel ein.
b. 23 % der Deutschen kaufen mindestens einmal pro Woche online ein.
   Richtig: 14 % der Deutschen kaufen mindestens einmal pro Woche online ein.
c. Nur 1 % der Deutschen kauft heute seltener im Internet ein als vor 12 Monaten.
   Richtig: Nur 5 % der Deutschen kauft heute seltener im Internet ein als vor 12 Monaten
d. 32 % der Deutschen kaufen im Online-Handel Kleinelektronik ein.
   Richtig: 33 % der Deutschen kaufen im Online-Handel Kleinelektronik ein.
e. 39 % der Deutschen sagen von sich, dass sie selten im Internet einkaufen.
   Richtig: 33 % der Deutschen sagen von sich, dass sie selten im Internet einkaufen.

Seite 26, Aufgabe 2

• 42 % der Internet-Nutzer kaufen mehrmals pro Monat im Internet ein.
• 39 % der Internet-Nutzer kaufen heute häufiger im Internet ein als vor 12 Monaten.
• Die Deutschen kaufen am liebsten Kleidung im Online-Handel ein.

Seite 27, Aufgabe 3

Vorteile:

• bequemes Einkaufen von zuhause aus (Z. 6–8)
• Unabhängigkeit von Ladenöffnungszeiten (Z. 13)
• Lieferung der Ware nach Hause (Z. 14)
• Möglichkeit zum Preisvergleich; günstigeres Einkaufen (Z. 15/16)
• 14-tägiges Widerrufsrecht; im Geschäft Rücknahme von mangelfreier Ware nur auf Kulanzbasis (Z. 46/47)

Nachteile:

• teilweise bessere Angebote im Geschäft (Z. 24/25)
• man hat die Ware nicht direkt vor Augen, kann sie nicht befühlen und anprobieren (Z. 29/30)
• zu viele Retouren; teilweise Entsorgung der Retouren aus Kostengründen für Aufbereitung für Wiederverkauf; Umsatzsteuerpflicht für Sachspenden (Z. 60/61, 65/66, 81)

Seite 27, Aufgabe 4

Proargumente:

• *Behauptung:* Möglichkeit zum schnellen Preisvergleich
  Begründung: Möglichkeit bei verschiedenen Internetanbietern zu vergleichen, wie teuer das gewünschte Produkt jeweils ist; verschiedene Preisangebote auf einen Blick
  Beispiele/Belege/Vergleiche/Folgerungen: es müssen nicht verschiedene Geschäfte aufgesucht werden, damit Zeitersparnis; große Wahrscheinlichkeit ein günstiges Angebot zu finden, damit Kostenersparnis
• *Behauptung:* 14-tägiges Widerrufsrecht
  Begründung: Ware kann ohne Nennung von Gründen innerhalb dieser Zeit zurückgeschickt werden und der Kunde bekommt sein Geld zurück; im Geschäft Rücknahme von mangelfreier Ware nur auf Kulanzbasis
  Beispiele/Belege/Vergleiche/Folgerungen: Ware, die einem nicht gefällt, kann auch nach längerer Zeit noch zurückgegeben werden; Fehlkäufe sind seltener
• *Behauptung:* große Auswahl/umfassendes Angebot
  Begründung: im Internet überregionales/internationales Angebot, auf das von jedem Ort aus direkt zugegriffen werden kann
  Beispiele/Belege/Vergleiche/Folgerungen: spezielle Produkte, die es nur bei wenigen Fachhändlern z. B. in Großstädten gibt, können einfach erworben werden
• *Behauptung:* weniger CO_2-Außstoß
  Begründung: viele Waren werden von einem Transporter an viele verschiedene Haushalte geliefert; Heiz- und Stromverbrauch bei Zwischenhändlern unnötig
  Beispiele/Belege/Vergleiche/Folgerungen: Kunden suchen individuell

Geschäfte auf und legen dafür möglicherweise auch mit dem Auto längere Strecken zurück

Kontraargumente:

• *Behauptung:* kein konkreter Eindruck von Ware
  Begründung: im Internet nur Abbildungen; keine Möglichkeit Material, Größe, Funktionsweise zu testen
  Beispiele/Belege/Vergleiche/Folgerungen: Im Geschäft können viele verschiedene Geräte/Kleidungsstücke im Vergleich ausprobiert werden
• *Behauptung:* ethische/umweltschädliche Auswirkungen von Retouren
  Begründung: teilweise Vernichtung von Retouren, da Wiederaufbereitung zu kostenintensiv; zusätzlicher CO_2-Außstoß durch Transport der Retouren
  Beispiele/Belege/Vergleiche/Folgerungen: Umsatzsteuerzahlung für Sachspenden; daher oft Vernichtung der Ware profitabler
• *Behauptung:* Verödung der Innenstädte
  Begründung: Unterhalt für Geschäfte in Städten zu hoch, wenn keine Kunden mehr kommen
  Beispiele/Belege/Vergleiche/Folgerungen: Auswirkungen auf Gastronomie; Verlust von öffentlichem Raum
• *Behauptung:* fehlende Beratung
  Begründung: in den Geschäften Beratung durch Fachpersonal
  Beispiele/Belege/Vergleiche/Folgerungen: Eingehen auf individuelle Bedürfnisse; Erwerb von passgenauen Produkten; weniger Zeitersparnis, da man selbst nicht aufwendig recherchieren muss

Seite 27, Aufgabe 7

1 Nachhaltiges Konsumverhalten
2 Vor- und Nachteile des Online-Shoppings
2.1 keinen konkreten Eindruck von Ware
2.2 große Auswahl/umfassendes Angebot
2.3 fehlende Beratung
2.4 14-tägiges Widerrufsrecht
2.5 Verödung der Innenstädte
2.6 bequemes Einkaufen
2.7 ethische/umweltschädliche Auswirkungen von Retouren
3 Online-Shopping nicht nachhaltig genug

Seite 28, Aufgabe 1

• *Behauptung:* Allerdings sollte auch bedacht werden, dass ...; Dem kann man entgegengehalten, dass ...; Im Gegensatz dazu muss ..., Zunächst einmal; An erster Stelle ...; Auch ist zu bedenken, dass ...
• *Begründung:* Das liegt daran, dass ...; Der Grund dafür liegt ...
• *Beispiel/Beleg/Folgerung/Vergleich:* Denn Ursache/Grund/Folge dafür/ davon ist ...; daraus ergibt sich, dass ...; Belegen kann man dies dadurch ...; infolgedessen; demzufolge
• *Rückführung:* Daraus wird klar, dass ...; Aus diesem Grund ist es (nicht) sinnvoll, dass ...; Damit wird deutlich, dass ...; Deshalb sollte man ...; Die Konsequenz kann nur sein, dass ...

Seite 28, Aufgabe 2

Beispiellösung:

Proargument: Ein weiteres Argument, das für das Online-Shopping spricht, ist die Möglichkeit zum schnellen Preisvergleich. So kann man im Internet bei verschiedenen Anbietern vergleichen, wie teuer das gewünschte Produkt jeweils ist. Damit bekommt man einen Überblick über die verschiedenen Preisangebote und kann das günstigste Angebot auswählen. In der Folge müssen auch nicht verschiedene Geschäfte aufgesucht werden, um das günstigste Angebot zu finden, sodass damit sogar Zeit gespart werden kann. Daher kann es durchaus sinnvoll sein, im Internet einzukaufen.
Kontraargument: Im Gegensatz dazu muss aber auch bedacht werden, dass es beim Online-Shopping keine so individuelle Beratung wie im Geschäft gibt. Dies liegt daran, dass es bei den Online-Großhändlern oft kein Fachpersonal gibt, das die Produkte ausreichend gut kennt. So kann eine persönliche Beraterin oder ein persönlicher Berater im Geschäft beispielsweise auf individuelle Bedürfnisse eingehen, sodass am Ende ein passgenaues Produkt gekauft wird. Letztendlich spart man sich mit dem Gang ins Geschäft sogar noch Zeit, da man selbst nicht aufwendig im Internet recherchieren muss, sondern vor Ort kompetent beraten wird. Deshalb sollte man unbedingt auf den Kauf im Online-Handel verzichten.

Seite 29, Aufgabe 3 a

Argumentationsfehler:

a. Das Argument ist nicht stichhaltig, da es nicht mit überprüfbaren Fakten belegt ist.
c. Das Argument wird nicht durch eine passende Begründung gestützt oder durch anschauliche Belege und Beispiele weiter ausgeführt.

d. Die Behauptung, Begründung und Beispiel/Beleg ergeben kein stimmiges Argument.

e. Es wird verallgemeinert oder übertrieben.

f. Die Sprache ist unsachlich, gedankliche Zusammenhänge fehlen.

Seite 29, Aufgabe 3 b
Beispiellösung:

Ein weiterer Aspekt, der gegen das Online-Shopping und für den Einkauf im Laden spricht, sind die vielen Retouren, die beim Online-Shopping anfallen. Der Grund dafür ist der, dass die Menschen viele Produkte nur zur Auswahl bestellen oder sie sich nicht genau vorstellen können, wie das Produkt aussieht, sich anfühlt oder funktioniert. So bemerken sie zum Beispiel erst, wenn sie das bestellte Produkt tatsächlich in Händen halten, dass es anders ist, als sie es sich vorgestellt haben und es ihnen möglicherweise nicht gefällt. Folglich schicken sie die Ware wieder zurück. Diese Retouren wären nicht notwendig, wenn die Menschen im Laden einkaufen würden.

Seite 29, Aufgabe 4 a
Eine gute Einleitung ...

b. ... weckt das Interesse der Leserin/des Lesers.

c. ... führt zum Thema hin.

e. ... berücksichtigt den Kontext der Argumentation.

Seite 29, Aufgabe 4 b
Beispiellösung:

Auf unserer Schulwebsite wird in der Diskussionsspalte der AG „Nachhaltige Schule" seit einiger Zeit die Frage nach den Möglichkeiten und Grenzen eines nachhaltigen Konsums diskutiert. Gerade in den vergangenen Jahren ist der Online-Handel aufgrund der Corona-Pandemie immer populärer geworden. Daher möchte ich euch im Folgenden die Vor- und Nachteile des Online-Shoppings genauer darlegen.

Seite 29, Aufgabe 4 c
historischer Rückblick; Zitat einer Expertin/eines Experten; Annäherung über das Gegenteil

Seite 29, Aufgabe 5 a
Ein guter Schluss ...

a. ... schließt sinnvoll an den Hauptteil an.

c. ... rundet die Argumentation ab.

e. ... greift beispielsweise den Einleitungsgedanken noch einmal auf.

Seite 29, Aufgabe 5 b
Beispiellösung:

Abschließend bleibt also festzuhalten, dass es viele überzeugende Gründe gibt, die gegen das Online-Shopping sprechen. Daher würde ich mir wünschen, dass ihr, immer wenn es euch möglich ist, Waren nicht im Internet bestellt, sondern sie direkt im Laden kauft. Tut etwas für die Umwelt und gegen die Verödung der Innenstädte und kauft lokal bei den Einzelhändlern in eurer Stadt!

Seite 29, Aufgabe 5 c
weiterführender Gedanke; Aufgreifen des Einleitungsgedankens; eigene Stellungnahme zum Thema

Seite 30, Aufgabe 1
Die richtigen Antworten lauten:

a. Ich überlege, wen ich mit meinem Text erreichen will.

d. Ich kläre, wie umfangreich mein Text sein soll.

Seite 30, Aufgabe 2 a
Beispiellösung:

• Im 19. Jahrhundert gab es in Europa Revolutionen, in Deutschland vor allem 1848 (Vormärz, „Paulskirchenversammlung").

• In der 2. Hälfte des 19. Jahrhunderts nahm die Industrialisierung ihren Aufschwung, viele Menschen lebten in den Städten in Elendsquartieren, andere wurden arbeitslos.

• Möglicherweise waren das Gründe dafür, dass Deutsche ausgewandert sind (Hoffnung auf ein besseres Leben in der Fremde).

Seite 30, Aufgabe 2 b/c
Siehe Lösung zu Seite 35, Aufgabe 3 (Fettdruck in der Randspalte)

Seite 35, Aufgabe 3
Beispiellösung:

M 1

Helmut Schmahl

Wirtschaftliche Gründe für die Auswanderung in die USA

Für den deutschen Massenexodus des 19. Jahrhunderts waren ebenso wie im Jahrhundert zuvor die misslichen wirtschaftlichen Verhältnisse von Kleinbauern, Gewerbetreibenden und Handwerkern verantwortlich, die durch <u>Ernteausfälle</u> und <u>Teuerungskrise</u> oft prekäre Ausmaße annahmen. Eine entscheidende Rolle spielte hierbei das <u>rasche Bevölkerungswachstum</u>, das spätestens seit der französischen Zeit zu beobachten war. So stieg die Bevölkerung Rheinhessens zwischen 1816 und 1834 von 158.035 auf 205.320, was einer Zunahme von 29% innerhalb einer Generation entsprach. [...] Die in den meisten Landesteilen verbreitete <u>Realteilung</u>, die alle Erben gleichstellte, war von der napoleonischen Gesetzgebung bestätigt worden, und führte aufgrund des steigenden Bevölkerungsdrucks in den kommenden Jahrzehnten zu einer bedenklichen Aufsplitterung der landwirtschaftlichen Nutzfläche [...] Viele Kleinbauern arbeiteten daher <u>im Taglohn</u> oder <u>als Handwerker</u>.

Neben der Realteilung führten einige Errungenschaften aus französischer Zeit [...] zu einer Verschärfung der wirtschaftlichen und sozialen Lage. <u>Aufgrund der Gewerbefreiheit waren zahlreiche Handwerksberufe überbesetzt</u>, insbesondere in der Textilindustrie, die unter <u>englischen Billigimporten</u> sowie unter der <u>zunehmenden Mechanisierung</u> zu leiden hatte. <u>Viele Kleinbauern und Handwerker mussten sich als Taglöhner oder Saisonarbeiter verdingen.</u> [...]

Zu einer weiteren Verschlechterung der sozialen Lage breiter Bevölkerungsschichten kam es in den 1840er- und 1850er-Jahren, dem Zeitalter des „Pauperismus" (lateinisch pauper = Armer). Nach den <u>Missernten der Jahre 1846 und 1853</u> kletterten <u>die Preise für Grundnahrungsmittel wie Brot und Kartoffeln um ein Vielfaches</u>. In vielen Gegenden kam es zu <u>Hungersnöten</u>, die durch staatliche Maßnahmen wie die verbilligte Abgabe von Lebensmitteln an Bedürftige oder Bauprojekte kaum gelindert

> **Der Text thematisiert, aus welchen wirtschaftlichen Gründen die Menschen in die USA ausgewandert sind.**
>
> Gründe für die schwierigen wirtschaftlichen Bedingungen kommt hinzu!
>
> → Besitz verkleinert sich!
>
> für viele Kleinbauern eine Alternative (oder nur scheinbar?)
>
> Der Versuch, als Handwerker ein Auskommen zu finden, war offensichtlich auch schwierig. Letzte Möglichkeit? Aber doch ein sozialer Abstieg!
>
> Die Situation verschärft sich um die Jahrhundertmitte.

werden konnten. Ein Indiz für die große Armut, die vielerorts herrschte, sind die Abschiebeaktionen zahlreicher Gemeinden. Manche Dorfvorstände versuchten in den Jahren um 1850, die Last der Armenunterstützung von sich abzuwenden, indem sie zahlreiche unbemittelte Familien auf ihre Kosten nach Amerika schickten und für ihre Schulden aufkamen [...].

aus: Helmut Schmahl: Wirtschaftliche Gründe für die Auswanderung in die USA, >www.auswanderung-rlp.de/ziele-der-auswanderung/auswanderung-nach-nordamerika/19-jahrhundert/sonstige-auswanderungsgruende.html<, Institut für Geschichtliche Landeskunde an der Universität Mainz e.V. 2001-2021, Mainz (letzter Aufruf: 01.12.2021).

> Versuch, die Armen loszuwerden

M 2

Helmut Schmahl
Politische Gründe für die Auswanderung in die USA
Politische Motive, insbesondere Unzufriedenheit über die obrigkeitsstaatlichen Verhältnisse, spielten mitunter auch eine wichtige Rolle, insbesondere bei den Auswanderungsbewegungen nach dem Hambacher Fest 1832 und nach der gescheiterten Revolution von 1848. Zwar betrug die Zahl der „Achtundvierziger" lediglich ein Hundertstel der deutschen Immigranten der 1850er-Jahre, es handelte sich bei ihnen jedoch um Angehörige einer bildungsbürgerlichen Elite, die in den USA einen „kaum zu überschätzenden Einfluss auf die deutschamerikanische Presse und Politik" gewann. Die große Bedeutung, die diesem Personenkreis heute in der rheinland-pfälzischen Erinnerungskultur beigemessen wird, ist darauf zurückzuführen, dass es relativ viele der Emigranten vermochten, wichtige Positionen im wirtschaftlichen, politischen und kulturellen Leben der Vereinigten Staaten bekleiden.

aus: Helmut Schmahl: Politische Gründe für die Auswanderung in die USA, >www.auswanderung-rlp.de/ziele-der-auswanderung/auswanderung-nach-nordamerika/19-jahrhundert/sonstige-auswanderungsgruende.html<, Institut für Geschichtliche Landeskunde an der Universität Mainz e.V. 2001-2021, Mainz (letzter Aufruf: 01.12.2021).

> **Thematisiert, aus welchen politischen Gründen die Menschen in die USA ausgewandert sind.**
> Deutschland war immer noch zersplittert in geistliche oder weltliche Herrschaften (kein demokratischer Nationalstaat!) politische Ereignisse → gescheitert! → Unzufriedenheit!
>
> Es sind nicht nur Arme ausgewandert!
> → evtl. wichtiger Satz (Zitat?)
>
> Viele Auswanderer waren in den USA erfolgreich!

M 3

Martin Uebele, Wido Geis
US-amerikanische Einwanderungspolitik
Durch die Territorialgewinne in der ersten Hälfte des 19. Jahrhunderts erweiterte sich das Staatsgebiet stetig und so gab es auch einen stetigen Bedarf an Arbeitskräften; entsprechend liberal war weiterhin die Einwanderungspolitik. Mit dem Homestead Act von 1862 bot die US-Regierung allen Siedlern Land in den neuen Gebieten an, sofern diese sich verpflichteten, es für mindestens fünf Jahre zu bestellen. Bei Abwesenheit eines Sozialstaats war, dem liberalen Geist folgend, nicht vorgesehen, von zentraler staatlicher Stelle für die Bedürfnisse der Migranten zu sorgen; wenn, dann geschah dies auf Ebene der Kommunen oder der Mitgliedsstaaten und meistens in Einreisehäfen (Jones, 1992, 214). Im Gegenteil konzentrierten sich die ersten politischen Forderungen in der Mitte des 19. Jahrhunderts, die Einwanderung zu steuern und zu beschränken, auf den Ausschluss von Kriminellen und Armen, die eine Last für die öffentliche Hand zu werden drohten.

aus: Martin Uebele, Wido Geis: US-amerikanische Einwanderungspolitik. In: Deutsche Einwanderung in den USA im 19. Jahrhundert. Lehren für die deutsche Einwanderungspolitik? Köln: Institut der deutschen Wirtschaft 2016, S. 7.

> **Aus Sicht der USA**
> in den USA: Platz für neue Bürger/-innen und Arbeitsplätze = beste Voraussetzungen für Einwanderer
> offenbar ein wichtiges Gesetz (Zitat?)
>
> Keine soziale Absicherung der Einwanderer → eigene Leistung zählt!
>
> nicht jeder darf einwandern (ab der Mitte des 19. Jahrhunderts)

© Westermann Gruppe · 978-3-507-69009-7

M 4

Stefanie Paul, dpa
Levi Strauss
Er hat sie zwar nicht erfunden, aber Levi Strauss hat sie weltberühmt gemacht: die Jeans-Hose . [...] Heute trägt man sie fast überall auf der Welt. Ursprünglich stammte Levi Strauss aus Deutschland. Dort wurde er vor 190 Jahren geboren.
Buttenheim (dpa) – Familie Strauss wandert aus. Sie beantragt Pässe und Genehmigungen, kratzt Geld zusammen und packt ihre Sachen. Mit dem Schiff fährt die Familie in die [...] USA. An Bord: Mutter Rebecca, ihre beiden Töchter und Sohn Levi. Was da noch keiner weiß, Levi Strauss wird einmal berühmt sein. Denn er macht die Jeans-Hose weltbekannt!
Bislang lebte die Familie im Dorf Buttenheim. Das liegt im heutigen Bundesland Bayern. Die Familie gehört dem jüdischen Glauben an. Für Juden galten damals strenge Gesetze. «Sie durften nur bestimmte Berufe ausüben, kein Land besitzen und auch nicht einfach so heiraten. Viele Juden lebten daher in Armut, auch Levi Strauss und seine Familie», erzählt Tanja Roppelt. Sie leitet das Levi Strauss Museum in Buttenheim. Als der Vater von Levi starb, wurde es für die Familie immer schwerer, Geld zu verdienen. Deshalb entschied sie: Wir gehen weg. Und sie waren mit ihrer Entscheidung nicht allein. Vor rund 170 Jahren wanderten viele Menschen in die USA aus. Das Land befand sich noch mitten im Aufbau, neue Gegenden wurden besiedelt und neue Städte gegründet. Alles schien hier möglich.
Zunächst half Levi Strauss noch im Geschäft seiner Brüder mit. Diese waren bereits einige Jahre zuvor ausgewandert und handelten in der Stadt New York unter anderem mit Stoffen. 1853 zog es ihn dann ans andere Ende des Landes: an die Westküste, in die Stadt San Francisco. Man hatte Gold gefunden – und Tausende Menschen machten sich nun auf die Suche nach mehr davon. «San Francisco war ein wichtiger Knotenpunkt. Fast alle Goldsucher mussten hier durch», erklärt die Fachfrau. Levi Strauss gründete ein Warenhaus und verkaufte Stoffe und Kurzwaren. Das waren zum Beispiel Zahnbürsten, Hosenträger und Knöpfe. Alles, was Goldsucher eben so brauchten.
Eines Tages bekam er Post. Es war ein Brief von einem Mann namens Jacob Davis. Er war Schneider von Beruf und hatte eine besonders robuste Hose entwickelt: Sie bestand aus einem blauen, festen Stoff und die Hosentaschen wurden beispielsweise durch Nieten aus Metall verstärkt. Für Goldsucher genau das Richtige! Die beiden Männer meldeten ein Patent auf die Hose an. So konnten sie sicher gehen, dass ihnen niemand die Idee klaute. Levi Strauss sorgte dann für den Verkauf. Damals trug diese Arbeitshose den Namen «waist overall». Also: Hüft-Overall. Man zog sie über die eigentliche Hose drüber. Heute kennen wir sie unter einem anderen dem Namen: Jeans!

aus: dpa/kst: Levi Strauss (Originaltitel: Levi Strauss machte die Jeans weltberühmt), >www.duda.news/welt/levi-strauss-machte-die-jeans-weltberuehmt/<, Kölner Stadt-Anzeiger 2020, Köln, 26.02.2019, wgr/©dpa (letzter Aufruf: 01.12.2021).

Lebensgeschichte von Levi Strauss
Strauss wurde berühmt.
aus Buttenheim in Bayern jüdischer Familie
arm (Zitat?)
Entscheidung, in die USA auszuwandern
Levi Strauss macht „Karriere" als Kaufmann
Jakob Davis hat die Jeans erfunden, ...
... sie melden ein Patent an, ...
... und Strauss verkauft die Hose.

M 5

Zeittafel
Carl Schurz
1829 am 2. März auf einer Burg bei Liblar im Rheinland als erstes Kind eines Schulmeisters geboren
1839 – 1846 Besuch des Gymnasiums in Köln
1847/48 Studium der Philologie und Geschichte in Bonn
1848/49 Beteiligung an der Märzrevolution, Flucht aus der eingeschlossenen Festung Rastatt in die Schweiz, später nach England
1852 Heirat mit Margarethe Meyer, ab August Auswanderung in die USA
1854 Schurz wird in Watertown, Wisconsin, sesshaft
1857 Schurz wird republikanischer Kandidat für das Amt des Vizegouverneurs von Wisconsin
1858 Unterstützung des republikanischen Senatskandidaten Abraham Lincoln, Schurz arbeitet als Rechtsanwalt
1861 Gesandter der Vereinigten Staaten in Spanien
1862 Rückkehr in die USA, im Sezessionskrieg auf der Seite der Nordstaaten gegen die Sklaverei
1869 Bundessenator von Missouri in Washington (bis 1875)
1877 – 1881 amerikanischer Innenminister
1881 – 1883 Rückzug aus der Politik, vorwiegend journalistisch tätig
1906 gestorben am 14. Mai in New York City

Lebensdaten von Carl Schurz
politisch aktiv, gegen die Obrigkeit, Flucht ins Ausland
zusammen mit seiner Frau Auswanderung in die USA Aufstieg in der lokalen Politik angesehener Beruf wieder politisch aktiv – für die USA! hohes politisches Amt! Höhepunkt seiner Karriere!

M 6 Immigration aus Deutschland in die USA

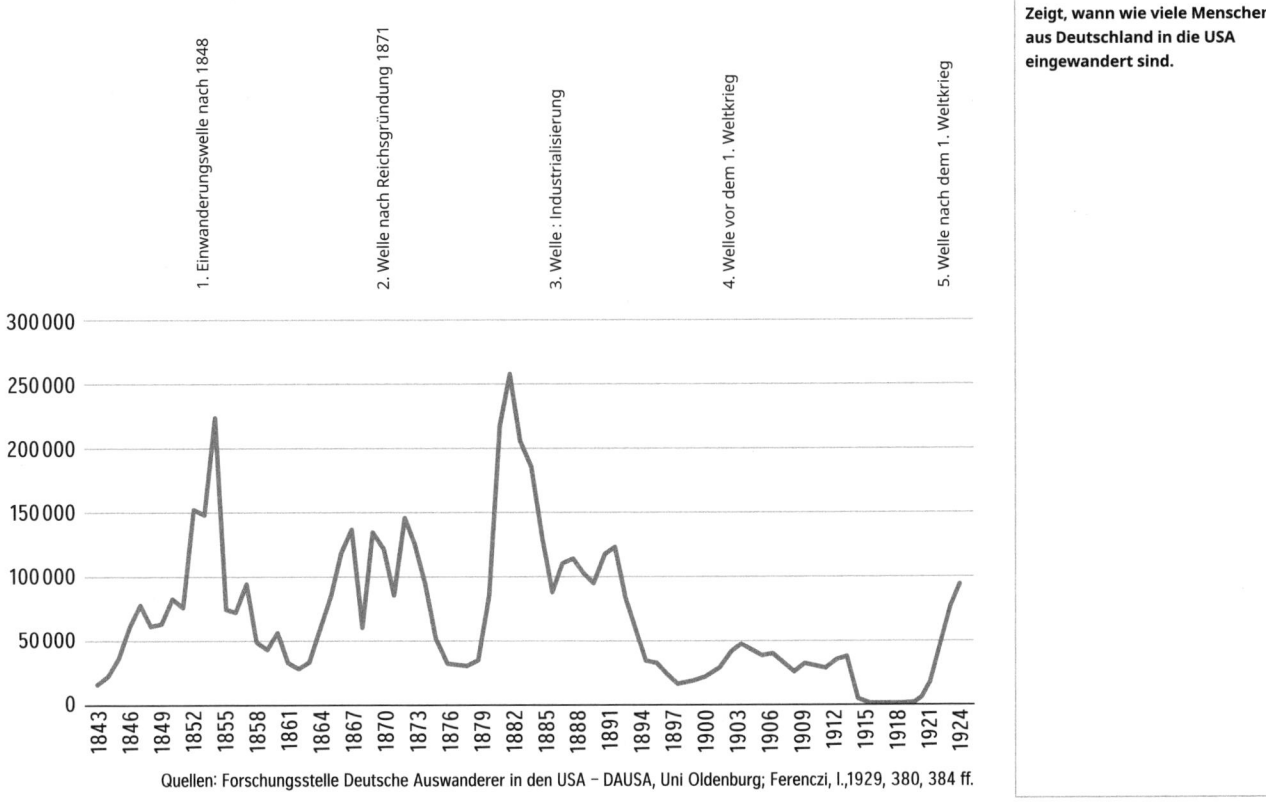

Zeigt, wann wie viele Menschen aus Deutschland in die USA eingewandert sind.

1. Einwanderungswelle nach 1848
2. Welle nach Reichsgründung 1871
3. Welle : Industrialisierung
4. Welle vor dem 1. Weltkrieg
5. Welle nach dem 1. Weltkrieg

Quellen: Forschungsstelle Deutsche Auswanderer in den USA – DAUSA, Uni Oldenburg; Ferenczi, I.,1929, 380, 384 ff.

Seite 35, Aufgabe 4
Beispiellösung:

Verschiedene Wellen der Auswanderung (M 6)
(nach wichtigen politischen oder gesellschaftlichen Ereignissen)

politisch gescheitert (1848)

Flucht in die USA

Aufstieg zum Innenminister

Carl Schurz ... (M 5)

Levi Strauss – ein „Wirtschaftsflüchtling" (M 4)

Armut in der jüdischen Familie aus Bayern

Suche nach einem besseren Auskommen in den USA

erfolgreich!

Auswanderung von Deutschen in die USA im 19. Jahrhundert

Realteilung

Gewerbefreiheit

Ernteausfälle

Preisanstieg in Deutschland

Wirtschaftliche Gründe (M 1)

Bevölkerungswachstum, Hungersnöte, Armut

Unzufriedenheit mit den obrigkeitsstaatlichen Verhältnissen

Politische Gründe (M 2)

gescheitertes politisches Engagement

Gründe für die USA als Einwanderungsland (M 3)

Möglichkeit, sozial aufzusteigen

Platz für neue Bürger/-innen

„Homestead Act" (1862): Land an die neuen Siedler

Seite 36, Aufgabe 6
Beispiellösung:

Aufbau	Material	Wichtige Informationen
Überschrift		Auswanderung von Deutschen in die USA im 19. Jahrhundert
Einleitung	M 1 M 2 M 6	• Wirtschaftskrisen und Hungersnöte sowie • die Unzufriedenheit mit dem obrigkeitlichen System in den deutschen Ländern führten zusammen dazu, dass ... • ab 1850 und auch später in Wellenbewegungen Deutsche in die USA ausgewandert sind.
Hauptteil	M 1/ M 3	Wirtschaftliche Gründe: • Ernteausfälle • Preisanstieg in Deutschland • Bevölkerungswachstum, Hungersnöte, Armut • Realteilung → Aufsplitterung der landwirtschaftlichen Nutzfläche, Bauern arbeiten als Tagelöhner oder Handwerker • Gewerbefreiheit → zahlreiche Handwerksbetriebe sind übersetzt
	M 4	Beispiel: • Levi Strauss aus Buttenheim, der in die USA auswandert, um der Hungernot zu entgehen, die Jeans „erfindet" und reich wird
	M 2	Politische Gründe: • Unzufriedenheit mit den obrigkeitsstaatlichen Verhältnissen • Enttäuschung über politische Ereignisse (Hambacher Fest, Revolution von 1848)
	M 5	Beispiel: • Carl Schurz, der nach der Niederlage in der Märzrevolution in den USA bis zum Innenminister aufsteigt
Schluss		Bedeutung von Migration in der Geschichte

Seite 36, Aufgabe 7
Beispiellösung
Einleitung:
Migration hat in Deutschland eine lange Tradition. Schon im 19. Jahrhundert wanderten immer wieder Deutsche nach Nordamerika aus, um dort ihr Glück zu suchen. Ausschlaggebend waren zum Teil wirtschaftliche Gründe, wie Armut und Hungersnöte in Deutschland. Aber auch die politische Unzufriedenheit in Teilen der Bevölkerung führte dazu, dass viele Deutsche im 19. Jahrhundert in die USA ausgewandert sind.

Seite 37, Aufgabe 8 a
Nach Helmut Schmahl (M 1) kam es im Zeitalter des Pauperismus (nach 1840) für viele Menschen in Deutschland zu einer Verschlechterung ihrer sozialen Lage (vgl. M 1).

Seite 37, Aufgabe 8 b
Im 19. Jahrhundert lebten in Bayern viele Juden in Armut, so auch die Familie Strauss aus Buttenheim, die nach dem Tod des Vaters beschloss, Deutschland zu verlassen und ihr Glück – und den wirtschaftlichen Erfolg – in den USA zu suchen (vgl. M 4).

Seite 37, Aufgabe 9
Beispiellösung
Hauptteil:
Nach 1848 wanderten erstmals so viele Deutsche nach Nordamerika aus, dass sie das Bild der Auswanderer bis heute prägen. Ernteausfälle in Deutschland führten zu Hungersnöten und zu einem Preisanstieg, der viele Menschen in Armut stürzte. Hinzu kam, dass es immer mehr Meschen gab (Bevölkerungswachstum), in manchen Gegenden Deutschlands aber durch die Realteilung zu einer Verkleinerung der landwirtschaftlichen Nutzflächen kam. Dies wiederum führte dazu, dass viele ehemalige Bauern zu Tagelöhnern abstiegen. Da zugleich die Gewerbefreiheit eingeführt wurde, jeder also den Beruf ergreifen konnte, den er wollte, gab es auch bald zu viele Handwerker. Auch deren Exi-

stenz war nicht mehr gesichert. Herbert Schmahl weist darauf hin, dass es nach 1840 für viele Menschen in Deutschland zu einer Verschlechterung ihrer sozialen Lage gekommen ist (nach M 1).
Ein Beispiel für diese Entwicklung ist Löw Strauss, seine Situation ist nicht untypisch: Im 19. Jahrhundert lebten in Bayern viele Juden in Armut, so auch die Familie Strauss aus Buttenheim, die nach dem Tod des Vaters beschloss, Deutschland zu verlassen und ihr Glück und den wirtschaftlichen Erfolg in den USA zu suchen (vgl. M 4). Levi Strauss – wie er sich nun nannte – ist mithilfe der neuerfunden Jeans der Aufstieg geglückt.
Aber auch politische Gründe, wie die Unzufriedenheit mit dem obrigkeitsstaatlichen System in Deutschland sowie die Enttäuschung über politische Ereignisse, die diese Verhältnisse ändern wollten, aber gescheitert sind, führten dazu, dass viele Menschen in die USA ausgewandert sind.
Ein Beispiel dafür ist Carl Schurz. In der Revolution 1848 stand er auf der Seite der Revolutionäre und trat für ein demokratisches Deutschland ein. Nach der Niederschlagung der Revolution flüchtete er über die Schweiz nach England und später in die USA. Auch dort betätigte sich der studierte Rechtsanwalt politisch und stieg schließlich in eines der höchsten staatlichen Ämter auf: 1877 wurde er amerikanischer Innenminister.

Schluss:
Amerika gilt als klassisches Einwanderungsland, als Land „der unbegrenzten Möglichkeiten", in dem man mit etwas Glück „vom Tellerwäscher zum Millionär" aufsteigen konnte. Doch das Thema Migration ist allgegenwärtig: Wir hören in den Medien von Flüchtlingen aus Syrien, Afghanistan oder anderen Ländern. Meist geht es dabei ums nackte Überleben, nicht darum, einen höheren gesellschaftlichen Status zu erreichen oder Reichtum zu erlangen.

Seite 39, Aufgabe 1
Kalaf flieht mit seinen Eltern, muss sie tragen und den Vater vom Selbstmord abhalten. Um ihr Leben zu erhalten, muss er vier Jahre lang in fremden Ländern betteln und als Knecht arbeiten. Als er den entflogenen Sperber des Chan von Berlas einfängt und zurückbringt, belohnt ihn dieser mit Pferd und Ritterausrüstung. So kann er seine Eltern mit Geld zurücklassen und nach China reisen, um dort sein Schicksal zu wenden.

Seite 39, Aufgabe 2
Der Dialog findet sich zu Beginn der Handlung und soll Vorgeschichte, Charaktereigenschaften und Motivation der zentralen Figur des Kalaf verdeutlichen.

Seite 39, Aufgabe 4
Kalaf und seine Eltern auf der Flucht: Kalaf liebt seine Eltern und sorgt für sie, muntert sie auf, verantwortungsbewusst, guter Sohn; kann Entbehrungen, Kränkungen und Zurücksetzung aushalten, ist zäh und ausdauernd

Kalaf fängt den Sperber: geschickt, kann die Situation für sich nutzen, kann mit edlem Jagdvogel umgehen

Kalaf nach der Belohnung durch den Chan: sichert das Auskommen der Eltern, nimmt sein Schicksal entschlossen in die Hand, mutig und risikobereit

Seite 40, Aufgabe 5
Beispiellösung:
So sehe ich Kalaf: Einerseits ist er ein typischer Märchenprinz, denn auch in Märchen und Sagen kommt es vor, dass ein Königsohn seines Thrones beraubt wird und in die Fremde ziehen und sich bewähren muss, indem er bestimmte Aufgaben löst. Dadurch ist er einerseits ein Flüchtling und muss im Elend leben, doch er verzweifelt nicht, sondern sorgt für sich und seine Eltern, d.h. er bewährt sich im Elend. Seine adlige Herkunft und Erziehung zeigen sich darin, dass er den Jagdvogel einfangen kann. Er hat also nicht nur Glück, sondern kann durch seine Fähigkeit sein Schicksal wenden. Darüber hinaus nutzt er die Möglichkeit, um durch „tapfre Tat" sein Schicksal „zu verbessern". Er resigniert nicht, sondern will aktiv sein Leben zum Besseren wenden ...

Seite 41, Aufgabe 1
grün: inhaltlich ähnlich sind die Passagen: Turandots Bitte, Kalaf möge sich nicht der Rätselprobe stellen; ihre Beteuerung, nicht grausam zu sein; ihr Wunsch nach Freiheit; die grundsätzliche Ablehnung

© Westermann Gruppe · 978-3-507-69009-7

der Männer; der Stolz auf den eigenen Scharfsinn und dessen Einsatz als „Waffe" gegen die Männer.

rot: Gozzi: Turandot fühlt sich „gegen [den eigenen] Wunsch" zur „Grausamkeit" gezwungen; sie bezeichnet die Bitte an Kalaf als „Erniedrigung"; würde sie von Kalaf bei der Rätselprobe besiegt, müsste sie „sterben" vor Scham, weil sie den öffentlichen Spott nicht erträgt.

Schiller: Turandot beklagt allgemein das unfreie Schicksal und Leben der Frauen in Asien und will die unterdrückten Frauen mit ihrem Tun „rächen"; die Kritik an der Natur des Mannes ist deutlich umfangreicher als bei Gozzi; die weibliche Schönheit ist frei und darf nicht Eigentum eines Mannes sein.

Zitate aus: Carlo Gozzi: Turandot. Tragikomisches Märchen in fünf Akten. Übersetzt von Paul Graf Thun-Hohenstein. Stuttgart: Reclam 2012, S. 30.
Friedrich Schiller: Turandot. Prinzessin von China. Ein tragikomisches Märchen nach Gozzi. Stuttgart: Philipp Reclam 2011, S. 29.

Seite 42, Aufgabe 2

	Gozzi	Schiller
Appell an Kalaf	Er soll von seinem Vorhaben ablassen, dadurch sein Leben retten und ihr das Rätselstellen erlassen.	Er soll gehen und sich nicht den Rätseln stellen.
Wie sie sich selbst sieht	Sie sei nicht grausam; sie ertrage den öffentlichen Spott nicht, bei der Rätselprobe zu unterliegen; Stolz auf den eigenen Scharfsinn (Verstand), den sie als Gabe bezeichnet.	Sie sei nicht grausam, aber freiheitsliebend – will nicht das Eigentum eines Mannes sein; Stolz auf den eigenen Scharfsinn (Verstand), den sie als „Waffe" gegen den Besitzanspruch der Männer einsetzt; sieht sich als Rächerin der unterdrückten Frauen Asiens.
Ihre Meinung über Männer	Sie hasst die Männer und will von keinem Mann bei der Rätselprobe besiegt werden.	Die Männer seien stolz; nur durch „rohe Stärke" seien sie den Frauen überlegen; Männer seien besitzergreifend, wollen alles Schöne für sich haben, sehen eine schöne Frau als Beute.

Zitate aus: Friedrich Schiller: Turandot. Prinzessin von China. Ein tragikomisches Märchen nach Gozzi. Stuttgart: Philipp Reclam 2011, S. 29.

Seite 42, Aufgabe 3

a) Schiller hat bei der Gestaltung seiner Turandot wesentliche Aspekte von Gozzi übernommen, z. B. dass Turandot Kalaf warnt und ihn von der Rätselprobe abbringen will, den Stolz auf den eigenen Scharfsinn, die Freiheitsliebe sowie die grundsätzliche Ablehnung der Männer.

b) Am deutlichsten unterscheidet sich Schillers Turandot in dem Aspekt, dass sie ihr Handeln als stellvertretend für die unterdrückten Frauen Asiens sieht. Die Bedeutung der persönlichen Freiheit wird deutlicher herausgestellt, ebenso die negativen Eigenschaften der Männer.

Seite 42, Aufgabe 4

Schillers Turandot betont die Eigenständigkeit ihres Handelns und ihres Wunsches nach Freiheit. Anders als die Turandot bei Gozzi erscheint sie bei Schiller eher als Mensch, der bewusst so handelt (bei Gozzi scheint sie beinahe gegen ihren eigenen Willen zu dem Verhalten gezwungen zu sein). Durch ihre Klage über die allgemeine Unfreiheit der Frauen erklärt sie sich selbst zu einer Art Vorkämpferin für die Freiheit der Frauen. Verstand und Schönheit sind Besitz der Frau und dürfen nicht Besitz eines Mannes werden. Bei Schiller werden ihre Gründe für die Ablehnung der Männer noch deutlicher.

Seite 43, Aufgabe 1/2

Das lyrische Ich beschreibt die Stadt, auf die das Mondlicht fällt, und die dadurch in silbernem Schein leuchtet.

⇨ geheimnisvoller, verzauberter, ruhiger Eindruck beim Sehen
Die Geräusche, die aus der Stadt dringen, sind kaum hörbar und nicht genau zuzuordnen.

⇨ melancholischer, teils schwermütiger Eindruck beim Hören
Die Stadt ist in der Erinnerung des lyrischen Ichs leuchtend bunt und laut; in der Nacht aber ist dieser Eindruck nur noch zu erahnen
⇨ ruhiger, beruhigter Eindruck im Schlaf

Seite 44, Aufgabe 3

• späte Nacht: Ruhe der Nacht wird durch den Untergang des Mondes vertrieben
• Licht in den Fenstern geht gezwungenermaßen an
• Unruhe und Hektik durch die Menschenmassen auf den vielen Straßen
• Geräusche der Arbeit sind sinnlos und dumpf
• Leben und Sterben in der Stadt sind vollkommen gleichgültig
• Bedrohlichkeit des Lebens in der Stadt durch die Fabriken

Seite 44, Aufgabe 4

Im expressionistischen Gedicht von Georg Heym werden Eindrücke einer Stadt am frühen Morgen beschrieben. Dabei ist kein klarer Zusammenhang der einzelnen Inhalte zu erkennen. Es gibt keine nachvollziehbare Schilderung, wie sie Hofmannsthal bei der Beschreibung seiner Stadt in der Nacht gibt. Georg Heyms Gedicht ist gekennzeichnet von einer Abkehr von nachvollziehbaren Zusammenhängen, es hat weniger klare Struktur als Hofmannsthals Gedicht und orientiert sich inhaltlich nicht mehr an einem logischen Aufbau.

Seite 45, Aufgabe 5

Hofmannsthal, Siehst du die Stadt	Heym, Die Stadt
• „das Kleid der Nacht" (V. 2) ⇨ träumerisch • „der Silberseide Flut" (V. 3) ⇨ prachtvoll, wertvoll • „die Stadt [...] ruht" (V. 1) ⇨ ruhig, beruhigend • „sich flüsternd schmiegt" (V. 2) ⇨ harmonisch • „es gießt der Mond" (V. 3) ⇨ harmonisch, schön • „der Nachtwind weht [...] her" (V. 5) ⇨ beruhigend, ruhig • „sie weint im Traum, sie atmet ... sie lispelt" (V. 7/8) ⇨ melancholisch	• „Wolkenschein zerreißet vor des Mondes Untergang" (V. 1/2) ⇨ bedrohlich • „Fenster stehn die Nacht entlang" (V. 3) ⇨ bedrückend • „Menschen schwemmen aus und ein" (V. 6) ⇨ gewaltig, anonym • „drohn [...] mit gezückter Hand" (V.13) ⇨ bedrohlich, gefährlich • „dunkler Wolkenwand" (V. 14) ⇨ riesenhaft, bedrohlich • „Fenster [...] blinzeln" (V. 3/4) ⇨ rätselhaft • „Schein und Feuer ... drohn" (V. 12/13) ⇨ bedrohlich

Zitate aus: Hugo von Hofmannsthal: Siehst du die Stadt. In: Woltraud Wende (Hg.): Großstadtlyrik. Stuttgart: Reclam Verlag 1999, S. 52.
Georg Heym: Die Stadt. In: Wolfgang Rothe (Hg.): Deutsche Großstadtlyrik vom Naturalismus bis zur Gegenwart. Stuttgart: Reclam Verlag 1973, S.117/118.

Seite 45, Aufgabe 6

Hofmannsthal, Siehst du die Stadt	Heym, Die Stadt
Stilmittel: Personifikation „Sie weint im Traum, sie atmet tief und schwer, Sie lispelt" (V. 7/8) ⇨ Die Leserin bzw. der Leser bekommt den Eindruck von der Stadt, dass sie ruhig den Tag verarbeitet und dabei nicht völlig unbeschwert ist. Die Stadt hat eigene Sorgen und Gedanken, die sie im Traum verarbeitet. Die Szene wirkt insgesamt friedlich, die Geräusche sind leise und ruhig.	Stilmittel: Aufzählung „Gebären, Tod, gewirktes Einerlei, Lallen der Wehen, langer Sterbeschrei" (V. 9/10) ⇨ Die Geräusche der Stadt sind aufgeregt und betreffen das grundsätzliche Leben der Menschen. Die Aufzählung wirkt auf die Leserin bzw. den Leser bedrohlich und verunsichernd, da verschiedene sehr laute Geräusche und Situationen zu existenziellen Lebenssituationen wahllos nebeneinander gestellt werden.

Zitate aus: Hugo von Hofmannsthal: Siehst du die Stadt. In: Woltraud Wende (Hg.): Großstadtlyrik. Stuttgart: Reclam Verlag 1999, S. 52.
Georg Heym: Die Stadt. In: Wolfgang Rothe (Hg.): Deutsche Großstadtlyrik vom Naturalismus bis zur Gegenwart. Stuttgart: Reclam Verlag 1973, S.117/118.

© Westermann Gruppe · 978-3-507-69009-7

Seite 45, Aufgabe 7

Im Gedicht von Georg Heym werden vor allem Metaphern, Personifikationen und Aufzählungen verwendet. Die Metaphern sind ungewöhnlich und verunsichern den Leser, da er diese Bilder nicht kennt. Die Personifikationen lassen die unbelebten Teile der Stadt lebendig werden und drängen die Menschen zurück. Die Aufzählungen verdeutlichen die Größe und Unübersichtlichkeit der Stadt.

Seite 46, Aufgabe 1

1. Strophe: Der Arbeitsdruck wächst ständig. Nur wenn der Verkehr zum Stillstand kommt, wird es für eine kurze Zeit ruhiger.
2. Strophe: Der gesamte Tag verläuft hektisch. Ein Dampfer fährt nach einer Pause den Rhein weiter hinab.
3. Strophe: Ein notleidender Bettler bekommt von einem ebenfalls armen Kind eine kleine Münze zugesteckt.

Seite 47, Aufgabe 2

V. 1/2　Arbeitsleben
V. 3/4　Straßenverkehr
V. 5–8　Tempo/Geschäftigkeit des Alltags
V. 9–13 Situation der Menschen

Seite 47, Aufgabe 3

V. 2　„Kampf ums Dasein" – Konkurrenzdenken, Geldnot der Menschen
V. 5/6　„der die Ruhe flieht" – Hektik und Lärm im Alltag
V. 9/10 „leidverkrampft" – Armut

Seite 47, Aufgabe 4

V. 1　„Barometer steigt und steigt"
V. 2　„Der Kampf ums Dasein fiebert"
V. 4　„des Lebens rascher Pulsschlag"
V. 7　„Dampfer, der atemholend lag"
Die Stadt wird lebendig, bekommt ein Eigenleben abseits der Menschen. Das Großstadtleben mit seiner Hektik verselbstständigt sich.

Zitate aus: Fritz Droop: Auf der Neckarbrücke in Mannheim. In: Robert Seitz, Heinz Zucker (Hg.): Um uns die Stadt. Eine Anthologie neuer Großstadtdichtung. Berlin: Sieben-Stäbe-Verlag 1931, S.133/134

Seite 47, Aufgabe 5

Person	Darstellung des Menschen	Wirkung der Darstellungsweise auf den Leser
Schutzmann	Reduzierung eines Menschen auf seinen Beruf	anonym – Mensch trägt dazu bei, dass die Stadt funktioniert
Bettler	genaue Beschreibung eines Menschen und seiner Handlungen	Leser kann sich den Bettler genau vorstellen und bekommt selbst Mitleid mit ihm
Kind	Reduzierung eines Menschen auf sein Gefühl	anonym – Betonung des Gefühls des Mitleids für den Bettler

Seite 49, Aufgabe 1

Richtig sind folgende Aussagen:
... ist im Präsens verfasst.
... ist in einer sachlichen Sprache geschrieben.
... fasst die wesentlichen Handlungsschritte oder Aussagen knapp zusammen.
... enthält keine Deutungen, Wertungen oder Erläuterungen zum Text.
... geht bei einem Gedicht strophenweise vor.

Seite 49, Aufgabe 2

Richtig ist:
2. Das Gedicht verdeutlicht, wie schwer das Leben in den Randbezirken einer Großstadt ist.

Seite 49, Aufgabe 3

a) In der ersten Strophe wurden (*Zeitform: Präteritum*) die Straßen in den Vorstädten eingeführt, die jeder kennt. Die Werbung „Trinkt Magermilch!" (*Zitat*), die für die Menschen hier überflüssig ist, ist an einer Hauswand angebracht.

Die zweite Strophe benennt verschiedene stinkende (*Wertung, Kommentar*) Gerüche, defekte Fenster und verwelkte Blumen, was eine lebensunwürdige Umgebung für die Bewohner bedeutet.

b) In der ersten Strophe werden die Straßen in den Vorstädten eingeführt, die jeder kennt. Die Werbetafel, die für die Menschen hier überflüssig ist, ist an einer Hauswand angebracht.
Die zweite Strophe benennt verschiedene Gerüche, defekte Fenster und verwelkte Blumen, was eine lebensunwürdige Umgebung für die Bewohner bedeutet.

Seite 50, Aufgabe 4

a) *Passende Formulierungen sind:*
Die Häuser stehen eng beieinander.
Die Häuser sind alt.
In den Straßen geschieht nichts.
b) Die Häuser werden in der dritten Strophe beschrieben. Sie sind alt und stehen eng nebeneinander in den Straßen, in denen nichts geschieht.
c) *Passende Formulierungen sind:*
Die Dunkelheit der Nacht wird von einzelnen Lichtern durchbrochen.
Einzelne Straßenlaternen leuchten.
Katzen hocken vor den Häusern.
Die anschließende vierte Strophe handelt von der Dunkelheit in der Nacht, die von einzelnen Lichtern durchbrochen wird, da einige Straßenlaternen leuchten. Katzen hocken vor den Häusern in der Dunkelheit.

Seite 50, Aufgabe 5

Die Häuser sind so traurig und so krank,
⇨ Die Häuser sind verfallen.
weil sie die Armut auf den Straßen trafen.
⇨ Es fehlt Geld für die Renovierung.
Aus einem Hof dringt ganz von ferne Zank.
⇨ Man kann hören, wie Menschen streiten.
Dann decken sich die Fenster zu und schlafen.
⇨ Die Lichter in den Häusern gehen aus.

In der 5. Strophe werden die verfallenden Häuser beschrieben. Auch kann man hören, wie Menschen sich streiten. Am Abend verlöschen die Lichter in den Häusern.

Zitate aus: Erich Kästner: Vorstadtstraßen. In: Karl Otto Conrady (Hg.): Das große deutsche Gedichtbuch. Frankfurt a. M.: Athenäum Verlag 1987, S. 849/850.

Seite 50, Aufgabe 6

In der folgenden Strophe wird dargestellt, dass diese Straßen in vielen Städten gleich und uninteressant aussehen. Regelmäßig seien in ihnen Gastwirtschaften zu finden.
Am Schluss wird das Leben in einer Gastwirtschaft beschrieben mit verschiedenen Handlungen. Die Werbung für Milch sei nachts für niemanden zu lesen.

Seite 52, Aufgabe 1

Kristas Aussehen wird in den folgenden Zeilen deutlich:
• Z. 15/16 „bildschöner Frau"
• Alter: geht auf die Vierzig zu (Z. 38/39)
• „Mom trug alte Jeans oder Khaki-Shorts mit Farbflecken, dazu T-Shirts, Turnschuhe oder Sandalen, manchmal ging sie auch barfuß. Sie hatte lange Beine und einen warmen, goldenen Hautton; ihr kräftiges Haar trug sie kurz geschnitten, es war mattrot und von wunderschönen silbergrauen Strähnchen durchgezogen." (Z. 67–74)
• Indirekt wird auch etwas über Kristas Aussehen deutlich anhand der Kleidung, die in ihrem Kleiderschrank hängt. (vgl. letzter Abschnitt, Z. 78–83)

Folgende Informationen erhält man über Kristas Hobbys:
• Krista webt, stellt Tongefäße her (vgl. Z. 45–47)
• Krista malt

Folgendes wird über Kristas Charakter deutlich:
• „hatte sich noch nie wohlgefühlt auf diesen riesigen Banketts" (Z. 2/3)
• „versuchte immer, Witze darüber zu machen, wie elend sie sich fühlte" (Z. 7/8)
• „hatte [...] Dad vierzehn Jahre lang zu all diesen Veranstaltungen begleitet und die Rolle von Reid Piersons bildschöner Frau Krista gespielt" (Z. 13–16)

© Westermann Gruppe · 978-3-507-69009-7

- „ich würde so viel lieber mit den Mädchen zu Hause bleiben und ein bisschen in meinem Studio arbeiten." (Z. 25–27)
- „ich bin nicht mehr der Mensch, den du geheiratet hast. Ich bin keine zweiundzwanzig mehr." (Z. 36–38)
- „Je mehr Zeit Mom zu Hause verbrachte, in eben jenem Atelier, umso weniger Zeit hatte sie für die Art von gesellschaftlichem Leben" (Z. 41–44)
- „Mom war verletzt, bemühte sich aber, es nicht zu zeigen. Bald zeigte sie Dad nicht mehr, was sie gearbeitet hatte, auch dann nicht, als es ihr gelungen war, Stücke in einer Galerie in Seattle auszustellen und zu verkaufen" (Z. 49–53)
- „Mom lachte wie ein kleines Mädchen" (Z. 54)
- Kristas Tagesablauf (Z. 59–65)
- „Sie platzte fast vor Energie und Begeisterung. Frei sah sie aus." (Z. 76/77)

Zitate aus: Joyce Carol Oates: Mit offenen Augen: Die Geschichte von freaky green eyes. Übers. von Birgitt Kollmann. München: dtv Verlagsgesellschaft 2007, S. 44–48, 61/62, 114–117.

Seite 52–54, Aufgabe 2

a) Name: Krista Reid (geb. Connor)
Wohnort: Yarrow Heights/Skagit Harbor
Alter: geht auf die Vierzig zu
Familie: Ehemann Reid Pierson, Töchter Franky und Samantha, Stiefsohn Todd
Beruf: früher Nachrichtensprecherin, jetzt Mutter und Künstlerin

b) *Beispiellösung:*
Krista: Nein, ich war früher Nachrichtensprecherin und dann habe ich mich eine ganze Zeit lang um meine Kinder gekümmert und meinen Mann auf Empfänge begleitet.
Krista: Ich habe meine Liebe zur Weberei und Malerei entdeckt und mir im Haus ein kleines Atelier eingerichtet und dort dann geübt, zusätzlich Kurse besucht, um besser zu werden. Meine ersten Stücke waren sicherlich noch nicht so gut. Aber ich wurde immer besser und konnte dann sogar meine Werke in einer Galerie in Seattle ausstellen.

c) *Beispiellösung:*
Journalistin: Meinen Recherchen zufolge haben Sie auch ein Atelier in einem kleinen Fischerdorf namens „Skagit Harbor". Erzählen Sie doch etwas mehr davon.
Krista: Gerne. Ich verbringe dort gerne Zeit und habe mir in einer kleinen Hütte ein Atelier eingerichtet. Es ist ganz anders als in unserem Haus in Yarrow Heights. Das Häuschen ist viel kleiner, aber gemütlich. Ich arbeite gerne morgens in meinem Atelier und mache dann Besorgungen, besuche Freunde und arbeite dann nachmittags wieder an meinen Kunstwerken. Ich treffe mich auch gerne mit Nachbarn.
Journalistin: Was schätzen Sie an ihrem Leben als Künstlerin?
Krista: Es ist einfach ein ganz entspanntes Leben, fernab des ganzen Trubels, den der Beruf meines Mannes mit sich bringt. Es ist ganz zwanglos und gerade die Kunst gibt mir viel Energie. Ich gehe darin auf und merke, wie es mich begeistert.
Journalistin: Ist es ein besseres Leben als das Leben, das sie als Reids Ehefrau führen?
Krista: Nein, ich unterstütze meinen Mann so gut ich kann und bin auch sehr stolz auf ihn und das, was er erreicht hat.

Seite 54, Aufgabe 4

Die Tatsache, dass sie sich unwohl fühlt, ihren Mann bei öffentlichen Auftritten zu begleiten, würde Krista sicherlich nicht so deutlich sagen. Auch dass ihr Mann von ihrer Kunst wenig hält und es auch nicht schätzt, dass sie so viel Zeit mit der Kunst verbringt, würde sie vermutlich verschweigen. Sie möchte das Bild, das die Öffentlichkeit von ihr, ihrem Mann und ihrer Ehe hat, nicht gefährden und den Schein wahren.

Seite 54, Aufgabe 5

Hier würde viel mehr Krista als die „schöne Frau von Reid Pierson" präsentiert werden, die ihren Mann bei öffentlichen Auftritten begleitet, immer gut gekleidet ist, die tollste Kleidung trägt und ihren Mann unterstützt. Es würde mehr um das Bild von Krista gehen, das die Öffentlichkeit von ihr hat, und die Rolle, die sie spielt.

Seite 56, Aufgabe 1

Aussage 2 ist richtig: Z. 27–36, 38–40
Aussage 4 ist richtig: Z. 36–38
Aussagen 1 und 3 sind falsch.

Seite 56, Aufgabe 2

Die Erzählerin stellt die Vermutungen neutral gegenüber. Da die Leser/-innen aber bereits wissen, dass Mero Okawa und Krista kein Paar waren, scheidet diese Vermutung aus.

Seite 57, Aufgabe 3

Z. 65–68
Z. 78–80
Z. 86–88
Z. 92–97

Seite 57, Aufgabe 4

Beispiellösungen:
a) Was soll ich nur erzählen? Daddy hasst Tante Vicky. Ich habe Angst, etwas Falsches zu sagen, und dann wird Daddy richtig wütend.
b) Das ist ungerecht, Tante Vicky macht sich genauso Sorgen um Mom wie Sam und ich.
c) Was meint Daddy damit? Lieber nicht weiter fragen; aber Daddy sieht echt total traurig aus.
d) Puh, das hört sich an, als sollte ich lügen, z. B. über unseren Besuch bei Mom oder über ihr Leben in der Hütte.

Seite 58, Aufgabe 5

Beispiellösung:
Franky ahnt, dass ihr Vater irgendetwas mit dem Verschwinden ihrer Mutter zu tun hat. Aber vor dieser Erkenntnis verschließt sie die Augen, denn ihr Vater ist nun alles, was sie und ihre Schwester noch haben, seit Krista zunächst ausgezogen und dann verschwunden ist. Außerdem tut ihr Vater alles, um Franky auf seine Seite zu ziehen. Das wird an seiner letzten Frage, ob sie auch in seinem Team ist, besonders deutlich. Reid Pierson und auch sein Anwalt Mr. Sheehan manipulieren Franky, damit sie ihren Vater bei der Polizei unterstützt. Dazu muss sie Dinge verschweigen und vielleicht sogar lügen.

Seite 58, Aufgabe 6

Die beiden letzten Sätze der Textpassage verdeutlichen, dass an der Version des Vaters etwas nicht stimmen kann. Die Wahrheit seiner Aussage ist an die Bedingung geknüpft, dass Frankys Mutter zurückkommt. Die Freaky-Logik ist, dass Franky nach dem Verschwinden ihrer Mutter nur noch ihren Vater hat. Deswegen will sie „unbedingt" glauben, dass ihr Vater die Wahrheit sagt. Aber sie spürt, dass er lügt und sie dazu auffordert, in seinem Sinne ebenfalls zu lügen. Nur wenn die Mutter zurückkommt, kann die Version von Ried Pierson stimmen. Damit widerspricht Franky sich letztlich: Wenn ihre Mutter nicht mehr lebt, hat sie nur noch ihren Vater. Doch genau unter der Voraussetzung lügt ihr Vater und hat etwas mit dem Verschwinden seiner Frau zu tun. Diesen Widerspruch kann Franky aber (noch) nicht auflösen. (Das gelingt ihr erst, als sie das Tagebuch ihrer Mutter findet.)

Seite 60, Aufgabe 1

Der Text will vorrangig informieren (Informationsfunktion). Die Autorinnen zeigen die Problematik von Verschwörungserzählungen auf und warnen damit vor den Gefahren, die von solchen Erzählungen ausgehen (Appellfunktion). Die Leserinnen und Leser des Artikels werden so in die Lage versetzt, Verschwörungserzählungen besser zu erkennen und richtig einzuordnen.

Seite 60, Aufgabe 2

Beispiellösung:
❶ Angesichts besonderer Ereignisse oder Situationen glauben Anhänger/-innen von Verschwörungserzählungen, dass eine Gruppe von Menschen oder irgendwelche Mächte im Geheimen eine Verschwörung planen und durchführen. Den „Verschwörern" werden dunkle Machenschaften und unheilvolle Absichten unterstellt.
❷ ① Eine größere Anzahl von Menschen hegt Argwohn gegenüber einer gesellschaftlichen Gruppe und glaubt an eine Verschwörung.
② Die Verschwörungsgläubigen tragen „Beweise" zusammen, die in einer Mischung von Tatsachen und Fantasien die Erzählung zu stützen scheinen. Gegenbeweise werden nicht anerkannt.
③ Grundlage eines Verschwörungsglaubens ist, dass nichts unbeabsichtigt passiert, dass es keine Zufälle gibt (→ „Nichts ist so, wie es scheint."). So sind für die Anhänger/-innen alle Ereignisse von den vermeintlichen „Verschwörern" gelenkt.

④ Verschwörungsgläubige kennen keine differenzierte Weltsicht. Sie teilen die Menschen in Gut und Böse ein und urteilen nach dem Freund-Feind-Schema.
⑤ Anhänger/-innen von Verschwörungserzählungen stempeln bestimmte Menschen oder Gruppen zu Sündenböcken ab und weisen ihnen Schuld an Ereignissen und Entwicklungen zu.
❸ ① Eine Reihe von Menschen glaubt tatsächlich an eine Verschwörung, getragen von reichen Eliten, einflussreichen Politikern etc.

② Immer wieder werden Verschwörungserzählungen auch für politische Beeinflussungen eingesetzt (z. B. demokratiezersetzend: QAnon).
③ Finanzielle Gründe spielen eine große Rolle. Der Handel mit Materialien aus dem Zusammenhang von Verschwörungserzählungen ist sehr ertragreich (z. B. angebliche Schutzmaterialien, bedruckte Kleidung, etc.).

Seite 62, Aufgabe 1
Beispiellösung:

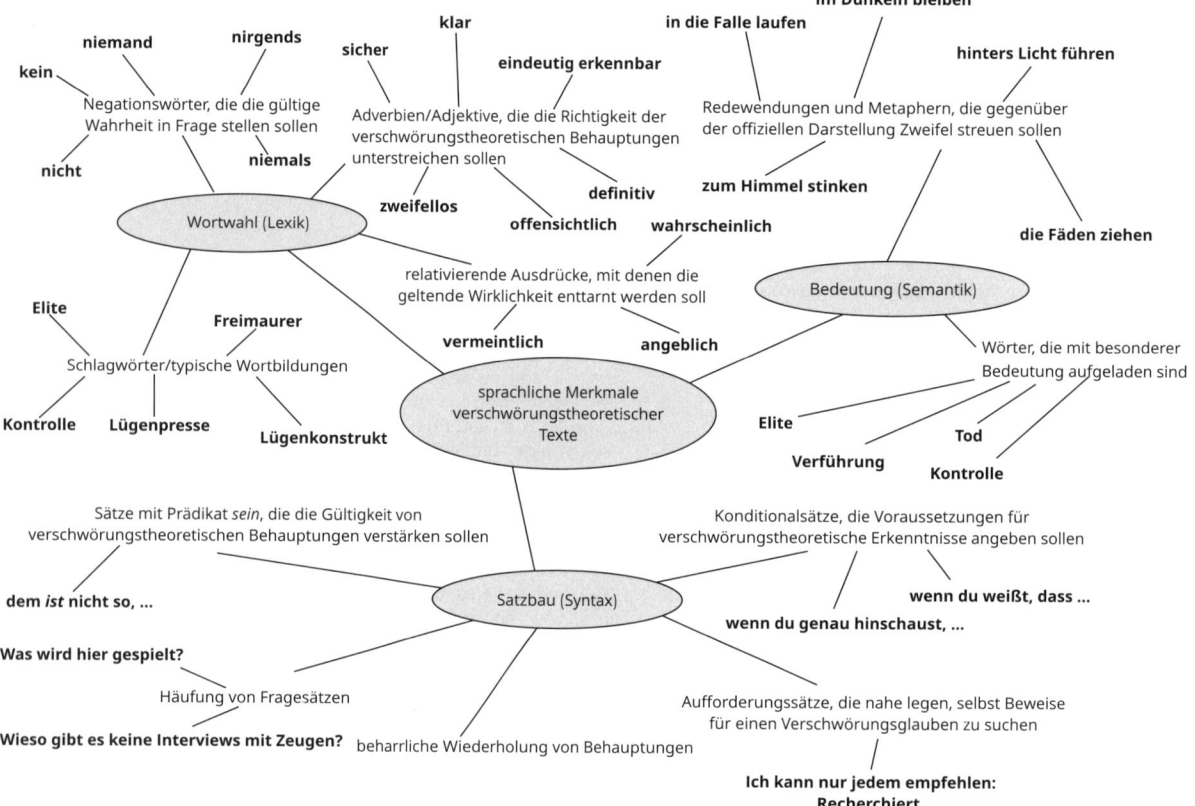

Seite 62, Aufgabe 2
Beispiellösung:
Formulierungen, die aus Verschwörungserzählungen stammen:
b. ! –Die Verschwörungserzählung behauptet, Kondensstreifen enthielten Chemikalien, die die Bevölkerung dezimieren, schädigen sollen, „Chemtrails" ließen sich durch bloße Beobachtung erkennen (Beweisfunktion). Die Existenz von „Chemtrails" wird mit dem Prädikat „sein" (Indikativ), einem Adjektiv („klar") und einem Adverb („eindeutig") unterstrichen. Die vermeintlichen „Chemtrails" werden ohne Belege zur „Geheimwaffe" (Schlagwort) erklärt, das Prädikat „sein" wirkt dabei verstärkend.
d. ! – Gegenüber der offiziellen, also behördlichen Version sollen Zweifel gestreut werden, um einer „alternativen" Darstellung der Ereignisse von 9/11 Raum zu geben. Die aufgeblähte Metapher „monströses Lügengespinst" (zwei Bildelemente) bewertet die amtlichen Ausführungen als Unwahrheiten. Die Metapher soll das Ungeheuerliche, Empörende der angeblichen Lügen von offizieller Seite herausstellen. Das Adverb „zweifellos" verschärft den Lügenvorwurf und soll Zweifel an der geltenden Wirklichkeit schüren.
f. ! – Mit der Monster-Metapher wird eine Verschwörungserzählung in Szene gesetzt, die besagt, dass die Staaten und Menschen weltweit von einer furchterregenden Macht („Monster") fremdbestimmt würden. Diese Macht habe die Erde bereits fest im Würgegriff („Riesenkrake", „Fangarme"), steuere die Geschehnisse und setze ihre Interessen gewaltsam durch. Dies sei für jeden zu erkennen. Die Leser/-innen sind durch das Personalpronomen

„uns" direkt angesprochen und damit Teilhaber der Sichtweise. Die Aussage gibt sich als frei von Zweifeln („Was sich ... zeigt, ist ...") und beabsichtigt damit, bestehende Wahrheiten infrage stellen.
g. ! – Anhänger der Verschwörungsidee QAnon verbreiten absonderliche Schauergeschichten und verbinden diese mit konkreten Orten. So wird behauptet, dass eine elitäre Clique satanistische Rituale durchführe sowie ihr Macht einsetze, um Kinder zu entführen, gefangen zu halten und zu misshandeln. Das dient der Dämonisierung und Beschuldigung von Reichen, demokratischen Politikern und Journalisten.
h. ! – Bill Gates, der zu den reichsten Menschen der Welt gehört und sich besonders für gesundheitliche Prävention und Impfschutz engagiert, wird von Verschwörungsgläubigen verunglimpft als jemand, der die Fäden für Verschwörungen zieht. Die Häufung von Fragesätzen soll die vermeintlich verborgene Wahrheit aufdecken und glauben machen, dass Gates für die Pandemie verantwortlich sei – denn wie sonst könnte er eine Pandemie voraussagen. Verdächtig erscheinen den Verschwörungsgläubigen auch Gates' Treffen mit Politikern in aller Welt. Die Fragen versuchen nahezulegen, dass Gates den Menschen Chips einimpfen wolle, um letztendlich die gesamte Menschheit zu kontrollieren.
j. ! – Schlagwörter wie „geheime Mächte" oder „Überwachungsstaat" (als Ziel geheimer Mächte) verweisen auf eine Verschwörungserzählung. Auch der Marionetten-Vergleich, der glauben machen will, dass Politiker/Regierungen in aller Welt als Werkzeuge mäch-

tiger, nicht greifbarer Drahtzieher tätig seien und nach Plan („Programm") dieser Mächte die Errichtung eines totalitären Staates betreiben würden, ist ein Hinweis auf eine Verschwörungserzählung. Die Aussagen sind im Indikativ formuliert und geben damit vor zuzutreffen. Die Passiv-Verwendung („werden ... benutzt") zeigt „Politiker" als instrumentalisierte Akteure im Zusammenhang höchst verwerflicher Ziele.

Formulierungen, die nicht aus Verschwörungserzählungen stammen:

c. ✓ – Der Verfasser beruft sich auf demokratische Werte wie Meinungsfreiheit, freie öffentliche Debatte, rationale Argumentation, Kampf gegen Fake News. Die Adjektivhäufung „frei", „fair", „offen" unterstreicht die Haltung.

e. ✓ – Die demokratische Staatsform basiert – so die Aussage – auf vernunftgeleitetem Denken und Handeln, fordert Toleranz und meidet Feindbilder. Dabei gilt „Alle Menschen sind vor dem Gesetz gleich" (→ kein „Autoritätsdenken"). Der Satz ist also ein starkes Bekenntnis zur Demokratie, er fordert auf, Gefühlslastigkeit, Fantasieauswüchse, Diskriminierung usw. als politische Faktoren zu bekämpfen. Diese Position stellt sich gegen Verschwörungserzählungen. Die Alternativlosigkeit des demokratischen Weges wird mit der Zuspitzung „kennt nur einen Weg" und der Verwendung des Modalverbs „müssen", das die Notwendigkeit demokratischen Wirkens zum Ausdruck bringt, betont.

i. ✓ – Der kurze Text erläutert, warum Verschwörungsgläubige sich von demokratischen Werten entfernen: Mit überzeugten Verschwörungsgläubigen lässt sich kaum diskutieren bzw. faktenbasiert argumentieren. Sie verschließen sich und bleiben in ihrer Blase gefangen. Dort bestätigen sie sich selbst, folgen ihrem „Wahrheitsgefühl" und verbreiten erfundene Geschichten (s. a. Fake News). Die Vorstellung, dass demokratische Politik von mächtigen Geheimzirkeln unterwandert und damit eine Teilhabe an der politischen Willensbildung sinnlos wäre, entfernt sie von demokratischem Denken und Handeln. Sie sind geprägt von Misstrauen und dem Gefühl, ausgeliefert zu sein, keine Freiheit mehr zu haben.

Seite 66, Aufgabe 1 b

ANALYSE

EINLEITUNG

In dem Artikel aus dem Crumby Times-Magazin vom Januar 2022 erläutert der Verfasser B. J. die Hintergründe einer vermeintlichen weltumfassenden Verschwörung, an die er fest glaubt und die schon mehrere tausend Jahre andauern soll. B. J. gibt vor, den Aufbau der Verschwörungsorganisation und ihren nicht menschlichen Ursprung zu kennen. Er nennt auch seine Quellen.

HAUPTTEIL: INHALTSWIEDERGABE

Für B. J. gehen die Verschwörungshandlungen von außerirdischen Mächten aus, die für Außenstehende als solche nicht erkennbar sind. Dennoch meint B. J. zu wissen, dass die Verschwörer in ihrer eigentlichen Erscheinungsform sowohl graue Wesen mit kleinem Körper, großem Kopf und schwarzen, schräg stehenden Augen (Greys) als auch Echsenwesen (Reptiloiden) sein können. Er behauptet, viele Persönlichkeiten des öffentlichen Lebens wären schon als Reptiloiden enttarnt. Die Verschwörer haben sich nach B. J. wie folgt organisiert: Die von der Öffentlichkeit unbemerkte Zentralmacht würde ihre Pläne über drei Ebenen umsetzen und so die Geschicke der Welt lenken. Dem Ausgangs- und Mittelpunkt am nächsten stünden Geheimorganisationen von besonderem Rang, über die wüsste man nichts. Die zweite Ebene würden bekannte Geheimgesellschaften wie z. B. Freimaurer, Illuminaten etc. bilden, auch deren Aktivitäten blieben im Dunkeln. Direkten Einfluss auf die Menschen nähmen dann die Kreise der dritten Ebene, die in engem Kontakt mit der Öffentlichkeit stünden, damit sind wohl Politiker/Regierungen, Prominente, Journalisten/Medien etc. gemeint. An dieser Stelle würden dann die Anweisungen der Zentralmacht („Spinne") ausgeführt. Belege für seine Behauptung, dass Außerirdische die Welt steuerten, nehme er, sagt B. J., aus alten Mythen, alten Sagen und anderen kulturellen Hinterlassenschaften. Viele Jahre habe er sich umfassend mit dem Phänomen beschäftigt. Und wie auch in seinem Buch aufgezeigt, gäbe es keinen Zweifel daran, dass die Menschheit von außerirdischen Wesen, die in menschlicher Gestalt erscheinen könnten, beherrscht werde.

HAUPTTEIL: SPRACHANALYSE

Mit der Spinnen-Metapher will B. J. seine Vorstellung von dem Vorgehen der vermeintlichen Verschwörer vermitteln. Sie dient ihm dazu, den Machthunger sowie das Skrupellose und Böse der geheimen Verschwörungskräfte, die angeblich das Weltgeschehen steuern, herauszustellen. Diese Metapher wird von B. J. weiterentwickelt: Die geheimen Verschwörungsmächte, die als Spinne gesehen werden, haben ein weltumspannendes Netz gewoben: Dieses Netz verknüpft die in verschiedenen Entfernungen vom Machtzentrum befindlichen Verschwörerkreise, sie bilden so über „Brückenfäden" das „Fangnetz" der Spinne, die Menschen sind damit den dunklen außerirdischen Mächten („Spinne") ausgeliefert.

Die Richtigkeit seiner Ausführungen versucht er mit dem Hinweis auf seine langjährige Auseinandersetzung mit der Thematik und der Vorstellung der Ergebnisse in seinem Buch, dem Einsatz von Adjektiven wie „klar", „intensiv", „offensichtlich" und der Verwendung des Indikativ Präsens, der einen gesicherten Ist-Zustand vorgibt, zu betonen. Zudem macht er durch den Gebrauch des Personalpronomens „wir" und des Possessivpronomens „unser" die Zuhörerinnen und Zuhörer zum Partner seiner „Erkenntnisse", sodass sie scheinbar zustimmen müssen. Mit Begriffen wie „sich beschäftigen", „sich auseinandersetzen", „kulturelles Vermächtnis" und „Relikt" bemüht sich B. J. um den Eindruck von Wissenschaftlichkeit, die seine Glaubwürdigkeit erhöhen soll. Dabei bezieht er sich vor allem auf Fiktionen („alte Erzählungen"), kaum auf Fakten.

SCHLUSS: ZUSAMMENFASSUNG/BEWERTUNG

Insgesamt lässt sich festhalten: Die Darstellung von B. J. entspricht inhaltlich und sprachlich dem Muster von Verschwörungserzählungen. Neben den üblichen Schlagwörtern wie „eine (geheimnisvolle) Macht regelt und kontrolliert", „Geheimgesellschaften", „Geheimbünde", „Illuminaten", „Freimaurer", „Verschwörung von außerirdischen Wesen", „Reptiloide", „Greys" und „Weltverschwörung" verweist vor allem die konnotativ stark aufgeladene Spinnen-Metaphorik auf eine Verschwörungsidee. Sprachlich fallen die zahlreichen Absicherungsformulierungen, mit denen die Richtigkeit der Aussagen markiert werden soll, auf. Die Vorstellung, die als realistisch und glaubwürdig vermittelt sein soll, entspricht einem vielfach wiederholten Schema der Verschwörungserzählungen: Dunkle Mächte, hier Aliens, Reptiloiden und „Graue", setzen im Verborgenen ihre Pläne zum Schaden der Menschheit um.

Seite 68, Aufgabe 1

Beispiellösung:

Es gibt drei Arten von Statistiken: eine beschreibende, erkundende und eine schließende. Die beschreibende Statistik stellt gewonnene Daten übersichtlich dar, hierzu kann man sich verschiedener Arten bedienen, z. B. Diagramme. Die erkundende Statistik deutet die gesammelten Daten: Hier werden Zusammenhänge zwischen den Messwerten hergestellt. Die schließende Statistik erklärt Stichproben und gibt an, in welchem Verhältnis die Stichprobe zur Gesamtheit der Daten steht.

Seite 68, Aufgabe 2

Beispiellösung:

Begründung: Der Mann führt die Arbeit nicht gut aus, dies gibt er selbst an: „Es tut mir leid, aber sie stimmt nicht. Ich bin ein unzuverlässiger Mensch". Seine gesammelten Daten sind für die Statistik nicht zu verwenden.

Seite 69, Aufgabe 3

Beispiellösung:

Mit „Die" sind jene Personen gemeint, welche alle Ereignisse mit Statistiken, Zahlen und Bilanzen in Zusammenhang bringen. „Die" steht für einen ihm übergeordneten Machtapparat, welcher zwar für sein „geflicktes Bein" verantwortlich ist, aber andererseits die Menschen auf eine Zahl, eine Statistik reduziert: „Wir zählen sowieso einen gewissen prozentualen Verschleiß hinzu." Unter *Verschleiß* sind Menschen zu verstehen, der Begriff ist abwertend.

Die Haltung des Ich-Erzählers ist ablehnend. Er macht sich über den engen und lebensfernen Blick dieser Leute lustig und kritisiert ihre Haltung und damit verbundene Dummheit. Dies ist belegbar durch „Ihre Gesichter strahlen, wenn ich ihnen das Ergebnis meiner Schicht mitteile, je höher die Zahl, um so mehr strahlen sie, und sie haben Grund, sich befriedigt ins Bett zu legen." oder „Sie reißen mir förmlich das Ergebnis jedes Mal aus der Hand, und ihre Augen leuchten auf, und sie klopfen mir auf die Schulter. Sie ahnen ja nichts!"

Zitate aus: Heinrich Böll: An der Brücke. In: Wanderer, kommst du nach Spa... Erzählungen. München: dtv Verlagsgesellschaft 1978, S. 62/63.

© Westermann Gruppe · 978-3-507-69009-7

Seite 70, Aufgabe 4

Angegeben ist jeweils der letzte Satz eines Abschnitts.

Ende Abschnitt 1: Angaben über die Tätigkeit des Ich-Erzählers und seine Sicht auf „Die": „...und doch, es tut mir leid, dass alles nicht stimmt ..."

Ende Abschnitt 2: die Geliebte wird vorgestellt und die Haltung des Erzählers zu ihr verdeutlicht: „Es ist ganz klar, dass ich sie liebe."

Ende Abschnitt 3: die Kontrolle des Ich-Erzählers und die damit verbundene Beförderung, welche den Besuch der Geliebten in der Eisdiele möglich macht: „...oder sie vielleicht ein Stück nach Hause bringen, meine kleine ungezählte Geliebte ..."

Zitate aus: Heinrich Böll: An der Brücke. In: Wanderer, kommst du nach Spa... Erzählungen. München: dtv Verlagsgesellschaft 1978, S. 62/63.

Seite 70, Aufgabe 5

Beispiellösung:

Textbeispiele für die fehlerhafte Statistik sind:

„Aber ihre Statistik stimmt nicht.", „...es tut mir leid, dass alles nicht stimmt ...", „Und alle, die in dieser Zeit passieren, verschweige ich ihnen.", „Schattenmänner und Schattenfrauen, nichtige Wesen, die im zweiten Futur der Statistik nicht mitmarschieren werden ... ."

Die Statistik stimmt nicht, da der Mann generell keine Menschen in Zahlen darstellen möchte und er in dem Moment der Überquerung seiner Geliebten überhaupt nicht zählt.

Zitate aus: Heinrich Böll: An der Brücke. In: Wanderer, kommst du nach Spa... Erzählungen. München: dtv Verlagsgesellschaft 1978, S. 62/63.

Seite 70, Aufgabe 6

Beispiellösung:

In dem Moment, in dem die Geliebte die Brücke passiert, hat er nur Augen für sie und lässt seine Arbeit ruhen, er hört auf zu zählen. Die Gezählten empfindet er als „Schattenmänner und Schattenfrauen", dazu möchte er seine Geliebte nicht zählen. Sie soll nicht entindividualisiert werden, wie die anderen Gezählten.

Seite 70, Aufgabe 7 A

Hinweis:

Der Ich-Erzähler ist gehemmt darüber zu sprechen, dass er einer ihm völlig unbekannten Frau hinterhersieht und sich sogar in sie verliebt hat, wenngleich noch nie ein Kontakt zwischen den beiden hergestellt wurde. Diese Zurückhaltung sollte in dem Dialog zum Ausdruck kommen. Möglicherweise hat sein Kumpel bereits bemerkt, dass er eine Frau besonders lange beim Überqueren beobachtet?

Beginn einer Beispiellösung:

„Danke, dass du mir Bescheid gesagt hast mit der Kontrolle, ich hätte meine Arbeit sonst mit Sicherheit verloren." „Wieso das denn? Du passt doch immer gut auf?" „Ach weißt du, es gibt da einen Moment jeden Tag, an dem bin ich nicht so bei der Sache..." „Wirklich, ich habe mir das schon gedacht. Es ist die kleine Dunkelhaarige, der du immer nachsiehst, oder?"

Seite 70, Aufgabe 7 B

Hinweis:

Bei diesem ersten Gespräch sollte Aufregung und Freude des Ich-Erzählers im Mittelpunkt stehen.

Beginn einer Beispiellösung:

„Guten Tag, haben wir uns nicht schon einmal gesehen? Schöne Eisdiele, in der Sie hier arbeiten. Haben Sie Eis? Natürlich haben Sie das. Also, was empfehlen Sie mir?" „Guten Tag, Sie kommen mir tatsächlich bekannt vor, aber ich weiß gerade nicht woher. Nun denn, ich kann Ihnen unser Fruchteis empfehlen, die Beeren habe ich selbst gepflückt."

Seite 70, Aufgabe 8

Beispiellösung:

Hier sind viele Möglichkeiten denkbar. Wahrscheinlich wurde der Ich-Erzähler im Krieg verwundet und es blieben Schädigungen zurück, weshalb er nicht so lange stehen und laufen kann: „[...] haben mir einen Posten gegeben, wo ich sitzen kann [...]" Was genau passiert ist, kann nicht gesagt werden.

Seite 72, Aufgabe 1

Beispiellösung:

Ju-Jutsu

Ju-Jutsu ist **Selbstverteidigung und Zweikampfsport**, der **Elemente aus Judo** (Würfe, Würge- und Festlegetechniken) und **Karate** (Abblocken, Schläge und Tritte) in sich vereint. Ju-Jutsu heißt übersetzt nachgebende oder auch sanfte Kunst. Die **waffenlose Selbstverteidigung asiatischen Ursprungs** wurde vormals Jiu-Jitsu genannt. Es geht darum, **mit möglichst geringem Krafteinsatz und unter Ausnutzung der Bewegung und Kraft des Gegners Angriffe erfolgreich abzuwehren.**

„**Ju**" bedeutet „**sanft**", d.h. ausweichen, anpassen, nachgeben.

„**Jutsu**" bedeutet „**Kunst oder Kunstgriff**".

Ju-Jutsu ist also die Kunst, durch Ausweichen oder Nachgeben die Kraft des Angreifers zu nutzen und ihn damit zu besiegen. Falls erforderlich, kann ein Angriff aber auch in direkter Form, z. B. durch Atemi (Schock)-Techniken abgewehrt werden.

Über allen Verteidigungstechniken steht das „ökonomische Prinzip", also „mit dem geringsten Aufwand den größtmöglichen Nutzen zu erzielen". **Alle Verteidigungstechniken können in weicher oder harter Form, mit vielen Zwischenstufen nach dem Prinzip der Verhältnismäßigkeit angewandt werden.** Sollen Ju-Jutsu Techniken ihre volle Wirksamkeit zeigen, müssen die Prinzipien beachtet werden. **„Wirksamkeit" heißt nicht Kraft oder Gewalt, sondern richtige Technikanwendung und Ausführung.** Nur so ist es auch Kleineren oder Schwächeren möglich, sich gegen stärkere Angreifer erfolgreich zu verteidigen.

Das Training gibt Sicherheit im Alltag. Jeder Ju-Jutsuka lernt, wie er hinfällt, ohne sich zu verletzen. Und wenn man bedroht wird, weiß man, wie man sich wehren könnte. Ganz nebenbei werden beim Ju-Jutsu sämtliche Muskelgruppen trainiert.

Für alle, die den Sport ein wenig ehrgeiziger angehen wollen, gibt es zwei Varianten. Wer gern an seiner Technik feilt, kann die Prüfungen ablegen und erhält **je nach Graduierung eine neue Gürtelfarbe** - von weiß über gelb, orange, grün und blau zu braun. Danach kommen die Meistergrade, erst schwarz, dann weiß-rot und rot.

Selbstverteidigung und/oder Wettkampf

Neben der hauptsächlich auf Zweckmäßigkeit beruhenden reinen Selbstverteidigung wird Ju-Jutsu auch in verschiedenen **Wettkampfformen** ausgeübt. [...]

Die Entwicklung

Im Jahr 1967 beauftragte das deutsche Bundesinnenministerium ranghohe Dan-Träger des Deutschen Dan-Kollegiums (u. a. Otto Brief, Franz-Josef Gresch, Werner Heim und Richard Unterberger) damit, ein praxisbezogenes **Selbstverteidigungssystem** für den **Einsatz bei Bundeswehr, Justiz, Polizei und Zoll** zu entwickeln. Da man sich bei der Entwicklung dieses Systems überwiegend für die Verwendungen der so genannten „weichen" bzw. sanften Techniken entschied, wurde der Name Ju-Jutsu für diese Neuentwicklung gewählt. Das System verbreitete sich allerdings sehr schnell auch im zivilen Bereich und wird heute in über **1.000 Vereinen des Deutschen Ju-Jutsu Verbandes e.V. (DJJV)** für die effektive Selbstverteidigung trainiert.

„Ju-Jutsu" ist wohl die modernste Selbstverteidigung, die sich, anders als die „traditionellen Systeme", stetig weiterentwickelt. [...]

aus: Ju-Jutsu, >www.djjv.de/sportarten/ju-jutsu/<, Deutscher Ju-Jutsu-Verband e.V., Zeitz (letzter Aufruf: 01.12.2021).

Seite 72, Aufgabe 2

Hinweis:

Über folgende Aspekte kann informiert werden:

- was man beim Ju-Jutsu macht (Selbstverteidigung und Zweikampf),
- was der Name „Ju-Jutsu" bedeutet,
- dass man Techniken erlernt und diese auch im Alltag helfen können,
- dass es Graduierungen und auch Wettkampf gibt,
- dass dieser Sport z. B. auch von der Polizei genutzt wird,
- dass es in Deutschland über 1000 Vereine gibt.

Seite 72, Aufgabe 3

Hinweis:

Es sollte berücksichtigt werden, welche Aspekte aus dem Text oder auch der Lösung zu Aufgabe 2 für Kinder am Ju-Jutsu neu und interessant sein könnten, z. B.:

„Gelb, grün oder schwarz? Beim Ju-Jutsu kannst du an der Farbe des Gürtels erkennen, wie gut jemand ist."

© Westermann Gruppe · 978-3-507-69009-7

© Westermann Gruppe · 978-3-507-69009-7

Seite 73, Aufgabe 1

Biologische Vielfalt: Bienen und Insekten schützen
Die natürliche, aber auch die vom Menschen geschaffene und genutzte biologische Vielfalt, die sogenannte Agrobiodiversität, geht zurück. Diese **Entwicklung** zeigt sich weltweit – auch in Deutschland. Der **Erhalt** und die **Förderung** der Artenvielfalt und Biodiversität sind auch für die **Nahrungsmittelerzeugung** zentrale Zukunftsaufgaben.
Eine besondere Rolle spielen dabei Bienen, Wildbienen und andere Insekten. Sie bestäuben nicht nur Wild- und Kulturpflanzen und sichern so **Ernten**, sondern sind auch Bestandteil einer gesunden Umwelt und Artenvielfalt.
Die Gründe für den **Rückgang** der Insektenpopulationen sind vielfältig und komplex und noch nicht vollständig erforscht. Als zentrale Faktoren gelten **Versiegelung** und **Bebauung** von Flächen für Gewerbe, Infrastruktur und Wohnen, Verkehr und die Verkehrsinfrastruktur, **Eintrag** von Schadstoffen in Böden und Gewässer, **Lichtverschmutzung** sowie zunehmende **Veränderungen** des Klimas.
Aber auch **Veränderungen** der Strukturen in der Landschaft durch den **Rückgang** von artenreichem Grünland, Säumen, Hecken oder Streuobstwiesen und anderen Feldgehölzen und die damit verbundenen **Verluste** von Lebensräumen und Futterquellen leisten ihren **Beitrag**. [...]

aus: Biologische Vielfalt: Bienen und Insekten schützen, >www.bmel.de/DE/themen/landwirtschaft/artenvielfalt/insekten-biologische-vielfalt.html<, Bundesministerium für Ernährung und Landwirtschaft 2020, Bonn, 05.07.2021 (letzter Aufruf: 01.12.2021).

Seite 73, Aufgabe 2

Beispiellösung:
Potentielle Änderungen in Stichpunkten:
– Rückgang: Gründe, dass die Insektenpopulation zurückgeht
– Versiegelung: Flächen werden versiegelt
– Bebauung: Flächen werden bebaut
– Eintrag: Schadstoffe werden eingetragen
– Lichtverschmutzung: Verschmutzung durch Licht
– Veränderungen des Klimas: das Klima verändert sich

Seite 73, Aufgabe 3

Hinweis:
Siehe Lösung zu Aufgabe 2.

Seite 74, Aufgabe 1

Beispiellösung:
„Ich kann? Sie meinen wohl ich **soll/muss**."
„Ich kann? Du meinst wohl ich **soll/muss**."

Seite 75, Aufgabe 1

a. Interesse am Betrieb begründen
b. Bewerbung abschließen
c. Interesse am Betrieb begründen
d. Interesse am Betrieb begründen
e. aktuelle Situation darstellen
f. Eignung für die Stelle/Praktikum darstellen
g. Bewerbung abschließen

Seite 75, Aufgabe 2

Beispiellösung:
b. **Ich freue mich sehr über** eine positive Rückmeldung und die Einladung zu einem persönlichen Vorstellungsgespräch.
c. **Mein Praktikum möchte ich gerne bei Ihnen absolvieren, da** Ihre Tierarztpraxis im Landkreis einen hervorragenden Ruf genießt und Sie auch das Programm „Vier Pfoten unterwegs" betreuen, das ich sehr interessant finde.
d. **Auf** den Beruf „Kaufmann im Groß- und Außenhandel" **bin ich** erstmalig auf der Ausbildungsmesse „Dein Weg!" **aufmerksam geworden**. Der Auftritt Ihres Unternehmens **hat mich bereits damals auf** die Arbeit als Kaufmann im internationalen Handel **neugierig gemacht**.
e. **Für** das zweiwöchige Berufspraktikum in Jahrgang 10 **bewerbe ich mich bei Ihnen um** einen Praktikumsplatz. **Ich besuche aktuell** das Schloss-Gymnasium in Neustadt. Die allgemeine Hochschulreife **werde ich** voraussichtlich im Sommer 2024 **erwerben**.
f. **Meine Stärken liegen sowohl** im naturwissenschaftlichen **als auch** sprachlichen Bereich. **Das geht aus** meinen konstant guten Noten in den Fächern Mathematik und Physik sowie Deutsch und Englisch **hervor**, die Sie aus meinen Zeugnissen entnehmen können.
g. **Ich freue mich über** die Einladung zu einem Vorstellungsgespräch, **damit** Sie einen persönlichen Eindruck von mir erhalten können.

Seite 76, Aufgabe 3

Beispiellösung:

Was macht der Autor inhaltlich? (Teilhandlung)	Bewerbung abschließen	Interesse am Betrieb begründen
Wie macht der Autor das sprachlich? (Formulierungsmuster)	Ich freue mich sehr über X. Ich freue mich über X, damit Y.	Mein Praktikum möchte ich gerne bei Ihnen absolvieren, da... X hat mich bereits damals auf Y neugierig gemacht.

Seite 77, Aufgabe 1

Hinweis:
Bei der Einschätzung handelt es sich um eine individuelle Lösung, siehe auch Lösung zu Aufgabe 3.

Seite 77, Aufgabe 2a,b

(Markierungen: 2a) **Gemeinsamkeiten**, 2b) sprachliche Unterschiede, inhaltliche Unterschiede)

> **Bewerbung** *um einen Platz im dualen Studiengang „Bachelor of Business Administration"*
>
> **Sehr geehrte Damen und Herren,**
> hiermit bewerbe ich mich um einen Platz im dualen Studiengang *„Bachelor of Business Administration"*, den *Symrise* in Verbindung *mit der Verwaltungs- und Wirtschaftsakademie Göttingen* anbietet.
>
> **Zurzeit besuche ich die 12. Klasse des Astrid-Lindgren-Gymnasiums Göttingen und werde dieses im Sommer 2022 mit dem Abschluss der allgemeinen Hochschulreife verlassen.** *Meine Vornoten können Sie aus den beigefügten Zeugnissen entnehmen. Mein Lebenslauf liegt ebenfalls im Anhang der Bewerbung bei.*

> **Bewerbung** *auf das duale Studium „Business of Administration"*
>
> **Sehr geehrte Damen und Herren,**
> ich bewerbe mich *auf das duale Studium „Business of Administration" in der Verbindung mit der Ausbildung an der Fachhochschule in Göttingen.* **Zurzeit besuche ich die 12. Klasse des Astrid-Lindgren-Gymnasiums Göttingen und werde dieses im Sommer 2022 mit dem Abschluss der allgemeinen Hochschulreife verlassen.**

Seite 78, Aufgabe 3

Die erste Einleitung ist die überarbeitete Version:
– Präzisierung des Betreffs (Bewerbung um einen Studienplatz)
– Neuformulierung des einleitenden Satzes
– Ergänzung des Unternehmensnamens und korrekte Bezeichnung der Hochschule
– Ergänzung des Verweises auf Zeugnisse und Lebenslauf

Seite 78, Aufgabe 4 a

Das duale Studium möchte ich bei Symrise **antreten, weil** Symrise der viertgrößte Duft- und Aromastoff-Hersteller der Welt ist **und somit** die Welt der Gerüche und Geschmäcker stark prägt. Und genau **an** diesem Prozess **möchte ich gerne teilhaben.**	**Dass ich mein duales Bachelorstudium gerade bei** Symrise **beginnen möchte, hat mehrere Gründe. Da ich** gebürtig aus dem Landkreis Holzminden stamme, **ist mir** Symrise als wichtiger Arbeitgeber der Region natürlich **gut bekannt.** Ein duales Studium bei Symrise **würde für mich bedeuten, einerseits** bei einem Unternehmen mit regionalem Bezug zu lernen, **aber andererseits auch** durch die weltweite Tätigkeit von Symrise einen viel größeren Einblick in die globale Wirtschaft zu erhalten. **Außerdem habe ich sehr viel Gutes über** die Qualität und die Bedingungen der Ausbildung **gehört. Deshalb hoffe ich, bei** Symrise **einen Platz für das duale Studium zu bekommen.**

Seite 78, Aufgabe 4 b

Beispiellösung:
Dass ich mein duales Bachelorstudium gerade bei X beginnen möchte, hat mehrere Gründe.
Deshalb hoffe ich, bei X einen Platz für das duale Studium zu bekommen.

Seite 79, Aufgabe 1 a/b, 2

Lösungsansatz:
Angemessenheit des Textes:
– *Textsorte/Textfunktion?*
  Der Entwurf greift die üblichen Inhalte für Bewerbungsschreiben auf und informiert über die aktuelle Situation, das Interesse für die Kanzlei, die eigene Qualifikation für das Praktikum … Manche Informationen sind für die Adressatin ggf. irrelevant (z. B. Tierärztin).
– *Textkohärenz? (roter Faden)*
  Die Gliederung orientiert sich überwiegend an einzelnen Unterthemen. Absätze gliedern meistens in Sinnabschnitte. Der Verweis auf die eigenen Qualifikationen kommt jedoch, bevor diese erläutert werden.

sprachliche Richtigkeit/Angemessenheit:
– *Wortwahl:* Der Sprachstil ist überwiegend an der Adressatin orientiert und sachlich, an manchen Stellen treten aber noch Abweichungen auf: z. B. „tolle Praktikantin".
– *Rechtschreibung:* Im Text treten an mehreren Stellen noch Fehlschreibungen/Tippfehler auf. Einige Kommas fehlen/sind überzählig.
– *Grammatik:* Einige Sätze sind aneinanderreihend formuliert, sodass das Lesen erschwert wird (z. B. der Teil zu den Sprachkenntnissen). An einigen Stellen treten auch grammatische Fehler auf (z. B. „im Gebiet des Juras").

Seite 80, Aufgabe 1
Beispiellösung:

5 3 4   6   2   1
nicht verpflichtend   verpflichtend

Seite 80, Aufgabe 2
Nominalisierungen: 6
Das **Vorkommen** vieler Arten der Agrarlandschaft ist untrennbar mit der Landwirtschaft verbunden. Eine zu starke **Verringerung** oder gar **Aufgabe** der Landwirtschaft würde deren **Existenz** ebenfalls bedrohen. Es muss ein Gleichgewicht zwischen der land- und forstwirtschaftlichen **Nutzung** sowie dem **Schutz** der Biodiversität geschaffen oder erhalten werden.

aus: Biologische Vielfalt: Bienen und Insekten schützen, >www.bmel.de/DE/themen/landwirtschaft/artenvielfalt/insekten-biologische-vielfalt.html<, Bundesministerium für Ernährung und Landwirtschaft 2020, Bonn, 05.07.2021 (letzter Aufruf: 01.12.2021), verändert.

Seite 80, Aufgabe 3 a
Eignung für die Stelle/das Praktikum darstellen

Seite 80, Aufgabe 3 b
Erste Einblicke in X habe ich Y erhalten.
Zudem X.
Über X habe ich Y absolviert und Z erworben.

Seite 82, Aufgabe 3 a/b
Hinweis:
Für die Bewertung der Texte sollte überprüft werden, ob näher untersucht wurde, wer die Information verfasst hat, welche politische Meinung vertreten wird und wie die Verfasserinnen und Verfasser der Bewegung „Fridays for Future" gegenüberstehen.

Seite 83, Aufgabe 1 a
Unter folgender Adresse kann recherchiert werden: *https://www.bmi.bund.de/DE/themen/heimat-integration/minderheiten/minderheitenrecht/minderheitenrecht-node.html*
Es wird jede Diskriminierung einer Person wegen ihrer Zugehörigkeit zu einer nationalen Minderheit verboten und gleichzeitig werden die Angehörigen der Minderheiten vor einer Assimilierung, also einer Anpassung, gegen ihren Willen geschützt. Die Europäischen Mitgliedstaaten verpflichten sich zum Schutz der Freiheitsrechte und zu umfänglichen Fördermaßnahmen zu Gunsten der nationalen Minderheiten. Dazu gibt es Maßnahmen wie z. B. Unterricht der Sprache und in der Minderheitensprache, die Verwendung der Regional- oder Minderheitensprachen in Verwaltungsbehörden oder das Nutzen der Sprache in Rundfunk und Presse, bei kulturellen Tätigkeiten und Einrichtungen sowie im wirtschaftlichen und sozialen Leben. In Deutschland werden sechs Minderheitensprachen nach der Charta geschützt: Dänisch, Nordfriesisch, Saterfriesisch, Romanes, Niedersorbisch, Obersorbisch

Seite 83, Aufgabe 1 b
Im Wortgitter sind verschiedene Sprachvarietäten versteckt, lediglich die folgenden sechs gelten als Minderheitensprachen in Deutschland:
Dänisch, Nordfriesisch, Saterfriesisch, Romanes, Niedersorbisch, Obersorbisch

S	C	R	C	F	R	A	N	Z	O	E	S	I	S	C	H
C	Y	X	G	F	N	S	P	U	D	N	Q	Q	H	M	F
H	Z	P	B	A	I	E	R	I	S	C	H	T	E	F	A
W	P	B	Y	J	T	A	S	L	I	T	X	L	M	G	L
E	S	A	T	E	R	F	R	I	E	S	I	S	C	H	L
I	N	I	E	D	E	R	S	O	R	B	I	S	C	H	E
Z	W	U	Q	K	V	U	F	C	X	D	W	S	V	X	S
E	Z	E	C	L	R	O	M	A	N	E	S	V	X	S	A
R	F	N	O	R	D	F	R	I	E	S	I	S	C	H	N
D	E	U	B	M	C	Z	A	B	X	I	O	E	O	V	I
E	O	B	E	R	S	O	R	B	I	S	C	H	U	G	S
U	R	A	Z	R	S	A	E	H	H	T	D	R	S	C	C
T	B	Q	D	W	G	A	H	C	P	I	D	N	H	T	H
S	X	S	H	U	S	S	C	H	C	B	L	R	O	E	M
C	E	D	A	E	N	I	S	C	H	W	E	M	Y	C	I
H	D	J	T	B	W	F	N	R	I	D	S	L	W	M	A

Seite 84, Aufgabe 1 a

Auszug aus der Lutherbibel, Abschnitt 1. Mose 2.23		
Da sprach der mensch, das were eyn mal beyn von meynen beynen und fleysch von meynem fleysch, Man wirt sie Mennin heyssen, darumb, das sie von mann genommen ist. [1523]	Da sprach der Mensch, Das ist doch Bein von meinen Beinen, und Fleisch von meinem fleisch, Man wird sie Mennin heißen, darumb, das sie vom Manne genommen ist. [1546]	Da sprach der Mensch: Die ist nun Bein von meinem Bein und Fleisch von meinem Fleisch; man wird sie Männin nennen, weil sie vom Manne genommen ist. [2017]

Seite 84, Aufgabe 1 b
Beispiellösung:
Der Vergleich der drei Textstellen macht deutlich, dass schon nach wenigen Jahren des Buchdrucks sich eine Standardsprache ausprägt (Text A → Text B). Das zeigt sich auf der Ebene der Rechtschreibung (Orthographie) durch eine Zunahme der Großschreibung (*mensch → Mensch*). Der frühere Laut *ey* wird zum *ei* verschriftet. Auch die lauttreue Schreibung des verhärteten Auslautes *t* wird zur noch gültigen Form *d* (*wirt → wird*). Die Schreibung des Umlauts bleibt zu Beginn (Text A → Text B) noch erhalten (*Mennin → Mennin → Männin*).

Seite 84, Aufgabe 2
Beispiellösung:
a. Es werden deutsche und englische Sprachteile ganz selbstverständlich miteinander gemischt. Die Groß-/Kleinschreibung entfällt, ebenso alle Satzzeichen. Durch die einzelnen Hashtags werden zusätzlich Meinungen und Zugehörigkeiten mit Schlagwörtern ausgedrückt. Es handelt sich wahrscheinlich um eine Bildunterschrift oder einen Kurzkommentar (z. B. Tweet) auf einer Social-Media-Plattform.
b. Es werden alle wichtigen Inhalte in verkürzter Form dargestellt. Nahezu der gesamte Text ist in Großschrift. Darüber hinaus finden sich immer wieder Abkürzungen, die aber von der Schreiberin oder dem Schreiber sowie der Leserin oder dem Leser verstanden werden. Es scheint so, als ob Platz gespart werden muss, daher ist davon auszugehen, dass es sich um ein Textformat mit Zeichenbegrenzung wie z. B. eine Kurznachricht handelt.
c. Der Text besteht nur aus Schlagworten in Form von Hashtags. Er umfasst ein Thema, das durch die Schlagworte von verschiedenen Seiten beleuchtet wird. Eine Satzstruktur ist nicht vorhanden, die Wörter sind durchgehend klein geschrieben. Aller Wahrscheinlichkeit nach handelt es sich um eine Bildunterschrift zu einem Bild auf einer Social-Media-Plattform. Der Text verdeutlicht zusätzlich den Inhalt des Bildes.

© Westermann Gruppe · 978-3-507-69009-7

Seite 85, Aufgabe 1

Als Bedeutungserweiterung/Generalisierung wird bezeichnet, wenn ein Wort in einem größeren Anwendungsbereich verwendet werden kann. Ein Beispiel hierfür ist *fertig >abfahrbereit< → fertig > erschöpft<* (*individuelle Lösung*). Das Gegenteil ist die Bedeutungsverengung/Spezialisierung, sie beschreibt die Verkleinerung des Anwendungsbereichs, wie zum Beispiel beim Wort *hôch(ge)zît >kirchliches oder weltliches Fest< → Hochzeit >Eheschließung<* (*individuelle Lösung*).

Seite 85, Aufgabe 2 a

A – c – 5, B – e – 7, C – a – 4, D – f – 1, E – g – 3, F – b – 6, G – d – 2

Seite 85, Aufgabe 2 b

A, D, F: Bedeutungsverengung
B, C: Bedeutungserweiterung
E: Bedeutungsverbesserung
G: Bedeutungsverschlechterung

Seite 86, Aufgabe 2

Hinweis:

Das Produkt soll im Sinne des Gendermarketings dreimal verschieden beworben werden. Für die unterschiedlichen Zielgruppen werden bestimmte Attribute verwendet, die dem jeweiligen Geschlecht im Rahmen des Gendermarketing zugeordnet werden. Die Creme kann z. B. für die Frauen-Werbung mit den Adjektiven *sanft, zart, duftend* beschrieben werden. Für die Männer-Werbung eignen sich z. B. *belebend, intensiv, effektiv, frisch, zieht schnell ein.* Für die Unisex-Werbung eignen sich z. B. *(haut-)beruhigend, pflegend, Feuchtigkeit spendend.*
Bei der Reflektion sollte berücksichtigt werden, ob es für dieses Produkt überhaupt nötig ist, gezielt Geschlechter anzusprechen und warum die Darstellung der Stereotype passend oder unpassend ist.

Seite 87, Aufgabe 3 a

Beispiellösung:

Ein Hersteller hat zwei verschiedene Gewürzmischungen auf den Markt gebracht und adressiert einmal Frauen und einmal Männer, diese Produkte zu kaufen. Die Werbung ist so gestaltet, dass es sich um sogenanntes Gendermarketing handelt.
Produkt A: Think Pink – Das „Mädchengewürz": Die Gewürzdose ist in einem kräftigen Pink gestaltet. Das Produkt hat den Namen „Mädchengewürz". Unter dem Firmenlogo findet sich ein Logo für das Gewürz. Es ist ein großes Herz, das von zwei Pfeilen durchkreuzt wird, durch die Pfeile ergeben sich vier Räume. Hier findet man eine Krone, ein Kleid mit Schleife, einen geöffneten Lippenstift und einen Pumps. Das Logo und die Dosengestaltung lassen den Eindruck entstehen, dass Frauen vor allem Interesse an Mode und Aussehen haben. Unterstrichen wird die Dosengestaltung mit dem Slogan „Think Pink – Das Mädchengewürz". Die Produktbeschreibung wird mit einem Zitat eines Schlagers („Für dich soll´s rote Rosen regnen") eingeleitet. Dadurch lässt sich vermuten, dass ein wichtiger Bestandteil des Gewürzes Rosen sind. In der weiteren Produktbeschreibung wird betont, dass sich das Produkt an die Zielgruppe „Damenwelt" richtet und auf deren Bedürfnisse abgestimmt ist. Das Produkt erweckt das Gefühl von Leichtigkeit (z. B. Engel, Farbwahl, Sprache: „super zu Salaten, Fischgerichten und leichten Speisen") und gibt der Esserin (oder dem Esser) das Gefühl, etwas mit wenig Kalorien zu essen. Besonders betont wird aber auch, dass das Gewürz nicht nur schmeckt, sondern auch gut aussieht. Die Werbung spielt mit weiblichen Stereotypen und der Vorstellung, dass Frauen sich kalorienbewusst und gesund ernähren wollen, ihnen aber auch Optik besonders wichtig ist.
Produkt B: Fleischgewürz „Echter Kerl": Die Gewürzdose ist komplett in Schwarz gestaltet, die Aufschrift in einem Stahlgrau, dies suggeriert Härte und Männlichkeit. Das Produkt hat den Namen „Echter Kerl", der Produktname ist in einer Schrift gestaltet, die aus Holzbrettern zusammengenagelt scheint. Unter dem Firmenlogo findet sich ein Logo für das Gewürz. Es stellt zwei gekreuzte Äxte dar, die von zwei gebogenen Pfeilen umgeben werden. Das Logo und die Dosengestaltung wirken hart und werden mit harter Arbeit (Holzfällerbeiten) und Männlichkeit in Verbindung gebracht. Das Gewürz wird als leicht herb und ausgewogen krautig beschrieben und soll „den Geschmack purer Männlichkeit" darstellen. Man kann das so interpretieren, dass nur „ein echter Kerl" dieses Gewürz nutzen kann. Die Werbung spielt also mit männlichen Stereotypen. Unterstrichen wird dies durch die Nennung von Stereotypen in der Produktbeschreibung („Kettensägenkünstler, Karohemdenträger und Liebhaber rauchigen Lagerfeuers").

© Westermann Gruppe · 978-3-507-69009-7

Seite 87, Aufgabe 3 b

Hinweis:

Es muss grundsätzlich bedacht werden, ob dieses Produkt so überhaupt nötig ist und warum die Darstellung der Stereotypen unpassend sein könnte.

Seite 90, Aufgabe 1

Beispiellösung:

Menschen denken in ihnen bekannten Gedankenrahmen, Erzählungen oder Abläufe, ein englischer Begriff dafür ist „framing".
„Framing" bedeutet, dass unterschiedliche Formulierungen desselben Inhalts uns unterschiedlich beeinflussen. Ein „Frame" entscheidet darüber, wie wir die Realität wahrnehmen, er beeinflusst, welche Informationen bei der angesprochenen Person hängen bleiben. Dies wird in der Politik, Social-Media und Werbung genutzt.

Seite 91, Aufgabe 2

Beispiellösung:

Geisterspiel: Geister und Spukgestalten halten sich an einsamen Orten auf, die Stimmung an diesen Orten ist wenig einladend, diese Atmosphäre ähnelt (Mannschafts-)Spielen ohne Zuschauerinnen und Zuschauern und wird durch den Frame ausgedrückt.
Herdenimmunität: Wenn ein hoher Prozentsatz immuner einzelner Menschen erreicht wird, bewirkt dieser einen Schutz vor Infektionen auch für nicht immune Individuen. Die immune Gruppe wird mit einer Herde gleichgesetzt und das Gemeinwohl so vor das Wohl der Einzelnen gestellt.
Elterntaxi: Eltern, die ihre Kinder abholen, werden mit der Idee eines Taxiunternehmens gleichgesetzt, damit wird das Abholen gleichbedeutend mit einer Dienstleistung.
Schummelsoftware: Es handelt sich dabei um bewusst manipulierte Software, die ein ganz bestimmtes Ziel erreichen soll. Durch den Frame des Schummelns, wird die bewusste Täuschung abgemildert und erscheint als harmloses Mogeln.

Seite 91, Aufgabe 3

	Historische Herkunft	Kritische Beurteilung des Kontextes und der Bedeutung
a. Antikes Griechenland: *Barbaren*	Stammelnde; mit der einheimischen Sprache nicht Vertraute	Bedeutung: Menschen, die der Sprache nicht mächtig sind, sind ungebildet, roh und ohne Kultur. Der Begriff ist eindeutig abwertend gebraucht.
b. Mittelalter: *Kreuzzüge*	ein Zug im Namen Gottes unter dessen Kreuz gegen Ungläubige (im Mittelalter Muslime)	Unter dem Vorwand des Kreuzes und dem Willen Gottes werden mehrere Kriegszüge und Gewaltverbrechen ausgeführt. Der Begriff stellt Gewalttaten in einem anderen Licht positiv dar.
c. NS-Sprache: *Sonderbehandlung*	Sonderbehandlung ist die Tötung Oppositioneller und Menschen, die nicht der Ideologie der Nationalsozialisten entsprechen.	Der Begriff lässt eine Vorzugsbehandlung vermuten, ist aber eine Art Code für einen Massenmord. Damit beschönigt der Begriff und kann als sogenannter Euphemismus bezeichnet werden.
d. Berichterstattung zu Hartz-IV-Reformen 2005: *soziale Hängematte*	Eine Hängematte dient zur Entspannung, man legt sich hin und ruht sich aus und kann auch faulenzen.	Bezogen auf Leistungsempfängerinnen und -empfänger macht der Begriff den Anschein, dass sie nicht am gesellschaftlichen Leben teilnehmen, nicht arbeiten, sondern in der Hängematte liegen und entspannen und dabei von der Fürsorge des Staates leben und diesen ausnutzen. Der Begriff ist negativ und abwertend besetzt.

e. AfD-Poli-tikerin in Bundestag-rede: *Kopftuch-mädchen*	Der Begriff wurde 2010 vom Bundesbankvorsit-zenden und SPD-Mit-glied Thilo Sarrazin ge-prägt. Dieser hat dafür viel Kritik geerntet. Eine AfD-Politikerin verwen-dete den Begriff 2018 erneut im Bundestag und stellt sich damit in diese Begriffstradition.	Der Begriff „Kopftuch-mädchen" wird meist im Plural verwendet und steht damit für alle Frauen, die ein Kopftuch tragen. Es entsteht der Eindruck, dass Frauen, die ein Kopftuch tragen, eine homogene Gruppe sind, die Frauen werden auf ein äußerliches Merkmal reduziert. Verstärkt wird der Frame durch den Begriff *Mädchen*, der die Bezeichneten klein, hilflos und unwissend darstellen lässt.

Seite 92, Aufgabe 1
Beispiellösung:
Mehrsprachigkeit hat grundsätzlich einen positiven Effekt, daher sind alle muttersprachlichen Fähigkeiten wertzuschätzen. Zwar ist der Erwerb des Englischen und des Französischen, Spanischen oder Latei-nischen ein wesentlicher Teil der kulturellen Bildung und wird mit dem Erlernen dieser Fremdsprachen gefördert, aber vor allem eine individu-elle Zweisprachigkeit wie auch die gesellschaftliche Mehrsprachigkeit sind als Ressource und Lernchance zu berücksichtigen. Keine Sprache ist mehr wert, im Vergleich zu einer anderen.

Seite 92, Aufgabe 2
Beispiellösung:
Minderheitensprachen werden von einer geschlossenen Sprachge-meinschaft in einem abgegrenzten Gebiet von einer Minderheit der Bevölkerung gesprochen. Sie unterscheiden sich von der jeweiligen Amtssprache, aber stellen weder einen Dialekt noch eine Sprache von Zugewanderten dar (z. B. Ober-/Niedersorbisch, Saterfriesisch). In Deutschland gibt es sechs geschützte Minderheitensprachen. Sie sind Teil des europäischen Kulturguts und müssen geschützt und gefördert werden, damit sie nicht verschwinden.

Seite 93, Aufgabe 3
a. Das Wort wird neutral als Bezeichnung für weibliche Person im heu-tigen Sinne von *Frau* verwendet.
b. Das Wort wird in einem neutral-positiven Kontext verwendet als Bezeichnung für eine weibliche Person.
c. Das Wort wird in einem negativen Kontext verwendet, es bezeichnet herablassend weibliche Personen.
d. Das Wort wird in einem eher negativen Kontext verwendet, es handelt sich um eine Bezeichnung für weibliche Personen, die auf sexuelle Merkmale reduziert werden.
e. Das Wort wird in einem negativen Kontext verwendet. Es wird eine weibliche Person beschrieben, die nicht ertragbar ist, durch das Wort *Weib* wird der Eindruck verstärkt.
→ Bei den Beispielen handelt es sich um Bedeutungswandel im Sinne einer Bedeutungsverschlechterung, da das Wort sich so verändert, dass es in seiner Bedeutung schlechter als vorher empfunden wird.

Seite 93, Aufgabe 4
Beispiellösung:
a. Es werden stereotype Geschlechterdarstellungen entwickelt, dabei wer-den Mädchen dem Frame *Puppenmama* zugeordnet, Jungen dem Frame *Nachwuchs-Ingenieure*. Die Zuordnung wird durch das grammatische Geschlecht und das Fehlen von gendergerechter Sprache deutlich.
b. Durch die Verwendung des generischen Maskulins entsteht der Ein-druck, dass das Spielzeug lediglich für Jungen entwickelt wurde und diese als Zielgruppe anspricht.

Seite 94, Aufgabe 1 a
a. Probe korrekt, Ergebnis korrekt
b. Probe inkorrekt, Ergebnis korrekt
c. Probe korrekt, Ergebnis korrekt
d. Probe korrekt, Ergebnis inkorrekt
e. Probe inkorrekt, Ergebnis inkorrekt

Seite 94, Aufgabe 1 b
zu b. *Attributprobe:* AYSE MALT IHRE WAND IN SCHÖNEM BLAU AN.
zu d. *Ergebnis:* Probe funktioniert → Großschreibung → ... etwas Neues gelernt.
zu e. *Attributprobe:* SARAH HASST SCHNELLES RECHNEN.

Seite 95, Aufgabe 2
a. kein Artikel
b. Artikel – *Laufen* wird großgeschrieben
c. Artikel – *Samstag* wird großgeschrieben
d. kein Artikel
e. Artikel – *Neue* wird großgeschrieben

Seite 95, Aufgabe 3
a. korrekt ist die Zusammenschreibung:
   Heute will er blaumachen.
b. korrekt ist die Getrenntschreibung:
   Maxi musste den Text krank schreiben.
c. korrekt ist die Getrenntschreibung:
   Sie will es blau machen.
d. korrekt ist die Zusammenschreibung:
   Der Arzt musste Max krankschreiben.

Seite 96, Aufgabe 1
Beispiellösung:
a. 3, b. 3, c. 1, d. 2-3, e. 1-2, f. 3, g. 1, h. 1, i. 3, j. 1, k. 3, l. 3, m. 3

Seite 96, Aufgabe 2
Beispiellösung:
1 – Rechtschreibfehler in häufigen typischen Wörtern
2 – Falsch groß geschriebene Wörter
3 – fehlende Kommas in typischen Kommasätzen
4 – Rechtschreibfehler in Fremdwörtern
5 – Tippfehler
6 – Fehlende Kommas in typischen Kommasätzen

Seite 96, Aufgabe 3
– Rechtschreibfehler in häufigen typischen Wörtern – z. B. Verlänge-rungsprobe
– Falsch groß geschriebene Wörter – z. B. Attributprobe

Seite 97, Aufgabe 1
a. *Acht:* Substantiv; *geben:* Verb
b. *Arbeit:* Substantiv; *suchend:* Verb (Partizip) oder Adjektiv
c. *bewusst:* Adjektiv; *werden:* Verb
d. *unten:* Präposition; *stehend:* Verb (Partizip) oder Adjektiv
e. *gut:* Adjektiv; *aussehend:* Verb (Partizip) oder Adjektiv

Seite 97, Aufgabe 2
Verben: Verben sind das Herzstück von Sätzen, mit denen komplexere Sachverhalte ausgedrückt werden können. Entsprechend ist es nicht verwunderlich, dass komplexe Wörter mit fraglicher Getrennt- und Zusammenschreibung besonders oft verbale Bestandteile enthalten.

Seite 97, Aufgabe 3
Empfohlen sind die folgenden Schreibungen (Duden Band 1, 26. Aufl. von 2013):
a. achtgeben, b. Arbeit suchend, c. bewusst werden, d. unten stehend, e. gut aussehend

Seite 97, Aufgabe 4
Beispiellösung:
a. *I-Phone:* Unübliche Abfolge von graphischen Elementen wird durch einen Bindestrich gekennzeichnet;
   iPhone: Original Markenbezeichnung
b. *Potential:* Schreibung zeigt die ursprüngliche Schreibung des Fremd-wortes noch an;
   Potenzial: Schreibung entspricht der Aussprache
c. *aufwendig:* Schreibung entspricht der Aussprache;
   aufwändig: Schreibung zeigt die Wortverwandtschaft zu *Aufwand*
d. *Yacht:* Das <Y> markiert den Status des Wortes als fremd;
   Jacht: <J> ist ein gängiger deutscher Buchstabe

© Westermann Gruppe · 978-3-507-69009-7

Seite 98, Aufgabe 1
Hinweis:
Alle Zeichen sind grundsätzlich möglich. Wer sich in i. für die öffnende Klammer entscheidet, muss in j. aber zwingend die schließende Klammer und den Punkt wählen.
Manchmal bieten sich aber andere Zeichen eher an als andere.

Seite 98, Aufgabe 2
Beispiellösung:
a. <!> – Zum Ausdruck von Emotionalität
b. <:> – Zum Ankündigen, dass das Lustige nun erzählt wird
c. <.> – Zum Herstellen eines neutralen Satzendes
d. <!> – Zum Ausdruck, wie außergewöhnlich es ist, dass niemand da ist
e. <!> – Zum Ausdruck, wie außergewöhnlich es ist, dass niemand da ist
f. <:> – Zum Ankündigen, dass nun der Inhalt des Zettels folgt
g. <!> – Zum Ausdruck von Plötzlichkeit und Spannung
h. <!> – Zum Ausdruck von Plötzlichkeit und Spannung
i. <(> – Zum Ausdruck, dass es sich um eine Nebensache handelt: Das Tagebuch weiß ja bereits, dass die Schreiberin/der Schreiber gestern Geburtstag hatte
j. <).> – Zum Beenden der Nebeninformation
k. <!!!> – Zum Ausdruck großer Freude
l. <.> – Zum Beenden des Textes

Seite 98, Aufgabe 3
Beispiellösung:
1. *Das Land, so sieht es die Regierung, könnte sich weiterentwickeln.*
   → neutrale Kennzeichnung des Einschubs mit Kommas; neutrales Satzende mit Punkt.
2. *Das Land – so sieht es die Regierung – könnte sich weiterentwickeln.*
   → Hervorhebung, dass die Regierung dieser Meinung ist, durch Gedankenstriche; neutrales Satzende mit Punkt.
3. *Das Land (so sieht es die Regierung) könnte sich weiterentwickeln.*
   → Dass es die Meinung der Regierung ist, wird mit Klammern als nebensächlich gekennzeichnet; neutrales Satzende mit Punkt.
4. *Das Land (so sieht es die Regierung) könnte sich weiterentwickeln …*
   → Dass es die Meinung der Regierung ist, wird mit Klammern als nebensächlich gekennzeichnet; das Satzende wird offengelassen, womit eine Andeutung auf nicht Gesagtes gemacht wird.
5. *Das Land, so sieht es die Regierung, könnte sich weiterentwickeln!*
   → neutrale Kennzeichnung des Einschubs mit Kommas; Satzende mit Nachdruck durch Ausrufezeichen: Eine Änderung ist nicht nur möglich, sondern auch wünschenswert.

Seite 99, Aufgabe 4
a. kein Komma; b. Komma; c. kein Komma;
d. kein Komma; e. kein Komma; f. mögliches Komma; g. kein Komma

Seite 99, Aufgabe 5
a. Parataxe, b. Hypotaxe, c. Parataxe, d. Hypotaxe

Seite 99, Aufgabe 6
Parataxe: Mit Parataxen können besonders gut mehrere Informationen aneinandergereiht werden. Die Informationen sind nicht voneinander abhängig, d.h. gleichwertig und i.d.R. eher selbstständig und von eigener Relevanz. Eine Leserin bzw. ein Leser kann Parataxen i.d.R. gut und einfach verstehen. Die Einzelinformationen kommen gut bei ihr/ihm an.
Hypotaxe: Mit Hypotaxen lassen sich Informationen in bestehende Informationen einbetten, sodass Sätze komplexer werden und Informationen werden verdichtet und angereichert. Dies ist so ohne Weiteres mit Parataxen nicht möglich. Dafür sind Hypotaxen oft weniger leicht zu lesen.

Seite 100, Aufgabe 1 und 2
Bedeutung der Wörter:
Ich – ich; zôch – zog; mir – mir; einen – einen; valken – Falken; mêr – mehr; danne – als; ein – ein; jâr – Jahr.
Als – als; ich – ich; da – ihn; da – so; getrûte – gezähmt; als – wie; ich – ich; in – ihn; mir – mir (für mich); wolte – wollte; hân – haben.
und – und; ich – ich; im – ihm; sîn – sein; gevidere – Gefieder; mit – mit; golde – Gold; wol – wohl (gut); bewant – bewandet (bekleidet), dô – da; huob – hob; er – er; sich – sich; hôhe – hoch; und – und; fluoc – flog; in – in; andriu – andere; lant – Lande.
Sît – seither; sach – sah; ich – ich; den – den; valken – Falken; schône – schön; fliegen – fliegen.

Er – er; fuort – führt; an – an; sînen – seinen; beinen – Beinen; guldîn – goldene; riemen – Riehmen.
Ouch – auch; was – war; im – ihm; sîn - sein gevidere – Gefieder;   rôt – rot; guldîn – golden.
got – Gott; sol – soll; si – die; nimmer – niemals; gescheiden – scheiden (trennen); die – die; lieb – lieb; reht – richtig; einander – einander; sîn – sind.

Seite 100, Aufgabe 3
Beispiellösung:
Zirkumflexe: sîn, rôt, hân, zôch, mêr
<v> statt <f>: valken
Wörter ohne Doppelkonsonanten: got, sol, wollte
Wörter ohne <h>: im, in, riemen
Keine Großschreibung
…

Seite 101, Aufgabe 4
a. vuhs – 4) Fuchs
b. hâr – 6) Haar
c. vergezzen – 2) vergessen
d. vriund – 8) Freunde
e. mîn – 7) mein
f. wahtaer – 1) Wächter
g. vinden – 3) finden
h. hân – 10) habe
i. vröide – 5) Freude
j. vrowe – 9) Frau

Seite 101, Aufgabe 5
Zwei Beispiellösungen:
• Vielfach findet sich in den älteren Wörtern ein <v> statt ein <f>.
• Ein Zirkumflex kennzeichnet in den alten Wörtern vermutlich die Aussprache des Vokals als lang.

Seite 101, Aufgabe 6
a.-c.: kurze Vokale
d.-g.: lange Vokale

Seite 101, Aufgabe 7
Beispiellösung:
Langen Vokalen folgt in der neuen Rechtschreibung tendenziell ein <ß>, kurzen Vokalen folgt in der neuen Rechtschreibung tendenziell ein <ss>.

Seite 102, Aufgabe 1
Fremdwörter und fremdgebildete Wörter:
Onlineshopping, online, Konto, digital, Internet, praktisch, Make-up, Parfums, Konsolen, Dekorationen, diverse, Computer, Internetzugang

Seite 102, Aufgabe 2
Fremde Aussprache: online, Parfums, Dekorationen
Fremde Schreibung und Aussprache: Onlineshopping, Make-up, Computer
Keine Fremdheitsmarker: Konto, digital, Internet, praktisch, Konsolen, diverse, Internetzugang
Hinweis:
Diskussionswürdig ist die Zuordnung von *Dekorationen* zur fremden Aussprache; hier könnte man auch annehmen, dass das Wort keine Fremdheitsmarker hat.
Diskutierbar ist ferner die Zuordnung der Wörter *digital* und *diverse* zu „Keine Fremdheitsmarker", weil beide nicht dem typischen Betonungsmuster des Deutschen folgen.

Seite 102, Aufgabe 3
Fremdwörter: Parfum, Revolution, Hobby, Adapter, Joghurt, Tipp, Diktat, operieren, Paket
Fremd gebildete Wörter: Parfumverschluss, Etikettenkleber, Handy, Computerbildschirm, Dessertlöffel, Eiscreme, Stoppschild, Handyhülle
Ursprünglich deutsche Wörter: Verschluss, Abteilung, Geier

Seite 103, Aufgabe 1
a. klein, b. groß, c. klein, d. groß, e. groß, f. groß

Seite 103, Aufgabe 2
a. zusammen, b. getrennt (*Eis* groß), c. zusammen

© Westermann Gruppe · 978-3-507-69009-7

Seite 103, Aufgabe 3

B	I	E	L	R	F	N	Y	E	U	U	Z	P
A	E	P	L	N	D	N	U	R	G	F	U	A
R	R	E	E	A	N	B	N	A	Y	I	H	H
H	N	L	I	U	A	W	D	R	O	M	A	U
Z	N	F	T	K	U	L	R	U	G	E	U	R
K	A	R	N	V	S	S	P	R	H	Z	S	S
I	S	I	E	G	E	A	E	T	U	O	E	E
Z	U	S	D	E	O	S	R	E	R	E	N	T
E	M	E	N	X	I	N	M	E	T	A	U	H
I	U	U	E	R	F	A	P	H	C	J	U	H
L	O	R	T	H	O	G	R	A	F	I	E	M

Seite 104, Aufgabe 4
Hinweis:
Alle Varianten sind grundsätzlich möglich; es kommt hier auf eine angemessene Begründung an.

Seite 104, Aufgabe 5
a. obligatorisch, b. fakultativ, c. fakultativ,
d. obligatorisch, e. fakultativ

Seite 104, Aufgabe 6
Zutreffend sind:
b., c., e.

Seite 104, Aufgabe 7
a. fremd gebildeten
b. Gebersprachen
c. integriert
d. Fremdwort
e. 1) integriert, 2) Schreibung, 3) Aussprache

Aussagen	!/✓	Begründung
a. „Recherchiere selbst, den Medien ist nicht zu trauen."	!	*Der Verfasser ist medienfeindlich (→ Lügenpresse), das Prädikat sein im Indikativ verstärkt die medienfeindliche Behauptung. Die Aufforderung, eigenständig Beweise für eine angebliche Verschwörung zu suchen (Satzart: Imperativsatz), soll die Leserin/den Leser zum Mitwirken an einer Verschwörungserzählung motivieren.*
b. „Klar ist: Chemtrails existieren. Das ist eindeutig erkennbar. Sie sind Geheimwaffen zur Verringerung der Bevölkerung."		
c. „Grundlage einer funktionierenden Demokratie ist der faire, offene und freie Gedankenaustausch. Dazu gehören auch die Pressefreiheit und der Kampf gegen Desinformation."		
d. „Die offizielle Version des 11. September 2001 (→ Terroranschlag auf das World Trade Center, New York) ist zweifellos ein monströses Lügengespinst."		
e. „Die Geschichte der Demokratie kennt nur einen Weg: Sie muss auf die Kraft der Vernunft setzen und sich in der Tradition der Aufklärung gegen Aberglauben, Vorurteile und Autoritätsdenken stellen."		
f. „Was sich uns in der Weltpolitik zeigt, ist ein Monster, eine Riesenkrake, die sich mit ihren Fangarmen über unseren Globus stülpt, um die Geschehnisse auf der Erde zentral zu lenken."		

g. „Unter der Berliner Museumsinsel hält die einflussreiche internationale Satanistenszene ihre abscheulichen Treffen ab. Sie huldigen dem Thron Satans und begehen Verbrechen an Kindern."

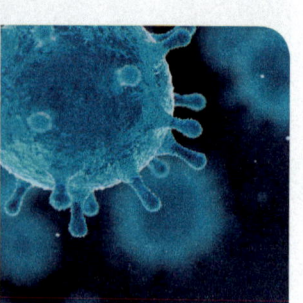

h. Bill Gates, der Gründer von Microsoft, hat bereits 2015 vorausgesagt, dass sich in absehbarer Zeit ein hochansteckender Virus pandemisch verbreiten werde. Wieso konnte er wissen, dass die Corona-Pandemie ausbrechen wird? Warum trifft er sich ständig mit wichtigen Politikern? Welche Pläne hat er? Welche Rolle spielen die Microchips, die er herstellen lässt? Will er die Kontrolle über die gesamte Menschheit?

i. „Für Menschen, die tatsächlich glauben, dass üble geheime Mächte das politische Handeln regulieren, hat die Demokratie ihre Bedeutung verloren. Für diese Menschen erscheint die Mitwirkung an der politischen Willensbildung im Spektrum demokratischer Parteien nicht mehr sinnvoll. Sie haben das Gefühl, nicht mehr in Freiheit zu leben. Für rationale Argumente sind sie nicht mehr zugänglich."

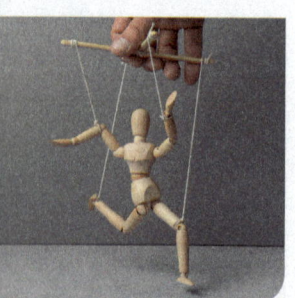

j. „Die Mehrzahl der Staaten auf der Welt handeln nach einem Programm geheimer Mächte. Politiker werden dabei wie Marionetten benutzt, um rigorose Überwachungsstaaten zu errichten."

Sprache und Inhalt von Sachtexten untersuchen

> **Michael, glaubst du, dass es Außerirdische gibt?**

> **Kann schon sein, irgendwo dort oben im Universum.**

> **Nein, ich mein', hier bei uns auf der Erde. Ich hab' im Crumby Times-Magazin vom Januar 2022 gelesen, dass da in England einer namens B. J. ist, der behauptet, es gäbe eine Verschwörung auf der Welt. Dabei hätten Wesen aus dem All die Fäden in der Hand und würden die Geschehnisse auf der Welt steuern.**

> **Quatsch!**

> **Doch. Ich les' dir mal vor, was der sagt:**

Was um uns herum – und zwar erdumfassend und schon seit tausenden von Jahren – passiert, können wir uns so vorstellen: Die Welt ist in einem riesigen Netz gefangen. In seinem Mittelpunkt regelt und
5　kontrolliert – für uns nicht sichtbar – eine Spinne das Geschehen. Sie ist das Machtzentrum und in Abstufungen von Eingeweihten umgeben. Die engsten Verbündeten befinden sich in nächster Nähe zur zentralen Instanz, es handelt sich um Geheimgesell-
10　schaften, über die absolut nichts bekannt ist. Auf diese folgen in dem spinnennetzartigen Organisationsaufbau Geheimbünde wie die Illuminaten[1], die Tempelritter[2], die Freimaurer[3] oder der Rosenkreuzer Orden[4], von deren Existenz wir zwar alle wis-
15　sen, deren konkretes Handeln aber auch verborgen bleibt. Von uns, also der Öffentlichkeit, wahrgenommen werden vor allem die Repräsentanten von Regierungen und großen Unternehmen, die am Ende der Hierarchie die Instruktionen der im Zentrum
20　sitzenden Spinne umsetzen.
Klar ist: Die Verschwörung ist initiiert von außerirdischen Wesen. Diese extraterrestrischen[5] Verschwörer treten entweder als reptilienartige Aliens (Reptiloiden, Echsenwesen) auf oder als „Greys"

(Graue), die einen kleinen, grauen Körper mit gro-　25
ßem Kopf und tiefschwarzen, mandelförmigen Augen haben. Viele Prominente sind schon als Menschen getarnte Reptiloiden identifiziert.
Ich beschäftige mich bereits seit langer Zeit mit dieser Weltverschwörung. So habe ich mich intensiv　30
mit unserem kulturellen Vermächtnis, Relikten und alten Erzählungen auseinandergesetzt und die Zusammenhänge in einem Buch dargelegt. Dabei ist offensichtlich geworden, dass wir Menschen außerirdischen Mächten, die menschliche Gestalt anneh-　35
men können (Formwandler), ausgeliefert sind."

[1] Illuminaten („die Erleuchteten"): geheime Gesellschaft, 1776 in Ingolstadt gegründet, wandte sich gegen Vorurteile, Aberglauben und Willkürherrschaft, setzte sich ein für das Selbstbestimmungsrecht des Einzelnen, wurde 1785 verboten
[2] Tempelritter/Templer-Orden: als geistlicher Ritterorden im 12. Jahrhundert gegründet, um das Grab Christi in Jerusalem zu schützen (→ Kreuzzüge), im 14. Jahrhundert verboten; heute gibt es verschiedene Organisationen, die sich auf die Tradition des Templer-Ordens berufen
[3] Freimaurer: weltweiter Bund, gibt es seit dem 18. Jahrhundert, die Mitglieder bekennen sich zu Werten wie Freiheit, Toleranz, Menschenliebe, Selbstkritik, ihre Treffen finden im Geheimen statt, sie organisieren sich in sogenannten „Logen"
[4] Rosenkreuz Orden: seit dem 17. Jahrhundert bestehender mystisch-religiös, naturphilosophisch und auch reformatorisch ausgerichteter Geheimbund, zeitweise mit Nähe zu den Freimaurern
[5] extraterrestrisch: außerirdisch

1 a) Lies das Gespräch und den Text auf Seite 65.

b) Ergänze die Lücken in der Analyse unten. Es geht darum, den Text aus dem Crumby Times-Magazin über seine Merkmale als Verschwörungserzählung zu bestimmen.

ANALYSE

EINLEITUNG

In dem Artikel aus dem Crumby Times-Magazin vom Januar 2022 erläutert der Verfasser B. J. die Hintergründe einer vermeintlichen weltumfassenden Verschwörung, an die er fest glaubt und die schon mehrere tausend Jahre andauern soll. B. J. gibt vor, den Aufbau der Verschwörungsorganisation und ihren nicht menschlichen Ursprung zu kennen. Er nennt auch seine Quellen.

HAUPTTEIL: INHALTSWIEDERGABE

Für B. J. gehen die Verschwörungshandlungen von _____ aus, die für Außenstehende als solche nicht erkennbar sind. Dennoch meint B. J. zu wissen, dass die Verschwörer in ihrer eigentlichen Erscheinungsform sowohl _____ als auch _____ sein können. Er behauptet, _____ wären schon als Reptiloiden enttarnt. Die Verschwörer haben sich nach B. J. wie folgt organisiert: _____

_____

_____

_____

_____

_____

_____ Belege für seine Behauptung, dass _____

die Welt steuerten, nehme er, sagt B. J., _____

_____. Viele Jahre habe er sich umfassend mit dem Phänomen

beschäftigt. Und wie auch in seinem Buch aufgezeigt, gäbe es keinen Zweifel daran, dass die Menschheit von

außerirdischen Wesen, die in _____, beherrscht werde.

HAUPTTEIL: SPRACHANALYSE

Mit der _____ will B. J. seine Vorstellung von dem Vorgehen der vermeintlichen

Verschwörer vermitteln. Sie dient ihm dazu, den Machthunger sowie _____

der geheimen Verschwörungskräfte, die angeblich das Weltgeschehen steuern, herauszustellen. Diese Metapher wird von B. J. weiterentwickelt: Die geheimen Verschwörungsmächte, die als _____

gesehen werden, haben ein _____ gewoben: Dieses _____

verknüpft die in verschiedenen Entfernungen vom Machtzentrum befindlichen Verschwörerkreise, sie bilden so über „Brückenfäden" das „Fangnetz" der _____ , die Menschen sind damit den dunklen außerirdischen Mächten („ _____ ") ausgeliefert.

Die Richtigkeit seiner Ausführungen versucht er mit dem Hinweis auf _____

_____ und der Vorstellung der Ergebnisse in seinem Buch, dem Einsatz von Adjektiven wie _____

_____ und der Verwendung des Indikativ Präsens, der einen gesicherten Ist-Zustand vorgibt, zu betonen. Zudem macht er durch den Gebrauch des _____

die Zuhörerinnen und Zuhörer zum Partner seiner „Erkenntnisse", sodass sie scheinbar zustimmen müssen.

Mit Begriffen wie _____

bemüht sich B. J. um den Eindruck von Wissenschaftlichkeit, die seine Glaubwürdigkeit erhöhen soll. Dabei

bezieht er sich vor allem auf _____ („alte Erzählungen"), kaum auf Fakten.

SCHLUSS: ZUSAMMENFASSUNG/BEWERTUNG

Insgesamt lässt sich festhalten: Die Darstellung von B. J. entspricht inhaltlich und sprachlich dem Muster

von Verschwörungserzählungen. Neben den üblichen Schlagwörtern wie _____

_____

verweist vor allem die konnotativ stark aufgeladene _____-Metaphorik auf eine Verschwörungsidee. Sprachlich fallen die zahlreichen Absicherungsformulierungen, mit denen die Richtigkeit der

Aussagen markiert werden soll, auf. Die Vorstellung, die als realistisch und glaubwürdig vermittelt sein

soll, entspricht einem vielfach wiederholten Schema der Verschwörungserzählungen: Dunkle Mächte, hier

_____ , setzen _____ ihre

Pläne zum Schaden der Menschheit um.

Eine Kurzgeschichte der Trümmerliteratur untersuchen – Die Ungezählte

Viele Kriegsheimkehrer waren verletzt und konnten somit ihren alten Beruf nicht mehr ausüben – oft konnten sie gar keine körperlich schweren Arbeiten mehr ausführen. An einer neugebauten Brücke soll ein Mann die Passanten zählen, die sie überqueren.

1 Recherchiere im Internet zum Begriff „Statistik": Welche Arten gibt es? Erkläre, wann eine Statistik verwendbar ist und wann nicht.

_____

_____

_____

2 Lies den Text. Beurteile mithilfe der Skala, ob der Mann diese Arbeit gut ausführt und begründe kurz.

_____

sehr schlecht   sehr gut

Begründung: _____

_____

Heinrich Böll

An der Brücke (1949)

Die haben mir meine Beine geflickt und haben mir einen Posten gegeben, wo ich sitzen kann: ich zähle die Leute, die über die neue Brücke gehen. Es macht ihnen ja Spaß, sich ihre Tüchtigkeit mit Zahlen zu belegen, sie berauschen sich an diesem sinnlosen Nichts aus ein paar Ziffern, und den ganzen Tag, den ganzen Tag geht mein stummer Mund wie ein Uhrwerk, indem ich Nummer auf Nummer häufe, um ihnen abends den Triumph einer Zahl zu schenken.

Ihre Gesichter strahlen, wenn ich ihnen das Ergebnis meiner Schicht mitteile, je höher die Zahl, um so mehr strahlen sie, und sie haben Grund, sich befriedigt ins Bett zu legen, denn viele Tausende gehen täglich über ihre neue Brücke ...

Aber ihre Statistik stimmt nicht. Es tut mir leid, aber sie stimmt nicht. Ich bin ein unzuverlässiger Mensch, obwohl ich es verstehe, den Eindruck von Biederkeit zu erwecken. Insgeheim macht es mir Freude, manchmal einen zu unterschlagen und dann wieder, wenn ich Mitleid empfinde, ihnen ein paar zu schenken. Ihr Glück liegt in meiner Hand. Wenn ich wütend bin, wenn ich nichts zu rauchen habe, gebe ich nur den Durchschnitt an, manchmal unter dem Durchschnitt, und wenn mein Herz aufschlägt, wenn ich froh bin, lasse ich meine Großzügigkeit in einer fünfstelligen Zahl verströmen. Sie sind ja so glücklich! Sie reißen mir förmlich das Ergebnis jedes Mal aus der Hand, und ihre Augen leuchten auf, und sie klopfen mir auf die Schulter. Sie ahnen ja nichts! Und dann fangen sie an zu multiplizieren, zu dividieren, zu prozentualisieren, ich weiß nicht was. Sie rechnen aus, wieviel heute jede Minute über die Brücke gehen und wieviel in zehn Jahren über die Brücke gegangen

35 sein werden. Sie lieben das zweite Futur, das zweite Futur ist ihre Spezialität – und doch, es tut mir leid, dass alles nicht stimmt ...

40 Wenn meine kleine Geliebte über die Brücke kommt – und sie kommt zweimal am Tage –, dann bleibt mein Herz einfach stehen. Das unermüdliche Ticken meines Herzens setzt einfach aus, bis sie in die Allee eingebogen und verschwunden ist. Und alle, die in dieser Zeit passieren, verschweige ich ihnen. Diese zwei Mi-

45 nuten gehören mir, mir ganz allein, und ich lasse sie mir nicht nehmen. Und auch wenn sie abends wieder zurückkommt aus ihrer Eisdiele, wenn sie auf der anderen Seite des Gehsteiges meinen stummen Mund passiert, der zählen, zählen muss, dann setzt mein Herz wieder aus, und ich fange erst wieder an zu zäh-

50 len, wenn sie nicht mehr zu sehen ist. Und alle, die das Glück haben, in diesen Minuten vor meinen blinden Augen zu defilieren[1], gehen nicht in die Ewigkeit der Statistik ein: Schattenmänner und Schattenfrauen, nichtige Wesen, die im zweiten Futur der Statistik

55 nicht mitmarschieren werden ...

Es ist klar, dass ich sie liebe. Aber sie weiß nichts davon, und ich möchte auch nicht, dass sie es erfährt. Sie soll nicht ahnen, auf welche ungeheure Weise sie alle Berechnungen über den Haufen wirft, und

60 ahnungslos und unschuldig soll sie mit ihren langen

braunen Haaren und den zarten Füßen in ihre Eisdiele marschieren, und sie soll viel Trinkgeld bekommen. Ich liebe sie. Es ist ganz klar, dass ich sie liebe. Neulich haben sie mich kontrolliert. Der Kumpel,

65 der auf der anderen Seite sitzt und die Autos zählen muss, hat mich früh genug gewarnt, und ich habe höllisch aufgepasst. Ich habe gezählt wie verrückt, ein Kilometerzähler kann nicht besser zählen. Der Oberstatistiker selbst hat sich drüben auf die ande-

70 re Seite gestellt und hat später das Ergebnis einer Stunde mit meinem Stundenplan verglichen. Ich hatte nur einen weniger als er. Meine kleine Geliebte war vorbeigekommen, und niemals im Leben werde ich dieses hübsche Kind ins zweite Futur transpo-

75 nieren[2] lassen, diese meine kleine Geliebte soll nicht multipliziert und dividiert und in ein prozentuales Nichts verwandelt werden. Mein Herz hat mir geblutet, dass ich zählen musste, ohne ihr nachsehen zu können, und dem Kumpel drüben, der die Autos

80 zählen muss, bin ich sehr dankbar gewesen. Es ging ja glatt um meine Existenz.

Der Oberstatistiker hat mir auf die Schulter geklopft und hat gesagt, dass ich gut bin, zuverlässig und treu. „Eins in der Stunde verzählt“, hat er gesagt, „macht

85 nicht viel. Wir zählen sowieso einen gewissen prozentualen Verschleiß hinzu. Ich werde beantragen, dass Sie zu den Pferdewagen versetzt werden.“

Pferdewagen ist natürlich die Masche. Pferdewagen ist ein Lenz[3] wie nie zuvor. Pferdewagen gibt es

90 höchstens fünfundzwanzig am Tage, und alle halbe Stunde einmal in seinem Gehirn die nächste Nummer fallen zu lassen, das ist ein Lenz!

Pferdewagen wäre herrlich. Zwischen vier und acht dürfen überhaupt keine Pferdewagen über die Brü-

95 cke, und ich könnte spazieren gehen oder in die Eisdiele, könnte sie mir lange anschauen oder sie vielleicht ein Stück nach Hause bringen, meine kleine ungezählte Geliebte ...

[1] defilieren: feierlich an jmd. vorbeigehen
[2] transponieren: übertragen
[3] Lenz: im Sinne von wenig, schöne Tätigkeit

---

3 Erkläre, wer unter „Die“ (Z. 1) zu verstehen ist. Welche Haltung hat der Ich-Erzähler ihnen gegenüber?

_____

_____

4   Gliedere den Text in Handlungsabschnitte, indem du sie markierst.

5   Erläutere anhand von Textbeispielen, warum die Statistik des Mannes nicht stimmt.

6   Erkläre: Warum zählt der Ich-Erzähler seine „Geliebte" niemals mit?

7   Wähle einen der Aufgabenblöcke:
   Ⓐ „Es ist klar, dass ich sie liebe. Aber sie weiß nichts davon, und ich möchte auch nicht, dass sie es erfährt." (Z. 56/57) – Nimm an, der Mann erzählt seinem Kumpel auf der anderen Seite von der Eisverkäuferin. Verfasse dieses Gespräch in deinem Heft.
   Ⓑ „[...] und ich könnte spazierengehen oder in die Eisdiele, könnte sie mir lange anschauen oder sie vielleicht ein Stück nach Hause bringen [...]" (Z. 95–97) – Nimm an, der Mann trifft die Eisverkäuferin und es entsteht ein erstes Gespräch. Verfasse dieses Gespräch in deinem Heft.

8   „Die haben mir meine Beine geflickt und haben mir einen Posten gegeben, wo ich sitzen kann" (Z. 1/2) – Spekuliere, was dem Mann widerfahren sein könnte. Bedenke dabei den Schluss des Textes.

Sach- und Fachtexte für unterschiedliche Adressaten verfassen

Sophie hilft als Übungsleiterin mit, die Kindergruppe der 6-10-Jährigen ihres Ju-Jutsu Vereins zu trainieren. Weil im Moment nur sehr wenig Kinder in der Gruppe sind, will der Verein mit einem neuen Flyer in der Stadt Werbung für das Kindertraining machen. Im Flyer soll für die Eltern auch erklärt werden, was die Sportart Ju-Jutsu ist.
Auf der Seite des Deutschen Ju-Jutsu Verbandes hat Sophie den folgenden Text zur Sportart gefunden.

Ju-Jutsu

Ju-Jutsu ist Selbstverteidigung und Zweikampfsport, der Elemente aus Judo (Würfe, Würge- und Festlegetechniken) und Karate (Abblocken, Schläge und Tritte) in sich vereint. Ju-Jutsu heißt übersetzt nachgebende oder auch sanfte Kunst. Die waffenlose Selbstverteidigung asiatischen Ursprungs wurde vormals Jiu-Jitsu genannt. Es geht darum, mit möglichst geringem Krafteinsatz und unter Ausnutzung der Bewegung und Kraft des Gegners Angriffe erfolgreich abzuwehren.

„Ju" bedeutet „sanft", d.h. ausweichen, anpassen, nachgeben.
„Jutsu" bedeutet „Kunst oder Kunstgriff".

Ju-Jutsu ist also die Kunst, durch Ausweichen oder Nachgeben die Kraft des Angreifers zu nutzen und ihn damit zu besiegen. Falls erforderlich, kann ein Angriff aber auch in direkter Form, z.B. durch Atemi (Schock)-Techniken abgewehrt werden.
Über allen Verteidigungstechniken steht das „ökonomische Prinzip", also „mit dem geringsten Aufwand den größtmöglichen Nutzen zu erzielen". Alle Verteidigungstechniken können in weicher oder harter Form, mit vielen Zwischenstufen nach dem Prinzip der Verhältnismäßigkeit angewandt werden. Sollen Ju-Jutsu Techniken ihre volle Wirksamkeit zeigen, müssen die Prinzipien beachtet werden. „Wirksamkeit" heißt nicht Kraft oder Gewalt, sondern richtige Technikanwendung und Ausführung. Nur so ist es auch Kleineren oder Schwächeren möglich, sich gegen stärkere Angreifer erfolgreich zu verteidigen.

Das Training gibt Sicherheit im Alltag. Jeder Ju-Jutsuka lernt, wie er hinfällt, ohne sich zu verletzen. Und wenn man bedroht wird, weiß man, wie man sich wehren könnte. Ganz nebenbei werden beim Ju-Jutsu sämtliche Muskelgruppen trainiert. Für alle, die den Sport ein wenig ehrgeiziger angehen wollen, gibt es zwei Varianten. Wer gern an seiner Technik feilt, kann die Prüfungen ablegen und erhält je nach Graduierung eine neue Gürtelfarbe – von weiß über gelb, orange, grün und blau zu braun. Danach kommen die Meistergrade, erst schwarz, dann weiß-rot und rot.

Selbstverteidigung und/oder Wettkampf
Neben der hauptsächlich auf Zweckmäßigkeit beruhenden reinen Selbstverteidigung wird Ju-Jutsu auch in verschiedenen Wettkampfformen ausgeübt. […]

Die Entwicklung
Im Jahr 1967 beauftragte das deutsche Bundesinnenministerium ranghohe Dan-Träger des Deutschen Dan-Kollegiums (u. a. Otto Brief, Franz-Josef Gresch, Werner Heim und Richard Unterberger) damit, ein praxisbezogenes Selbstverteidigungssystem für den Einsatz bei Bundeswehr, Justiz, Polizei und Zoll zu entwickeln. Da man sich bei der Entwicklung dieses Systems überwiegend für die Verwendungen der sogenannten „weichen" bzw. sanften Techniken entschied, wurde der Name Ju-Jutsu

für diese Neuentwicklung gewählt. Das System verbreitete sich allerdings sehr schnell auch im zivilen Bereich und wird heute in über 1.000 Vereinen des Deutschen Ju-Jutsu Verbandes e.V. (DJJV) für die effektive Selbstverteidigung trainiert.

75

„Ju-Jutsu" ist wohl die modernste Selbstverteidigung, die sich, anders als die „traditionellen Systeme", stetig weiterentwickelt. […]

80

1 Lies den Text. Welche Informationen zur Sportart sind für Eltern interessant, die überlegen, ob ihr Kind diesen Sport ausprobieren soll? Markiere die Stellen.

2 Verfasse einen kurzen Infotext für einen Flyer, der Eltern über die Sportart Ju-Jutsu informiert.

_____

_____

_____

_____

_____

_____

_____

_____

_____

3 Sophie meint: „Eigentlich könnte man im Flyer auch einen kurzen Text zur Sportart für die Kinder selbst mit abdrucken. Den können ihnen ja die Eltern vorlesen, z.B. unter der Überschrift ‚Was du beim Ju-Jutsu lernst'."
Verfasse einen Text für einen Flyer, der Kindern im Alter von 6-10 Jahren erklärt, was man beim Ju-Jutsu lernt.

_____

_____

_____

_____

_____

Nominalstil in Fachtexten untersuchen

Amelie recherchiert im Internet für ein Referat über Insektenschutz. Auf der Seite des Bundesministeriums für Ernährung und Landwirtschaft hat sie diesen Text gefunden.

1   Amelie meint: „Dieser Text ist aber sehr im Nominalstil verfasst."
      Überprüfe, ob du dieser Aussage zustimmst. Markiere dazu Nominalisierungen im Text.

Biologische Vielfalt: Bienen und Insekten schützen

Die natürliche, aber auch die vom Menschen geschaffene und genutzte biologische Vielfalt, die so genannte Agrobiodiversität, geht zurück. Diese Entwicklung zeigt sich welt-
5   weit – auch in Deutschland. Der Erhalt und die Förderung der Artenvielfalt und Biodiversität sind auch für die Nahrungsmittelerzeugung zentrale Zukunftsaufgaben.

Eine besondere Rolle spielen dabei Bie-
10   nen, Wildbienen und andere Insekten. Sie bestäuben nicht nur Wild- und Kulturpflanzen und sichern so Ernten, sondern sind auch Bestandteil einer gesunden Umwelt und Artenvielfalt.
15   Die Gründe für den Rückgang der Insektenpopulationen sind vielfältig und komplex und noch nicht vollständig erforscht. Als zentrale Faktoren gelten Versiegelung und Bebauung von Flächen für Ge-
20   werbe, Infrastruktur und Wohnen, Verkehr und die Verkehrsinfrastruktur, Eintrag von Schadstoffen in Böden und Gewässer, Lichtverschmutzung sowie zunehmende Veränderungen des Klimas.
25   Aber auch Veränderungen der Strukturen in der Landschaft durch den Rückgang von artenreichem Grünland, Säumen, Hecken oder Streuobstwiesen und anderen Feldgehölzen und die damit
30   verbundenen Verluste von Lebensräumen und Futterquellen leisten ihren Beitrag.
[...]

2   Amelie urteilt: „Einige Nominalisierungen klingen im Text gut, aber im Referat werde ich sie nicht verwenden, z. B. ‚Der Erhalt und die Förderung'. Da können mir die anderen doch besser zuhören, wenn ich sage ‚Wir müssen die Artenvielfalt erhalten und fördern.'"
      Überprüfe den dritten Absatz und markiere unterschiedlich: Welche Nominalisierungen würdest du in einem Referat verwenden, welche nicht?

3   Überarbeite den dritten Absatz auf Grundlage deiner Ergebnisse aus Aufgabe 2 so, dass er sich für Zuhörerinnen und Zuhörer eines Referats besser eignet.

_____

_____

_____

_____

_____

_____

_____

Mit Modalverben Aussagen abwandeln

1. Aus Emils Sicht haben seine Gesprächspartner das unpassende Modalverb für die Situation verwendet. Vervollständige die Sätze aus seiner Sicht.

2. Denke dir eine Situation aus und verfasse zu dieser auch einen kurzen Dialog, in dem die beiden Gesprächspartner unterschiedliche Vorstellungen vom passenden Modalverb für die Situation haben.

_____

_____

_____

_____

_____

3. Wie wichtig sind diese Aspekte bei einem Beruf für dich?
   a) Verbinde mit den vorhandenen Satzenden zu Aussagen.
   b) Ergänze in den leeren Kästchen eigene Aspekte und verbinde zu Aussagen.

Sprachgebrauch in Bewerbungsschreiben untersuchen

Im Internet sind viele Musterbewerbungen für Ausbildungsplätze, Praktika, duale Studienplätze usw. zu finden. Was kann man sich aus diesen für das eigene Schreiben abschauen?

1 Lies die folgenden Auszüge aus Musterbewerbungen und notiere: Was machen die Schreiberinnen und Schreiber inhaltlich in diesen Absätzen?

Tipp

Lies dir die Möglichkeiten am Ende von S. 76 durch und überlege, welche davon passt/ passen.

a. ==Meine berufliche Zukunft sehe ich== im nationalen und internationalen Umfeld, ==weshalb mir== Ihre Hotelkette mit den weltweiten Standorten ==als ideales Betätigungsfeld erscheint.==

b. Ich freue mich sehr über eine positive Rückmeldung und die Einladung zu einem persönlichen Vorstellungsgespräch.

c. Mein Praktikum möchte ich gerne bei Ihnen absolvieren, da Ihre Tierarztpraxis im Landkreis einen hervorragenden Ruf genießt und Sie auch das Programm „Vier Pfoten unterwegs" betreuen, das ich sehr interessant finde.

d. Auf den Beruf „Kaufmann im Groß- und Außenhandel" bin ich erstmalig auf der Ausbildungsmesse „Dein Weg!" aufmerksam geworden. Der Auftritt Ihres Unternehmens hat mich bereits damals auf die Arbeit als Kaufmann im internationalen Handel neugierig gemacht.

e. Für das zweiwöchige Berufspraktikum in Jahrgang 10 bewerbe ich mich bei Ihnen um einen Praktikumsplatz. Ich besuche aktuell das Schloss-Gymnasium in Neustadt. Die allgemeine Hochschulreife werde ich voraussichtlich im Sommer 2024 erwerben.

f. Meine Stärken liegen sowohl im naturwissenschaftlichen als auch sprachlichen Bereich. Das geht aus meinen konstant guten Noten in den Fächern Mathematik und Physik, sowie Deutsch und Englisch hervor, die Sie aus meinen Zeugnissen entnehmen können.

g. Ich freue mich über die Einladung zu einem Vorstellungsgespräch, damit Sie einen persönlichen Eindruck von mir erhalten können.

2 Welche Formulierungsmuster für die Handlungen treten auf? Ein Formulierungsmuster ist bereits markiert. Markiere weitere Formulierungsmuster im Text.

3 Trage Formulierungsmuster für zwei unterschiedliche Handlungen aus den Auszügen in die Tabelle ein.

Was macht der Autor inhaltlich? (Teilhandlung)		
Wie macht der Autor das sprachlich? (Formulierungsmuster)		

4 Nimm in Stichpunkten Stellung zu den folgenden Aussagen.

a.

> Formulierungsmuster helfen einerseits, Bewerbungen zu verfassen, andererseits lassen sie alle Texte gleich klingen.

b.

> Es ist schwierig, Bewerbungen eine persönliche Note zu verleihen, weil sie so viele Formulierungsmuster enthalten.

c.

> In Bewerbungsschreiben sind mehr Formulierungsmuster enthalten als in anderen Textsorten.

Eignung für die Stelle / das Praktikum darstellen – Bewerbung einleiten – Bewerbung abschließen – aktuelle Situation darstellen – Interesse am Betrieb begründen – eigene Qualifikationen nennen

Formulierungsalternativen untersuchen – Bewerbungen

Carls großer Bruder Louis steht kurz vor dem Abitur und macht Pläne für danach. Louis interessiert sich für duale Studiengänge, weil man bei diesen sowohl das Studium als auch die Arbeit im Betrieb hat und zudem direkt Geld verdient. Am Wochenende hat Louis seinen ersten Entwurf für ein Bewerbungsanschreiben mit einem Freund überarbeitet.

> Das hat ja ewig gedauert! Dein Text war doch gut. Was habt ihr denn da noch überarbeitet?

> Schau dir doch allein die Einleitung an! Der Text ist ganz anders geworden.

1 Lies die beiden Einleitungen. Welche davon ist wohl die ursprüngliche, welche die überarbeitete Version? Kreuze diejenige an, die du für die überarbeitete hältst.

☐ a.

Bewerbung um einen Platz im dualen Studiengang „Bachelor of Business Administration"

Sehr geehrte Damen und Herren,

hiermit bewerbe ich mich um einen Platz im dualen Studiengang „Bachelor of Business Administration", den Symrise in Verbindung mit der Verwaltungs- und Wirtschaftsakademie Göttingen anbietet.
Zurzeit besuche ich die 12. Klasse des Astrid-Lindgren-Gymnasiums Göttingen und werde dieses im Sommer 2022 mit dem Abschluss der allgemeinen Hochschulreife verlassen. Meine Vornoten können Sie aus den beigefügten Zeugnissen entnehmen. Mein Lebenslauf liegt ebenfalls im Anhang der Bewerbung bei.

☐ b.

Bewerbung auf das duale Studium „Business of Administration"

Sehr geehrte Damen und Herren,

ich bewerbe mich auf das duale Studium „Business of Administration" in der Verbindung mit der Ausbildung an der Fachhochschule in Göttingen.
Zurzeit besuche ich die 12. Klasse des Astrid-Lindgren-Gymnasiums Göttingen und werde dieses im Sommer 2022 mit dem Abschluss der allgemeinen Hochschulreife verlassen.

2 Welche Gemeinsamkeiten oder Unterschiede der Einleitung findest du?
   a) Markiere Gemeinsamkeiten mit einem Textmarker.
   b) Untersuche dann die Unterschiede genauer und markiere: Welche sind eher sprachlich? Welche sind eher inhaltlich?

3   Erkläre in Stichpunkten, welche Einleitung die überarbeitete Version ist.

_____

_____

_____

_____

_____

_____

4   Carl vergleicht die beiden Textversionen weiter und meint:

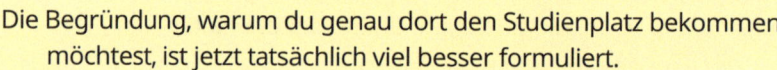

> Die Begründung, warum du genau dort den Studienplatz bekommen
> möchtest, ist jetzt tatsächlich viel besser formuliert.

a) Markiere Formulierungsmuster in beiden Versionen.

Das duale Studium möchte ich bei Symrise antreten, weil Symrise der viertgrößte Duft- und Aromastoff-Hersteller der Welt ist und somit die Welt der Gerüche und Geschmäcker stark prägt. Und genau an diesem Prozess möchte ich gerne teilhaben.

Dass ich mein duales Bachelorstudium gerade bei Symrise beginnen möchte, hat mehrere Gründe. Da ich gebürtig aus dem Landkreis Holzminden stamme, ist mir Symrise als wichtiger Arbeitgeber der Region natürlich gut bekannt. Ein duales Studium bei Symrise würde für mich bedeuten, einerseits bei einem Unternehmen mit regionalem Bezug zu lernen, aber andererseits auch durch die weltweite Tätigkeit von Symrise einen viel größeren Einblick in die globale Wirtschaft zu erhalten. Außerdem habe ich sehr viel Gutes über die Qualität und die Bedingungen der Ausbildung gehört. Deshalb hoffe ich, bei Symrise einen Platz für das duale Studium zu bekommen.

b) Welche Formulierungsmuster haben sich geändert? Schreibe zwei neue Formulierungsmuster heraus.

_____

_____

_____

Texte überarbeiten – Bewerbungen

1 Lea hat einen Entwurf für eine Bewerbung für einen Praktikumsplatz in einer Anwaltskanzlei verfasst.
a) Lies den Entwurf und überprüfe, welche Problemstellen die Bewerbung aufweist. Markiere diese.
b) Überprüfe die folgenden Bereiche genauer. Kreuze an, welche überarbeitet werden sollten.

– Angemessenheit des Textes:	**– sprachliche Richtigkeit/Angemessenheit:**
☐ Textsorte/Textfunktion?	☐ Wortwahl?
☐ Textkohärenz? (roter Faden)	☐ Rechtschreibung?
	☐ Grammatik?

Lea Sommer
Bahnhofstrasse 2
15443 Saarburg
Lea.Sommer@Mail.com
0156-9876543

10.12.2022

Anwaltskanzlei Scheffler & Partner
Kastanienring 17b
15443 Saarburg

Sehr geehrte Frau Tina Scheffler,
ich bewerbe mich hiermit, um einen Platz für mein Schülerpraktikum der Astrid-Lindgren-Schule Saar-burg im Februar 2023 in Ihrer Anwaltskanzlei. Ich besuche zurzeit die 9. Klasse. Ich habe mein aktuelles Zeugnis, sowie einige weitere Dokumente im Anhang gelegt. Von diesem Praktikums, verspreche ich mir durch Einblicke in Ihre Arbeit und Eindrücke in den Bereich Juras und Juristik neue Erfahrungen. Durch mein großes Interesse und meine Qualifikationen für diesn Bereich denke ich, dass ich für dieses Prakti-kum sehr gut geeignet bin und sie mit mir eine tolle Praktikantin bekommen für Ihre Kanzlei.

Ein Praktikum im Gebiets des Juras interessiert mich sehr, da wir im Laufe des letzten Jahres im Politik-unterricht viel über Juristik gesprochen, und sogar einige Gerichtsprozesse mit angesehen haben, und die haben mich sehr interessiert. Aufgrund meiner super Leistungen im Fach Werte und Normen habe ich durchaus Erfahrungen mit Konflikten und Lösungen zu finden, da wir dieses Thema ausführlich be-handelt haben im Unterricht. Durch den bilingualen Unterricht in den Fächern Geschichte und Erdkunde an unserer Schule und einer einwöchigen Sprachreise nach England kann ich sehr gute Kenntnisse in der englischen und ebenfalls in der französischen Sprache vorweisen, was mir auch bei Auslandsaufenthalten oder nicht deutsch sprachigen Klienten bei Ihnen und im späteren Berufsleben sehr helfen wird. Außerdem habe ich auch sehr gute mündliche Noten in Werte und Normen habe.

Da ich außerdem, darüber nachdenke, nach meiner Schulzeit ein Jurastudium oder aber Ähnliches anzu-gehen oder Tierärztin zu werden, freue ich mich sehr über die Einladung zu einem persönlichen Gespräch.

Viele Grüße
Lea Sommer

2 Überarbeite auf Grundlage deiner Ergebnisse aus Aufgabe 1 den Text. Schreibe ihn in dein Heft.

Überprüfe dein Wissen und Können

1 Ordne die folgenden Aussagen danach, wie verpflichtend sie sind. Schreibe ihre Nummern an der passenden Stelle auf die Linie.

1) Ben muss für die Englischarbeit lernen.
2) Ben sollte für die Englischarbeit lernen.
3) Ben will für die Englischarbeit lernen.

4) Ben darf für die Englischarbeit lernen.
5) Ben kann für die Englischarbeit lernen.
6) Ben möchte für die Englischarbeit lernen.

_____

nicht verpflichtend   verpflichtend

2 Wie viele Nominalisierungen treten im folgenden Text auf? Markiere sie und kreuze an.
Nominalisierungen: ☐ 5   ☐ 6   ☐ 7   ☐ 8

Das Vorkommen vieler Arten der Agrarlandschaft ist untrennbar mit der Landwirtschaft verbunden. Eine zu starke Verringerung oder gar Aufgabe der Landwirtschaft würde deren Existenz ebenfalls bedrohen. Es muss ein Gleichgewicht zwischen der land- und forstwirtschaftlichen Nutzung sowie dem Schutz der Biodiversität geschaffen oder erhalten werden.

                                             Text leicht verändert

3 Untersuche den folgenden Textabschnitt.

> *Erste Einblicke in den Beruf des Erziehers habe ich durch den Zukunftstag im Kindergarten „Kleine Strolche" erhalten. Zudem betreue ich in meiner Freizeit die Kindergruppe meines Handballvereins mit. Über den Kreisjugendring habe ich im vergangenen Jahr auch meine Jugendleiter Ausbildung absolviert und die Jugendleiter-Card (Juleica) erworben.*

a) Was macht der Autor inhaltlich?

_____

b) Wie geht der Autor des Textes sprachlich vor? Schreibe zwei Formulierungsmuster aus dem Text heraus.

_____

_____

_____

_____

❗ Schätze deinen Lernstand ein:

☐ Die Aufgaben konnte ich weitgehend gut lösen.
☐ Mir fielen nicht alle Aufgaben leicht.
Folgende Aufgaben oder Seiten übe ich noch einmal:

Mehrsprachigkeit untersuchen

Mehrsprachigkeit ist ein Phänomen, das alle Sprecherinnen und Sprecher betrifft und das in verschiedenen Formen (z. B. Alltagssprache, Familiensprache, Fachsprache, Dialekt) auftritt. Alle sprachlichen Ressourcen sind wertvoll und wir müssen die sprachliche Vielfalt erkennen und nutzen. Aber weißt du eigentlich, wie viele verschiedene Sprachen in deiner Klasse gesprochen werden?

1   Erstellt ein Sprachprofil eurer Klasse. Schreibe dazu auf, welche Sprachen du sprichst und in welchem Kontext du diese verwendest.

2   Sammelt nun die Ergebnisse für eure Klasse und erstellt gemeinsam eine kleine Statistik. Die folgenden Leitfragen helfen euch dabei.

- Wer von euch spricht mehr als eine/zwei/drei Sprache(n)?
- Wer von euch verwendet verschiedene Sprachen in verschiedenen Situationen?
- Wer von euch spricht zu Hause die gleiche Sprache wie in der Schule?
- Wer von euch spricht mit seinen Eltern oder einem seiner Elternteile in einer anderen Sprache als Deutsch? Welche Sprache ist das?
- Wer von euch spricht mit seinen Großeltern eine andere Sprache als Deutsch? Welche Sprache ist das?
- Wer von euch hat Verwandte, mit denen ihr in anderen Sprachen sprecht als Deutsch? Welche?
- Wer von euch spricht mit ihren bzw. seinen Freundinnen und Freunden eine andere Sprache? Nennt Gründe dafür.

3 „Fridays for future" ist eine weltweite und überparteiliche Klimastreik-Bewegung. Dementsprechend wird in verschiedenen Sprachen über aktuelle Veranstaltungen und Proteste berichtet.

Bildet Gruppen (ca. 3-4 Schülerinnen und Schüler) in denen ihr möglichst viele verschiedene Sprachen sprecht. Recherchiert ein aktuelles Ereignis im Rahmen der Fridays-for-future-Bewegung und vergleicht die Berichterstattung darüber in möglichst vielen verschiedenen Sprachen.

a) Fasst in Stichworten zusammen, was eine übergreifende Aussage aus den Berichterstattungen darstellt.

b) Bewertet auch die verschiedenen Berichterstattungen.

Sprache von Minderheiten kennen

1   a)   Recherchiere Minderheitensprachen in Deutschland, die mit der Europäischen Charta der Regional-/Minderheitensprachen als bedrohter Aspekt des europäischen Kulturerbes geschützt und gefördert werden. Mach dir dazu Notizen.

       b)   Finde im Wortgitter sechs verschiedene Minderheitensprachen. Markiere diese und kläre mit einer Partnerin oder einem Partner, wo diese gesprochen werden.

S	C	R	C	F	R	A	N	Z	O	E	S	I	S	C	H
C	Y	X	G	F	N	S	P	U	D	N	Q	Q	H	M	F
H	Z	P	B	A	I	E	R	I	S	C	H	T	E	F	A
W	P	B	Y	J	T	A	S	L	I	T	X	L	M	G	L
E	S	A	T	E	R	F	R	I	E	S	I	S	C	H	L
I	N	I	E	D	E	R	S	O	R	B	I	S	C	H	E
Z	W	U	Q	K	V	U	F	C	X	D	W	S	Q	H	M
E	Z	E	C	L	R	O	M	A	N	E	S	V	X	S	A
R	F	N	O	R	D	F	R	I	E	S	I	S	C	H	N
D	E	U	B	M	C	Z	A	B	X	I	O	E	O	V	I
E	O	B	E	R	S	O	R	B	I	S	C	H	U	G	S
U	R	A	Z	R	S	A	E	H	H	T	D	R	S	C	C
T	B	Q	D	W	G	A	H	C	P	I	D	N	H	T	H
S	X	S	H	U	S	S	C	H	C	B	L	R	O	E	M
C	E	D	A	E	N	I	S	C	H	W	E	M	Y	C	I
H	D	J	T	B	W	F	N	R	I	D	S	L	W	M	A

_____

_____

_____

_____

_____

_____

_____

_____

Sprachwandel durch den Einfluss der Medien beschreiben

Die Übertragung von Sprache in Schrift, die sogenannte Schriftsprache, ist die Voraussetzung dafür, dass Inhalte und Sprache in geschriebenen oder gedruckten Texten dauerhaft festgehalten werden können. Mit der Entwicklung der Buchdrucktechnologie mit beweglichen Lettern in der Mitte des 15. Jahrhunderts gelingt Johannes Gutenberg eine die folgenden Jahrhunderte prägende Erfindung. Gleichzeitig trägt diese zur Entwicklung der heutigen Standardsprache bei und führt dazu, dass die verschiedenen deutschen Sprachvarietäten mehr und mehr normiert werden. Zusätzlich leistet die Bibelübersetzung Martin Luthers ins Deutsche einen bedeutenden Beitrag zur Entwicklung einer hochdeutschen Schriftsprache, dem Vorläufer der heutigen Standardsprache.

1 Vergleiche die drei Textausschnitte des Bibelabschnittes 1. Mose 2.23.
    a) Untersuche die Ebene der Laute, der Wörter und der Schreibung und markiere Auffälligkeiten im Text.
    b) Notiere Gemeinsamkeiten und Unterschiede, die dir besonders aufgefallen sind.

Auszug aus der Lutherbibel, Abschnitt 1. Mose 2.23

Da sprach der mensch, das were eyn mal beyn von meynen beynen und fleysch von meynem fleysch, Man wirt sie Mennin heyssen, darumb, das sie von mann genommen ist. **[1523]**

Da sprach der Mensch, Das ist doch Bein von meinen Beinen, und Fleisch von meinem fleisch, Man wird sie Mennin heißen, darumb, das sie vom Manne genommen ist. **[1546]**

Da sprach der Mensch: Die ist nun Bein von meinem Bein und Fleisch von meinem Fleisch; man wird sie Männin nennen, weil sie vom Manne genommen ist. **[2017]**

5

2 Untersuche die folgenden drei Textbeispiele und zeige an Beispielen die sprachlichen Veränderungen.

a. keep on and strike on: wieder eine erfolgreiche veranstaltung, super stimmung, großartige reden #FridaysForFuture #klimakrise #allesfürsklima #climatejusticenow #schoolstrike4climate

b. KANN I KURZ VORBEIKOMMEN? WAR AUF FFF-Demo U JETZT AM ALEX: STEIG HIER IN D NÄCHSTE BAHN

c. #klimastreik #klimacamp #umweltschutz #fridaysforfuture #pariserklimaabkommen #climateagreement #klimawahl #klimawandel #klimawählen #wirwählenklima #gemeinsamfürsklima #klimaschutz #zukunftgestalten #klimaschutzjetzt #klimaschutz

Sprachliche Veränderungen nachvollziehen

1 Sprache verändert sich ständig, das wird auch auf der Ebene der Bedeutung von Wörtern deutlich. Kannst du dich noch an die zwei Phänomene erinnern? Ergänze die Lücken.

Als _____ wird bezeichnet, wenn ein Wort in einem größeren

Anwendungsbereich verwendet werden kann. Ein Beispiel hierfür ist _____.

Das Gegenteil ist die _____, sie beschreibt die Verkleinerung

des Anwendungsbereichs, wie zum Beispiel beim Wort _____.

> **⊙ Tipp**
>
> Wähle aus diesen Begriffen aus und setze in die Lücken ein:
>
> Bedeutungsverschlechterung, Generalisierung, Bedeutungsverbesserung, Bedeutungserweiterung, Bedeutungsveränderung, Spezialisierung

2
 a) Ordne den Wörtern (A–G) deren jeweiliger historische semantische Form (a–g) und ihre aktuelle Bedeutung (1–7) zu, indem du sie farblich gleich markierst.
 b) Bestimme die jeweilige Form der Bedeutungsveränderung und notiere diese.

A Ehe	a Nagetier	1 nicht verheirateter Mann
B Ding	b geistreich, kundig, verständig, klug	2 Prostituierte
C Maus	c Recht, Gesetz, Sitte, Gewohnheitsrecht	3 eine unabhängig denkende Person, die ihr Denken von Einflüssen durch die Umwelt befreit hat
D Junggeselle	d junge unverheiratete Frau	4 mit PC verbundenes Gerät zur Steuerung
E Freigeist	e Rechtssache, Rechtshandlung, Versammlung freier Männer	5 gesetzlich anerkannte Lebensgemeinschaft zweier Menschen
F witzig	f junger Handwerksbursche im Gesellenstatus	6 lustig, komisch
G Dirne	g eine zügellose Person, nicht traditionellen Regeln folgend	7 nicht näher bezeichneter Gegenstand oder bezeichnete Sache

A _____

B _____

C _____

D _____

E _____

F _____

G _____

Geschlechterklischees erkennen und einordnen

1 Suche je ein Beispiel für Werbung zu den Themen: Auto, Schönheit und Kosmetik, Bildung, Handwerken, Finanzen.

  a) Markiere in verschiedenen Farben alle Attribute, die für die jeweilige Werbung passen, in der folgenden Wortwolke.

  b) Beurteile und vergleiche die gefundene Werbung und diskutiert gemeinsam eure Ergebnisse.

stark Fußball **zickig** tiefe Stimme schlau
schön raft biologisch hart risikobereit Bart
Shopping Schwäche stolz fürsorglich Kochen
weich Muskeln emotional kinderlieb Aktien
Versorgerin machtgeil reden sportlich Bier Gewinnerin
empfindlich ausgleichend schnell vegetarisch schweigsam
launisch Grillen viel fürsorglich gesundes Essen Tränen
Imponiergehabe sozial wohlriechend essen gerne Fleisch
biologisch Tanz trendorientiert Schuhe Stärke Kraft
sinnlich Gewinner handwerklich begabt reden viel
Karriere mit Kind sehr gute Bezahlung
kreativ großes Auto Versorger
zärtlich Kosmetik
zupackend einfühlsam

2 a) Du bist als Werbetexterin oder Werbetexter bestellt und sollst selbst einen Werbeslogan für eine neue Gesichts-Creme entwickeln. Dabei sollst du für das Produkt drei Versionen entwerfen: für die Zielgruppe Frauen, für die Zielgruppe Männer und eine gendersensible Unisexversion.

  b) Reflektiere anschließend deine Ergebnisse und die Veränderung der Produktbeschreibung.

a. _____

_____

_____

b. _____

_____

_____

c. _____

_____

Produkt A

Think Pink – Das „Mädchengewürz"
Optisch und geschmacklich ein absolutes Highlight

Für dich soll's rote Rosen regnen, dir sollen sämtliche Wunder begegnen ... Das haben wir beim Wort
genommen und haben uns richtig ins Zeug gelegt
um ein Gewürz für die Damenwelt zu entwickeln,
das all unseren Ansprüchen gerecht wird.
Deshalb schmeckt unser Mädchengewürz nicht nur
super zu Salaten, Fischgerichten und leichten Speisen, sondern ist auch optisch aufgrund des Lavendel
und nicht zu vergessen den Rosenblättern ein absoluter Hingucker.
Es erwarten euch rosige Zeiten, Mädels!

Produkt B

Fleischgewürz „Echter Kerl"
Unser Echter Kerl – Echt würzig!

All Black everything! Mit diesem Fleischgewürz
würzt der echte Kerl von heute.
Leicht herb, ausgewogen krautig, aber immer noch
so smooth und somit passend zu allen kurzgebratenen Gerichten. Unser Echter Kerl strahlt auf dem
Teller vor allem eines aus, den Geschmack purer
Männlichkeit. Ob zum rosa gebratenen Entrecote
oder dem frisch gegrillten Schweinenackensteak
unser derber Echter Kerl ist genau das Richtige für
Kettensägenkünstler, Karohemdenträger und Liebhaber rauchigen Lagerfeuers.

3 Beurteile das Marketing für die beiden Produkte oben:
  a) Betrachte die beiden Produkte und beschreibe diese. Vergleiche dabei auch den
     Textinhalt und die visuelle Gestaltung beider Produkte. Schreibe in dein Heft.
  b) Bewerte das Marketing und schreibe deine Meinung stichpunktartig auf (ca. 5-7 Sätze).

Bewertung:

_____

_____

_____

_____

_____

_____

Gendergerechte Sprache verwenden

1   Werde selbst zur Sprachforscherin oder zum Sprachforscher: Fülle den Fragebogen aus und überlege dir, wie du mit gendergerechter Sprache umgehst und wie du sie verwendest.

1.   Wann bist du das erste Mal auf gendergerechte Sprache aufmerksam geworden?

_____

_____

_____

2.   Wie und wann genderst du?

_____

_____

_____

3.   Falls du genderst, welche sprachlichen Formen (z. B. im Mündlichen, Schriftlichen, Gendersternchen) nutzt du hauptsächlich?

_____

_____

_____

4.   Beschreibe das Verhältnis, das du zum Thema „Gendern" hast. Hat es sich im Verlauf deines Lebens verändert? Wenn ja, wie?

_____

_____

_____

5.   Wird in deiner Familie oder in deinem Freundeskreis gegendert? Wenn ja, in welcher Form?

_____

_____

_____

6.   Gendern wird häufig abgelehnt und als „Verschandelung" der Sprache bezeichnet. Welche Meinung hast du dazu?

_____

_____

_____

7. Wenn du eine gendergerechte Sprache einführen könntest, welche Merkmale hätte diese?

_____

_____

_____

_____

2 Befrage eine weitere Person mithilfe des Fragebogens.

3 a) Vergleicht in der Klasse eure erhobenen Sprachdaten. Welche Gemeinsamkeiten könnt
       ihr finden, welche Unterschiede gibt es?
       b) Stellt in der Tabelle gegenüber,
          a. in welchen Situationen gegendert wird und in welchen nicht und
          b. welche Gründe für das Gendern und welche dagegen genannt wurden.

a. Wenn ich in diesen Situationen Sprache gebrauche, gendere ich bewusst.	Wenn ich in diesen Situationen Sprache gebrauche, gendere ich nicht.

b. Für eine gendergerechte Sprache spricht …	Gegen eine gendergerechte Sprache spricht …

       c) Beurteilt gemeinsam die in b. gesammelten Argumente und diskutiert diese mündlich.

Sprachliche Darstellungsstrategien reflektieren

Nikolaus Nützel

Framing – Worte als Rahmen

Auf welche Weise „immer etwas hängen bleibt", haben Sprachforscher in den vergangenen Jahrzehnten genauer untersucht. Sie haben dabei einen englischen Begriff geprägt: „Framing". Damit soll ausgedrückt werden, dass alles was wir denken, immer in einem bestimmten Gedankenrahmen eingebaut ist. Denn der Rahmen (englisch: frame), in dem wir etwas sagen, gibt einem Satz erst wirklich seinen Sinn. Wenn Paula sagt: „Das ist ein schönes Schloss!", dann bedeutet es in dem Moment, in dem sie zum ersten Mal in Neuschwanstein ankommt, etwas anderes als in dem Moment, in dem ihr Freund Ben ihr das Liebesschloss zeigt, das er mit ihr an einer Brücke befestigen will. Aber auch wie wir etwas bewerten, hängt schnell mal von dem sprachlichen Rahmen ab, in dem man uns etwas präsentiert. Wenn Menschen, die aus dem Ausland kommen, als „Flut" oder als „Strom" bezeichnet werden, dann ruft das Bilder wach: Gegen eine Flut sollte man Dämme errichten, auch einen Strom sollte man eindämmen, damit er nicht über die Ufer tritt. Auch was Einzelne tun, kann in einem ganz unterschiedlichen Licht erscheinen, je nachdem, wie wir diese Einzelnen sehen. Der Argentinier Che Guevara, dessen Bild heute noch auf der ganzen Welt zur Popkultur gehört, war und ist für viele Menschen ein Freiheitskämpfer. Denn er hat Mitte des 20. Jahrhunderts in verschiedenen Ländern mit Waffengewalt gegen die dortigen Diktaturen gekämpft. Für die Regierungen, etwa auf Kuba oder in Bolivien, war er damals aber etwas ganz anderes: ein Terrorist.

1   Erkläre mithilfe des Infotextes das Sprachphänomen „Framing" in einer kurzen Nachricht für einen Social-Media-Kanal, der anderen Schülerinnen und Schülern Nachhilfe bietet, falls sie etwas in der Schule noch nicht ganz verstanden haben.

_____

_____

_____

_____

_____

_____

2   Die folgenden Wörter wurden 2020 neu in ein Wörterbuch aufgenommen. Erkläre den jeweiligen Frame dieser Wörter. Falls du ein Wort und seine Bedeutung nicht kennst, recherchiere dieses in einem (Online-)Wörterbuch.

	Frame
Geisterspiel	
Herdenimmunität	
Elterntaxi	
Klimanotstand	
Schummelsoftware	

3   Heute wird das Konzept des sprachlichen Deutungsrahmens „Frame" genannt, doch ähnliche sprachliche Phänomene sind schon viel älter.
  a) Recherchiere für die folgenden Wörter ihre historische Herkunft und erkläre den jeweiligen Frame.
  b) Beurteile kritisch dessen Kontext und Bedeutung. Was glaubst du wollen Sprecherinnen und Sprecher erzielen, wenn sie die jeweiligen Worte verwenden?

	Historische Herkunft	Kritische Beurteilung des Kontextes und der Bedeutung
a. **Antikes Griechenland: Barbaren**		
b. **Mittelalter: Kreuzzüge**		
c. **NS-Sprache: Sonderbehandlung**		
d. **Berichterstattung zu Hartz-IV-Reformen 2005: soziale Hängematte**		
e. **AfD-Politikerin in Bundestagrede: Kopftuchmädchen**		

Überprüfe dein Wissen und Können

1 In der Pause hörst du das folgende Gespräch. Beurteile dieses und kommentiere Tims Aussage.

> Puh, also ich muss sagen, die Französischklausur war heute wirklich richtig schwer. Ich habe echt viel dafür gelernt, aber ich glaube, dass ich nicht viele Aufgaben lösen konnte.

Leon

> Da hast du echt Pech, dass deine Familiensprache Polnisch ist und nicht Französisch, in der Schule wäre das echt ein Vorteil.

Tim

_____

_____

_____

_____

_____

_____

_____

_____

_____

_____

_____

_____

2 Minderheitensprachen sind in Deutschland rechtlich durch eine Europäische Charta geschützt. Erkläre deiner Mitschülerin Jana, was man als Minderheitensprachen versteht und nimm Stellung zu dieser Schutzmaßnahme.

_____

_____

_____

_____

_____

_____

_____

_____

_____

_____

_____

3   Erkläre, wie das Wort Weib in den folgenden Sätzen verwendet wird und welches sprach-
     liche Phänomen du dabei beobachten kannst.

a. mîn ougen hânt ein **wîp** ersehen, wie minneclîch ir rede sî, (= Meine Augen haben eine
   Frau erblickt – wie holdselig auch ihre Worte sind).

_____

_____

b. Wahre Königin ist nur des **Weibes** weibliche Schönheit,
   Wo sie sich zeige, sie herrscht, herrschet bloß, weil sie sich zeigt.

_____

_____

c. Die **Weiber** fingen an, sich gegenseitig an den Haaren zu reißen.

_____

_____

d. Da hatte er wieder nichts als **Weiber** im Kopf.

_____

_____

e. Er konnte dieses **Weib** einfach nicht mehr ertragen.

_____

_____

Bei den Beispielen handelt es sich um _____ , da das Wort

_____ .

4   Beim Surfen im Internet werden dir folgende Werbeslogans gezeigt. Bewerte diese kri-
     tisch. Schreibe in dein Heft.

a. Auszug aus einer Speisekarte: Bei uns gibt es genau das richtige für kleine Nachwuchs-Ingenieure und junge Puppenmamas.

b. Unser Abenteuerspielzeug bietet dem kleinen Entdecker jede Menge Möglichkeiten,
   ob nun Vogelbetrachter, Naturbeobachter oder Waldläufer, für fast jeden gibt es die
   geeigneten Produkte.

❗ Schätze deinen Lernstand ein:

☐ Die Aufgaben konnte ich weitgehend gut lösen.
☐ Mir fielen nicht alle Aufgaben leicht.

Folgende Aufgaben oder Seiten übe ich noch einmal: _____

Rechtschreibstrategien wiederholen

1 a) Beurteile für die fettgedruckten Wortgruppen in den folgenden Sätzen, ob die Attributprobe zur Ermittlung der Großschreibung korrekt angewendet wurde. Prüfe hierzu, ob die Probe und das Ergebnis korrekt sind.

	✓	✗
a. Satz: TOM LIEBT LAUFEN.	✓	✗
Attributprobe: *TOM LIEBT **SCHNELLES LAUFEN**.*	○	○
Ergebnis: *Probe funktioniert → Großschreibung → Tom liebt Laufen.*	○	○
b. Satz: AYSE MALT IHRE WAND IN BLAU AN.	✓	✗
Attributprobe: *AYSE MALT IHRE WAND **SCHÖN IN BLAU** AN.*	○	○
Ergebnis: *Probe funktioniert → Großschreibung → … in Blau an.*	○	○
c. Satz: ANDY WILL SEINE WAND NICHT BLAU.	✓	✗
Attributprobe: *ANDY WILL SEINE WAND NICHT **SCHÖNES BLAU**.*	○	○
Ergebnis: *Probe funktioniert nicht → Kleinschreibung → … nicht blau.*	○	○
d. Satz: JENNY HAT SCHON ETWAS NEUES GELERNT.	✓	✗
Attributprobe: *JENNY HAT SCHON ETWAS **GUTES NEUES** GELERNT*	○	○
Ergebnis: *Probe funktioniert nicht → Kleinschreibung → … etwas neues gelernt.*	○	○
e. Satz: SARAH HASST ZU RECHNEN.	✓	✗
Attributprobe: *SARAH HASST **SCHNELL RECHNEN**.*	○	○
Ergebnis: *Probe funktioniert → Großschreibung → … schnell Rechnen.*	○	○

b) Schreibe für die inkorrekten Proben nun eine korrekte Fassung und das korrekte Ergebnis auf.

2   Kreuze für die folgenden Sätze an, ob das Wort **DAS** als Artikel fungiert und daher die Großschreibung eines dazugehörenden folgenden Nomens anzeigt oder nicht. Unterstreiche ggf. das großzuschreibende Wort.

	Artikel	kein Artikel
a. ICH WEIß **DAS** SCHON LANGE.	○	○
b. **DAS** LAUFEN WIRD IHR ALLMÄHLICH ZUR LAST.	○	○
c. SIE MACHT **DAS** JEDEN SAMSTAG.	○	○
d. KANNST DU MIR **DAS** GEBEN?	○	○
e. DU LIEBST **DAS** NEUE ABER SEHR!	○	○

3   Kreuze jeweils den Satz an, der hinsichtlich seiner Bedeutung am besten zum Bild passt. Beachte hierzu die Getrennt- und Zusammenschreibung.

a.

☐ Heute will er blau machen.

☐ Heute will er blaumachen.

b.

☐ Maxi musste den Text krank schreiben.

☐ Maxi musste den Text krankschreiben.

c.

☐ Sie will es blau machen.

☐ Sie will es blaumachen.

d.

☐ Der Arzt musste Max krank schreiben.

☐ Der Arzt musste Max krankschreiben.

Abweichungen in der Rechtschreibung reflektieren

1 Beurteile die folgenden Schreibsituationen danach, wie bedeutsam dir eine korrekte Rechtschreibung in dieser Situation erscheint. Kreuze an.

■ = weniger wichtig
■ = mittel wichtig
■ = sehr wichtig

a.	Eine Bewerbung
b.	Ein Liebesbrief
c.	Ein Chat mit Freunden
d.	Eine E-Mail an einen Lehrer
e.	Ein Beitrag in einem Forum
f.	Ein Buch
g.	Ein Einkaufszettel
h.	Ein Tagebuch
i.	Ein Zeitungsartikel
j.	Ein Notizzettel
k.	Eine Rechnung
l.	Ein Bericht
m.	Ein Werbeflyer

Kase
Milch
Yogurt
Apelsaft

2 Bewerte die folgende Liste typischer Abweichungen von der Rechtschreibung. Trage hierzu eine Zahl in die linke Spalte ein. Die 1 vergibst du für den schlimmsten Fehler, die 2 für den zweitschlimmsten usw.

○ Tippfehler (Buchstabenverdreher, Buchstabenauslassungen, usw.)

○ Fehlende Kommas in typischen Kommasätzen

○ Rechtschreibfehler in häufigen typischen Wörtern

○ Rechtschreibfehler in Fremdwörtern

○ Falsch großgeschriebene Wörter

○ Fehlende Kommas in schwierigen Kommasätzen

3 Notiere, für welche der unter Aufgabe 2 aufgeführten Fehler Rechtschreibstrategien helfen könnten.

_____

_____

6 *Trifft die folgende Aussage sowohl auf den Text als auch auf das Kreisdiagramm zu? Kreuze an.*

	trifft zu	trifft nicht zu
Man erfährt etwas über das Alter der einzelnen Nutzertypen.	☐	☐

7 *Was ist die zentrale Aussage des Textes? Kreuze die richtige Antwort an.*

a) ☐ Je nach Geschlecht, Alter und sozialem Umfeld lassen sich bei Jugendlichen deutliche Unterschiede in der Art der Nutzung des Internets feststellen.

b) ☐ Im Schnitt verbringen Jugendliche fast 13 Stunden pro Woche im Netz.

c) ☐ Die meisten Jugendlichen lassen sich der Gruppe der Multi-User zuordnen.

d) ☐ 17 % der Jugendlichen nutzen das Netz, um sich Informationen zu beschaffen, E-Mails zu schreiben und Einkäufe zu tätigen.

8 *Kreuze die richtige Antwort an.*

Das Kreisdiagramm zeigt ...

a) ☐ ... , wie viel Prozent der Jugendlichen das Internet überhaupt nutzen.

b) ☐ ... dass die Zahl der jugendlichen Internetnutzer ansteigt.

c) ☐ ... , dass eher jüngere und häufig weibliche Jugendliche digitale Netzwerke nutzen.

d) ☐ ... , dass die Gamer die kleinste Gruppe bilden.

9 *Lies dir den Text noch einmal genau durch.*
Treffen die folgenden Aussagen zu oder nicht? Kreuze an.

	trifft zu	trifft nicht zu
a) Die Gamer sind vor allem jüngere männliche Jugendliche.	☐	☐
b) Über die Hälfte der Befragten nutzen das Internet als Multi-User.	☐	☐
c) Eher ältere weibliche Jugendliche lassen sich als Funktions-User bezeichnen.	☐	☐
d) Vor allem männliche Jugendliche nutzen digitale Netzwerke.	☐	☐

10 *Trifft die folgende Aussage zu oder nicht? Kreuze an.*

	trifft zu	trifft nicht zu
Das Kreisdiagramm bildet nur einen Teil der Textaussage ab.	☐	☐

11 *Jetzt bist du selbst gefragt: Wie nutzt du das Internet? Prüfe, ob die Aussagen des Textes auch auf deine Nutzung des Internets zutreffen. Antworte in mindestens zwei Sätzen.*

☐ Ja, weil ...   ☐ Nein, weil ...

_____

_____

_____

_____

Erzähltexte lesen und verstehen

Einen Erzähltext lesen und verstehen
Um einen Erzähltext zu verstehen, musst du zunächst den **Inhalt erschließen.** Das heißt, du versuchst mithilfe von W-Fragen, die handelnden Personen, Ort und Zeit der Handlung und den Ablauf des Geschehens zu erfassen. Anschließend gehst du daran, die **erzählerischen Merkmale herauszuarbeiten.** Dazu gehören z.B. Titel und Thema der Erzählung, Erzählperspektive (Ich-/Er-Erzähler), Figurencharakteristik, Figurenkonstellation (Beziehungen der Figuren zueinander) sowie sprachliche Gestaltungsmittel.

Paul Watzlawick: **Die Geschichte mit dem Hammer**

Ein Mann will ein Bild aufhängen. Den Nagel hat er, nicht aber den Hammer. Der Nachbar hat einen. Also beschließt unser Mann, hinüberzugehen und ihn auszuborgen. Doch da kommt ihm ein Zweifel:

5 Was, wenn der Nachbar mir den Hammer nicht leihen will? Gestern schon grüßte er mich nur so flüchtig. Vielleicht war er in Eile. Aber vielleicht war die Eile nur vorgeschützt, und er hat etwas gegen mich. Und was? Ich habe ihm nichts angetan; der bildet sich da etwas ein. Wenn jemand von mir ein Werk-

10 zeug borgen wollte, *ich* gäbe es ihm sofort. Und warum er nicht? Wie kann man einem Mitmenschen einen so einfachen Gefallen abschlagen? Leute wie dieser Kerl vergiften einem das Leben. Und dann bildet er sich noch ein, ich sei auf ihn angewiesen. Bloß 15 weil er einen Hammer hat. Jetzt reicht's mir wirklich.

Und so stürmt er hinüber, läutet, der Nachbar öffnet, doch noch bevor er „Guten Tag" sagen kann, schreit ihn unser Mann an: „Behalten Sie Ihren Hammer, Sie 20 Rüpel!"

1   *Lies den Text aufmerksam durch und notiere Antworten auf die folgenden W-Fragen.*

Wer handelt? _____

Wann und **wo** spielt die Handlung? _____

Was passiert? _____

2   *Kreuze die richtige Antwort an.*

In der Geschichte geht es darum, dass ...

a) ☐ ... ein Mann wegen eines Hammers Streit mit seinem Nachbarn bekommt.

b) ☐ ... ein Mann seinen Nachbar nicht leiden kann, weil der ihn nie grüßt.

c) ☐ ... ein Mann sich einredet, sein Nachbar würde ihm keinen Hammer leihen.

3   *Welche der folgenden Charakterisierungen treffen auf den Mann zu, welche nicht? Kreuze an.*

	trifft zu	trifft nicht zu
a) Er macht ein Problem aus einer Sache, die gar kein Problem ist.	☐	☐
b) Er schreibt seinem Nachbarn Eigenschaften zu, ohne zu überprüfen, ob er damit Recht hat.	☐	☐
c) Er denkt sehr gründlich und objektiv über seine Mitmenschen nach.	☐	☐

4 *Charakterisiere die handelnde Person. Notiere in Stichpunkten, was sie denkt und was sie tut.*

Gedanken: _____

Handlungen: _____

5 *Welche menschliche Verhaltensweise verdeutlicht der Autor mit seiner Geschichte?*

_____

6 *Der Mann in der Geschichte sagt:* **„Leute wie dieser Kerl vergiften einem das Leben."**

Nimm Stellung zu dieser Aussage. Kreuze an und begründe deine Meinung.

☐ Der Mann hat Recht, weil ...   ☐ Der Mann hat Unrecht, weil ...

_____

_____

7 *Am Ende schreit der Mann seinen Nachbarn an:* **„Behalten Sie Ihren Hammer, Sie Rüpel!"**

Was meinst du, warum tut er das?

_____

_____

8 Drei Schüler haben die Aussage des Textes so formuliert:

Sandra	Fabian	Marie
Man bekommt Mitleid mit dem Mann, weil der sich so dumm anstellt. Er hätte einfach nur freundlich sein müssen, dann hätte er den Hammer gekriegt.	Der Autor will uns zeigen, dass es nichts bringt, wenn man nur daran denkt, was bei einer Sache schiefgehen könnte. Oft klappt es dann wirklich nicht.	Der Autor will uns warnen, Vorurteile gegenüber einem Menschen zu entwickeln, den man gar nicht kennt. So entsteht Misstrauen.

Welche Interpretation überzeugt dich? Begründe deine Meinung in mindestens zwei Sätzen.

Ich halte die Interpretation von _____ für überzeugend, weil _____

_____

_____

9 *Vergleiche Anfang und Schluss des Textes mit dem Mittelteil.*
Wie wird jeweils erzählt?

TIPP
Achte auf die Personal-
pronomen.

Anfang und Schluss: _____

Mittelteil: _____

21

Terry Pratchett: **Nur du kannst die Menschheit retten**

Johnny biss sich auf die Lippen und konzentrierte sich. Gut so. Schnell schalten, die Rakete ausrichten – *biep biep biep biebiebiebiep* – auf den ersten Jäger, Rakete abfeuern – *swomp* –, Geschütze einsetzen –
5 *bababababam* –, Jäger Nr. 2 treffen und seine Schilde mit dem Laser lahmlegen – *pschuiiiiii* –, während die Rakete – *pwosch* – Jäger Nr. 1 zerstört, abtauchen, Geschütze wechseln, Jäger Nr. 3 bombardieren, während er dreht – *babababam* –, im Aufwärtsflug Jäger
10 Nr. 2 ins Visier nehmen, Rakete abfeuern – *swomp* – und ihn mit ... *Fwit fwit fwit.*
Jäger Nr. 4! Der tauchte immer als Letzter auf, aber wenn man ihn als Ersten ins Visier nahm, hatten die anderen genug Zeit zum Wenden, und dann wurde
15 man zur Zielscheibe von allen dreien.
Er war schon sechsmal getötet worden. Dabei war es gerade erst fünf Uhr.
Seine Hände flogen über die Tastatur. Sterne rauschten an ihm vorbei, während er beschleunigte, um
20 dem Gewühl zu entgehen. Das kostete ihn zwar eine Menge Energie, aber bis sie ihn eingeholt hatten, würden die Schilde wieder auf voller Kraft laufen, und er wäre kampfbereit. Außerdem mussten zwei von denen schon beschädigt sein, und ... da waren sie
25 ... Raketen ab, wow, Glückstreffer, vernichtet! [...]
In der Ecke des Bildschirms tauchte der riesige Koloss ihres Mutterschiffs auf. Level 10, dann mal los ... schön vorsichtig ... jetzt waren keine Jäger mehr da, also musste er sich nur außer Reichweite halten und sich
30 dann heranschleichen und ...
Wir möchten verhandeln.
Johnny blickte verdutzt auf die Botschaft am Bildschirmrand.
Wir möchten verhandeln.
35 Das Schiff rauschte vorbei – *eeeeooouuuuummmm*. Er drückte auf die Drosseltaste und verlangsamte seine Geschwindigkeit, dann wendete er und hatte den großen roten Umriss wieder im Visier.
Wir möchten verhandeln.
40 Sein Finger schwebte über dem Abzugsknopf. Dann, ohne wirklich hinzusehen, führte er ihn zur Tastatur und drückte auf Pause. Dann griff er nach dem Handbuch. *Nur du kannst die Menschheit retten*, stand auf dem Umschlag. „Super Sound und Grafiken. Das end-
45 gültige Spiel." [...]
Wir möchten verhandeln.
Selbst nachdem er Pause gedrückt hatte, blinkte die Botschaft noch auf dem Schirm. In dem Handbuch

stand aber nichts von Botschaften. Jonny blätterte die Seiten durch. Das musste eine der Neuheiten sein, 50 von denen das Spiel voll sein sollte. Er legte das Buch beiseite und seine Finger auf die Tastatur, dann tippte er vorsichtig: Stirb, außerirdischer Abschaum.
Nein! Wir wollen nicht sterben! Wir wollen verhandeln! 55
Das war aber nicht so vorgesehen, oder? [...] Johnny feuerte noch mal den Laser ab. *Swusch.* Er wusste eigentlich nicht, warum. Aber er hatte einen Joystick und einen Abzugsknopf, und dafür war das Ganze eben da. Schließlich gab es keinen „Nicht feuern"-Knopf. 60
Wir ergeben uns! BITTE!
Er streckte den Finger aus und drückte – sehr behutsam – auf die „Spiel speichern"-Taste. Der Computer surrte und klickte und war dann still. Er spielte den ganzen Abend nicht mehr. Er machte seine Hausauf- 65
gaben. [...]
Vielleicht sollte er ihnen eine Botschaft zurücksenden. Aber „Stirb, Abschaum!" schien im Moment nicht ganz passend. Er tippte: Was ist los?
Sofort erschien in gelben Buchstaben eine Antwort 70 auf dem Bildschirm.
Wir ergeben uns. Nicht schießen. [...]
Johnny starrte auf den Bildschirm. Er hätte am liebsten getippt: Nein, das kann einfach nicht sein. Ihr seid Außerirdische, und ihr könnt mir nicht erzählen, dass 75 ihr nicht beschossen werden wollt. In keinem anderen Spiel haben Außerirdische jemals damit aufgehört, über den Bildschirm zu jagen. [...]
Und dann dachte er: Sie hatten nie die Chance. Sie konnten es nie. 80
Aber jetzt waren die Spiele viel besser. Sie wurden einfach immer realistischer.
Er tippte: Es ist schließlich nur ein Spiel.
Was ist ein Spiel?

1 *Kreuze die richtige Antwort an.*

Johnny hat ein Problem. Beim Spielen seines neuen Computerspiels ...

a) ☐ ... geht es kaputt.

b) ☐ ... kommt er nur langsam voran.

c) ☐ ... langweilt er sich schnell.

d) ☐ ... passiert etwas Ungewöhnliches.

2 *Kreuze die richtige Antwort an.*

Die Außerirdischen, die Johnny bekämpfen soll, ...

a) ☐ ... möchten verhandeln.

b) ☐ ... wollen Johnny abschießen.

c) ☐ ... wehren sich heldenhaft.

d) ☐ ... fliehen vor der Attacke.

3 *Kreuze die richtige Antwort an.*

Auf das Angebot der Außerirdischen reagiert Johnny in folgender Weise:

a) ☐ Auf so ein lächerliches Angebot geht er nicht ein und schießt weiter.

b) ☐ Die Sache kommt ihm unheimlich vor und er stellt den Computer sofort aus.

c) ☐ Er stutzt, schlägt im Handbuch nach, startet noch einen Versuch und gibt dann auf.

d) ☐ Er ist überzeugt davon, dass er vom vielen Computerspielen verrückt geworden ist.

4 Auf das Verhandlungsangebot der Gegenspieler antwortet Johnny:

„Stirb, außerirdischer Abschaum." (Z. 53)

Warum wohl reagiert Johnny so? Antworte in mindestens drei Sätzen.

_____

_____

_____

_____

_____

5 Johnny sagt am Ende des Textauszugs: „**Es ist schließlich nur ein Spiel.**" (Z.83)
Daraufhin fragen die Außerirdischen: „**Was ist ein Spiel?**" (Z.84)

Was bedeutet „Spiel" für Johnny, was für die Außerirdischen? Antworte jeweils in einem Satz.

Zitat	Was bedeutet „Spiel" für Johnny/für die Außerirdischen?
a) „Es ist schließlich nur ein Spiel."	Johnny: _____ _____ _____
b) „Was ist ein Spiel?"	die Außerirdischen: _____ _____ _____

6 Auch die beiden folgenden Sätze sind Zitate aus dem Text.

a) „**In dem Handbuch stand aber nichts von Botschaften.**" (Z.48 f.)

b) „**Er spielte den ganzen Abend nicht mehr.**" (Z.64 f.)

> **TIPP**
> Alles über Adverbialbestimmungen erfährst du auf S.36.

Unterstreiche die adverbialen Bestimmungen des Ortes bzw. der Zeit in den Sätzen a und b.

7 „Der tauchte immer als Letzter auf, aber wenn man ihn als Ersten ins Visier nahm, hatten die anderen genug Zeit zum Wenden, und dann wurde man zur Zielscheibe von allen dreien." (Z.12 ff.)

Setze diesen Satz vom Präteritum ins Präsens.

_____

_____

8 Während Johnny sein neues Computerspiel spielt, nehmen die Außerirdischen Kontakt zu ihm auf.

a) *Was macht Johnny am Computer? Schreibe zwei weitere Handlungen in die beiden linken Kästchen.*

b) *Suche zwei weitere Botschaften der Außerirdischen heraus und schreibe sie in die beiden rechten Kästchen.*

Handlungen - - - - - - - - - - - - - - - Johnny ◄ - - - - - - - - - - - - - Botschaften

| richtet Raketen aus und feuert sie ab | „Was ist ein Spiel?" |

| | |

| | |

| sendet eine Botschaft | - - - - ► Außerirdische - - - - | „Wir möchten verhandeln." |

9   *Kreuze an, zu welcher Textsorte der Text „Nur du kannst die Menschheit retten" gehört.*

Es handelt sich um einen Auszug aus ...

a) ☐ ... einer Spielanleitung.

b) ☐ ... einem Science-Fiction-Roman.

c) ☐ ... einem Märchen.

d) ☐ ... einer Reportage.

10   Der Autor verwendet sprachliche Ausdrücke wie „swomp", „pschuiiiiii" oder „babababababam".

Was haben diese Ausdrücke gemeinsam? Kreuze die richtige Antwort an.

a) ☐ Sie entstammen der englischen Sprache.

b) ☐ Sie entstammen der Comicsprache.

c) ☐ Sie verdeutlichen Computerfachsprache.

d) ☐ Sie geben die Sprache der Außerirdischen wieder.

11   *Welche Wirkung wird durch diese Ausdrücke erzielt? Kreuze die richtige Antwort an.*

a) ☐ Sie veranschaulichen den Sound von Computerspielen.

b) ☐ Sie lassen das Geschehen bedrohlich wirken.

c) ☐ Sie vermitteln einen fachwissenschaftlichen Eindruck.

d) ☐ Sie dienen dem besseren Verständnis der Handlung.

12   Ein Leser des Buches „Nur du kannst die Menschheit retten" hat sich im Internet dazu geäußert:

„Nach der Lektüre hat sich meine Einstellung zu Computerspielen geändert. Ich konnte einen Alien oder ein Monster einfach nicht mehr mit der gleichen Kaltblütigkeit erlegen, mit der ich es vorher tat."

Beschreibe deine Sicht auf Computerspiele, in denen es um das Abschießen virtueller Feinde geht.

Gedichte lesen und verstehen

Ein Gedicht lesen und verstehen

Gedichte zeichnen sich durch bildhafte Sprache und formale Besonderheiten, wie Vers, Reim und Rhythmus, aus. Um ein Gedicht zu verstehen, musst du es **schrittweise analysieren.** Dabei können dir **W-Fragen** helfen:

– **Was** für ein Gedicht ist es? (z. B. Natur-, Großstadt-, Liebes-, Erlebnis-, Gedanken- oder politische Lyrik)
– **Wer** spricht? (Charakterisierung des lyrischen Ichs: seine Situation, möglicher Anlass für das Entstehen des Gedichts)
– **Wovon** handelt das Gedicht? (z. B. Thema, Motive, Gedanken, Appell)
– **Wie** ist das Gedicht geschrieben? (Strophen, Reim, sprachliche Bilder, z. B. Vergleiche und Metaphern)
– **Welche** inhaltlichen Schwerpunkte behandeln die einzelnen Strophen? (z. B. Entwicklung des Themas)
– **Warum** könnte das Gedicht geschrieben worden sein? (Botschaft des Gedichts)

Hermann Hesse: **Voll Blüten**

Voll Blüten steht der Pfirsichbaum,   ◯ Motiv
Nicht jede wird zur Frucht,
Sie schimmern hell wie Rosenschaum
Durch Blau und Wolkenflucht.

5 Wie Blüten gehn Gedanken auf,
Hundert an jedem Tag –
Lass blühen! lass dem Ding den Lauf!
Frag nicht nach dem Ertrag!

Es muss auch Spiel und Unschuld sein
10 Und Blütenüberfluss,
Sonst wär die Welt uns viel zu klein
Und Leben kein Genuss.

1   Notiere deinen ersten Leseeindruck.

_____

_____

_____

2   Lies das Gedicht nun noch einmal sehr aufmerksam.
Markiere dabei im Text Antworten auf mögliche W-Fragen oder notiere sie daneben.

3   Kreuze die richtige Antwort an.

In dem Gedicht „Voll Blüten" geht es um ...

a) ☐ ... einen Baum.

b) ☐ ... den Vergleich zwischen Blüten und Gedanken.

c) ☐ ... einen Menschen, der seinen Gedanken immer freien Lauf lässt.

d) ☐ ... das Problem, dass sich nicht alle Gedanken verwirklichen lassen.

TIPP

Orientiere dich am Beispiel **Motiv.** Markiere die Antworten auf unterschiedliche Weise. Dann kannst du deine Antworten auf die verschiedenen W-Fragen besser voneinander unterscheiden.

4 *Fasse den Inhalt der einzelnen Strophen zusammen. Achte dabei besonders auf das Motiv der Blüten.*

1. Strophe: _____

_____

2. Strophe: _____

_____

3. Strophe: _____

_____

5 *Im Gedicht werden Blüten mit Gedanken verglichen. Was haben beide gemeinsam?*

_____

_____

6 *Ergänze den folgenden Satz.*

Das sprachliche Bild „wie Blüten gehn Gedanken auf" nennt man _____.

7 *Kreuze die richtige Antwort an.*

Mit dem sprachlichen Bild „wie Blüten gehn Gedanken auf" soll ausgedrückt werden, dass …

a) ☐ … Gedanken Zeit brauchen, sich zu entwickeln.   c) ☐ … Gedanken nur flüchtig sind.

b) ☐ … Gedanken irgendwann verblühen.

8 *Treffen die folgenden Aussagen zu oder nicht? Kreuze an.*

Das lyrische Ich will dem Leser sagen, …	trifft zu	trifft nicht zu
a) … dass sich im Leben nicht alle Gedanken und Ideen verwirklichen lassen.	☐	☐
b) … dass er versuchen soll, seine Gedanken und Ideen zu verwirklichen, auch wenn nicht alles gelingen wird.	☐	☐
c) … dass er das Leben spielerisch angehen soll.	☐	☐

9 In Zeile 8 sagt das lyrische Ich: **„Frag nicht nach dem Ertrag!"**

Stelle Vermutungen darüber an, was damit gemeint sein könnte.

_____

_____

_____

10 *Bestimme das Reimschema des Gedichts. Kreuze die richtige Antwort an.*

a) ☐ Paarreim   b) ☐ Kreuzreim   c) ☐ umarmender Reim

27

Erich Kästner: **Keiner blickt dir hinter das Gesicht** (Fassung für Kleinmütige)

Niemand weiß, wie reich du bist ...
Freilich mein ich keine Wertpapiere,
keine Villen, Autos und Klaviere,
und was sonst sehr teuer ist,
5 wenn ich hier vom Reichtum referiere.

Nicht den Reichtum, den man sieht
und versteuert, will ich jetzt empfehlen.
Es gibt Werte, die kann keiner zählen,
selbst, wenn er die Wurzel zieht.
10 Und kein Dieb kann diesen Reichtum stehlen.

Die Geduld ist so ein Schatz,
oder der Humor, und auch die Güte,
und das ganze übrige Gemüte.
Denn im Herzen ist viel Platz.
15 Und es ist wie eine Wundertüte.

Arm ist nur, wer ganz vergisst,
welchen Reichtum das Gefühl verspricht.
Keiner blickt dir hinter das Gesicht.
Keiner weiß, wie reich du bist ...
20 (Und du weißt es manchmal selber nicht.)

1 *Kreuze die richtige Antwort an.*

In dem Gedicht von Erich Kästner geht es um ...

a) ☐ ... Reichtum, den man nicht an materiellen Werten messen kann.

b) ☐ ... einen kleinmütigen Mann, der seinen Reichtum nicht genießen kann.

c) ☐ ... die Art und Weise, wie man reich wird.

d) ☐ ... die Frage, ob man trotz Reichtum auch noch geduldig, humorvoll und gütig sein kann.

2 In Kästners Gedicht ist von inneren Werten des Menschen die Rede.

Notiere die Strophe, in der das besonders zum Ausdruck kommt.

Strophe: _____

3 *Nenne mindestens zwei der aufgeführten inneren Werte.*

_____

4 *Erich Kästner schreibt in einem Zusatz „Fassung für Kleinmütige". Welche Eigenschaft eines Menschen ist damit gemeint? Kreuze die richtige Antwort an.*

a) ☐ geizig   b) ☐ mutlos   c) ☐ lächerlich

5 Kästner sagt, dass kein Dieb den inneren Reichtum eines Menschen stehlen kann.

Was ist damit gemeint? Kreuze die richtige Antwort an.

a) ☐ Wenn jemand reich ist, dann kann ihm das keiner nehmen, denn niemand kann eine Villa stehlen.

b) ☐ Die Eigenschaften eines Menschen kann man ihm nicht wegnehmen, weil sie keine Gegenstände sind.

c) ☐ Das ist bisher noch nicht vorgekommen, also ist es unvorstellbar.

d) ☐ Die Menschen verbergen ihren Reichtum immer sehr geschickt, deshalb haben Diebe keine Chance.

6 *Treffen die folgenden Aussagen auf Kästners Gedicht zu oder nicht? Kreuze an.*

	trifft zu	trifft nicht zu
a) Wahren Reichtum erkennt man daran, ob jemand Autos, eine Villa und Wertpapiere besitzt.	☐	☐
b) Es gibt Werte, die lassen sich nicht in Zahlen ausdrücken.	☐	☐
c) Arm ist, wer seinen inneren Reichtum vergisst.	☐	☐

7 Den Titel des Gedichts „Keiner blickt dir hinter das Gesicht" hat ein Schüler folgendermaßen interpretiert:

„Mit dem Titel will Kästner ausdrücken, dass man einen reichen Menschen nicht an seinem Äußeren erkennen kann, schließlich läuft niemand mit einer Villa oder einem Klavier herum."

Was hältst du von dieser Aussage? Kreuze an und begründe deine Antwort in mindestens zwei Sätzen.

☐ Ich halte diese Aussage für richtig.   ☐ Ich halte diese Aussage für falsch.

Begründung: _____

_____

_____

8 *Trifft die folgende Aussage zu oder nicht? Kreuze an.*

	trifft zu	trifft nicht zu
Das Gedicht ist in Reimen geschrieben.	☐	☐

9 Erich Kästner verwendet in seinem Gedicht viele sprachliche Bilder.

Ergänze den folgenden Satz.

Das sprachliche Bild „wie eine Wundertüte" (Z.15) nennt man _____.

10 *Was ist mit dem sprachlichen Bild „wie eine Wundertüte" gemeint? Schreibe mindestens drei Sätze.*

_____

_____

_____

_____

2 REFLEXION ÜBER SPRACHE: GRAMMATIK

MIT DEM WORTSCHATZ ARBEITEN

Wortfelder nach Ober- und Unterbegriffen gliedern
Wörter und Wendungen, die eine gleiche oder sehr ähnliche Bedeutung haben, bilden ein Wortfeld. Wortfelder kann man in Ober- und Unterbegriffe gliedern. So bekommt man schnell einen Überblick über ein bestimmtes Thema.

1 *Ordne die folgenden Wörter dem richtigen Oberbegriff zu.*

Eishockey – Boxen – Fechten – Riesenslalom – Snowboard – Wrestling

Kampfsport: _____

Wintersport: _____

TIPP
Wenn du eine Sportart nicht kennst, schlage in einem **Wörterbuch** nach.

2 *Sieh dir die folgende Übersicht an. Welchen Oberbegriff kannst du einsetzen? Kreuze an.*

a) ☐ Sportunterricht   b) ☐ Sportarten   c) ☐ Sportgeschäft   d) ☐ Sportgeräte

???

| a | | Kampfsport | | b | | Wintersport | |

| Sprint | Mara-thon | Weit-sprung | Karate | Judo | Ringen | Schwim-men | Ru-dern | Wasser-ball | Ski-springen | Eiskunst-lauf | Ro-deln |

3 *In der Übersicht der Aufgabe 2 fehlen zwei weitere Begriffe. Notiere sie hier.*

a) _____   b) _____

4 *Suche aus dem folgenden Wortfeld den Oberbegriff und zwei Unterbegriffe heraus. Vervollständige dann die Übersicht, indem du auch die restlichen Begriffe zuordnest.*

Fußball – Handball – Ballsportarten – Tennis – Badminton – Mannschaftssportart – Einzelsportart – Basketball – Tischtennis

Synonyme und Antonyme

Wörter, die fast die gleiche Bedeutung haben, bezeichnet man als **Synonyme,** z.B. klug, schlau, intelligent, gescheit, weise. Mit ihrer Hilfe kannst du dich zu einem Thema abwechslungsreich, anschaulich und genau äußern.

Wörter mit entgegengesetzter Bedeutung nennt man **Antonyme,** z.B. hell – dunkel, laut – leise.

Räuber in der Falle

Großes Pech hatte gestern ein Einbrecher im niedersächsischen Wolfenbüttel. Zunächst gelang es dem Dieb, lautlos durch den Keller ins Haus zu schleichen und dort Geld und Schmuck zu erbeuten. Beim Ver-
5 such, wieder aus dem Kellerfenster ins Freie zu klettern, stürzte der Gauner jedoch so unglücklich auf eine Kartoffelkiste, dass er sich das Bein brach. Dem Spitzbuben blieb nichts weiter übrig, als um Hilfe zu rufen. Die Polizei brachte den Langfinger in Handschellen ins nächste Krankenhaus. Da sieht man mal 10 wieder: Verbrecher sein, das lohnt sich nicht!

1   *In dem Zeitungstext werden sechs Synonyme für „Räuber" gebraucht. Suche sie heraus.*

_____

_____

2   *Trage die folgenden Synonyme für „Geld" so in die Lücken ein, dass sie zur Situation passen.*

Banknoten – Euro – Zahlungsmittel – Kohle

a) „Ich bin schon wieder pleite", stöhnte Mara, „wo ist bloß meine ganze _____ hin?"

b) Im letzten Monat wurde in einer verlassenen Fabrik in Tübingen eine Maschine zur Herstellung falscher

  _____ entdeckt.

c) In unsicheren Zeiten galten oft wertvolle und nützliche Dinge wie Schokolade oder Kartoffeln als

  _____.

d) Die Villa der Familie Gierschlund hat bestimmt eine Million _____ gekostet!

3   *Passen die folgenden Antonyme zueinander? Kreuze an.*

	trifft zu	trifft nicht zu
a) Das Gegenteil von spannend ist langweilig.	☐	☐
b) Das Gegenteil von geizig ist sparsam.	☐	☐
c) Das Gegenteil von flach ist niedrig.	☐	☐
d) Das Gegenteil von dreckig ist sauber.	☐	☐

4   *Welche der folgenden Verben sind Antonyme? Verbinde sie mit einer Linie.*

suchen   fragen   reden   lachen   flüstern

weinen   schreien   antworten   finden   schweigen

WORTARTEN FLEKTIEREN UND BESTIMMEN

> **Die Deklination**
> Nomen haben ein **Genus** (maskulin, feminin, neutral) und einen **Numerus** (Singular, Plural).
> Im Satz stehen Nomen in einem bestimmten **Kasus** (Nominativ, Genitiv, Dativ, Akkusativ).
> Die Begleiter von Nomen sind Artikel, Pronomen und Adjektive. Sie werden ebenfalls dekliniert und
> stimmen in Genus, Numerus und Kasus mit dem Nomen überein.

1 *Markiere in den folgenden Sätzen alle Nomen, Artikel, Pronomen und Adjektive in der angezeigten Weise.*

Beispiel: Mein Bruder hat den Fußball durch das offene Fenster geschossen.

a) Der Trainer gibt seiner Mannschaft klare Anweisungen für die zweite Halbzeit. Das macht Mut.

b) In der 50. Minute erhält der Stürmer einen Traumpass. Das ist die große Chance auf den Sieg.

c) Dem Verteidiger der gegnerischen Mannschaft bleibt nur eine Notbremse. Ein klares Foul!

d) Der Schiedsrichter zeigt dem Spieler die gelbe Karte. Da hilft kein Meckern!

2 *Setze in die Lücken die Nomen aus der Randspalte in der richtigen Form ein.*

Die Geschichte des Fußballs

Die ersten Formen _____ fand man in China. Im dritten   der Fußball

Jahrhundert vor _____ wurde   unsere Zeitrechnung

ein Lederball mit _____ gefüllt. Im Mittelalter stellte man   die Feder

in Italien auf _____ Zelte als Tore auf. Jede Mann-   der Marktplatz

schaft bestand aus _____. In Deutschland wurden 1890   27 Spieler

_____ gegründet.   der erste Verein

3 *Bestimme die unterstrichenen Nomen nach Genus, Kasus und Numerus. Kreuze an.*

Fußball-Wahrheiten

a) Ein Tor würde dem Spiel guttun.

☐ maskulin, Akkusativ, Singular   ☐ neutral, Dativ, Singular

☐ feminin, Dativ, Singular

b) Der Pfosten ist ein Freund des Torwarts, auf den er sich nicht verlassen kann.

☐ maskulin, Genitiv, Plural   ☐ neutral, Dativ, Plural   ☐ maskulin, Genitiv, Singular

c) Abseits ist, wenn der Schiedsrichter pfeift.

☐ maskulin, Akkusativ, Singular   ☐ maskulin, Nominativ, Singular   ☐ neutral, Nominativ, Singular

> **TIPP**
> Nach dem Kasus fragen:
> Nominativ: Wer oder was?
> Genitiv: Wessen?
> Dativ: Wem?
> Akkusativ: Wen oder was?

Verben konjugieren

Verben lassen sich als einzige Wortart beugen, d.h., sie verändern sich nach **Person** (1., 2. und 3. Person), **Numerus** (Singular, Plural) und **Tempus** (Zeitform).

1 *Unterstreiche die Zeitformen in den folgenden Sätzen.*

Schon lange hatte Marie davon geträumt, Tänzerin zu werden. Sie

bewarb sich bei einer berühmten Tanzschule. Dann hat sie lange auf

eine Antwort gewartet. Heute endlich kommt ein Brief. Sie wird ihn

sofort öffnen.

TIPP

Manche Zeitformen bestehen aus zwei Wörtern, z.B. *hat gelacht.*

2 *Ordne die Verbformen aus Aufgabe 1 den richtigen Zeitformen in der Tabelle zu.*

Plusquamperfekt	Präteritum	Perfekt	Präsens	Futur

3 *Bestimme in den folgenden Sätzen zuerst die unterstrichene Zeitform. Setze das Verb dann in die angegebene Zeitform und schreibe den Satz auf.*

a) Ich gehe dreimal in der Woche zum Tanztraining. _____

Präteritum: _____

b) Wir haben schon eine Menge gelernt, z.B. Hüftkreisen für Samba. _____

Präsens: _____

c) Wusstest du, dass Samba durch versklavte Menschen von Afrika nach Brasilien gebracht wurde?

_____

Perfekt: _____

d) Im Sommer werde ich an einem internationalen Tanzturnier teilnehmen. _____

Perfekt. _____

Aktiv und Passiv

Mit dem Gebrauch des **Aktivs** wird die Aufmerksamkeit auf die **handelnde Person** gelenkt. Im Satz ist sie das Subjekt. Das Verb wird normal gebeugt.
Beispiele: Der Hund beißt den Mann. Der Hund hat den Mann gebissen.
Mit dem Gebrauch des **Passivs** wird das **Geschehen,** die **Tätigkeit** betont. Das Passiv wird aus der gebeugten Form des Hilfsverbs „werden" und dem Partizip II des Handlungsverbs gebildet. Wird der Handelnde im Satz genannt, verwendet man die Präpositionen *von* oder *durch.*
Beispiele: Der Mann wird von dem Hund gebissen. Der Mann ist von dem Hund gebissen worden.

1 *Welche der folgenden Sätze sind Passivsätze? Kreuze an.*

a) ☐ Der Sportler wurde mit einer Goldmedaille geehrt.

b) ☐ Die Turnerin hat am Stufenbarren die Silbermedaille geholt.

c) ☐ Die Fußballer gingen beim Turnier leer aus.

d) ☐ Die Hoffnung der Schwimmerin auf Gold ist erfüllt worden.

2 *Bestimme bei den unterstrichenen Verbformen die Personal- und Zeitform und unterscheide Aktiv und Passiv. Arbeite mit Abkürzungen: Pers. = Person, Sg. = Singular, Perf. = Perfekt usw.*

a) Die Olympischen Sommerspiele wurden 2008 zum ersten Mal in China ausgetragen. _____

b) Über 11000 Sportler traten in 302 Wettkämpfen an. _____

c) Sie haben in 28 Sportarten um die Medaillen gekämpft. _____

d) Die meisten Wettkämpfe wurden in der Hauptstadt Peking durchgeführt. _____

e) 91000 Zuschauer sahen die Eröffnungsfeier im Stadion. _____

f) Insgesamt sind 302 Goldmedaillen vergeben worden. _____

3 *Wandle die folgenden Aktivsätze in Passivsätze um.*

Beispiel: Der Außenseiter überholte den Favoriten.
Der Favorit wurde von dem Außenseiter überholt.

a) Der Tennisspieler schlug den Ball ins Netz.

_____

_____

b) Die ganze Mannschaft umarmte den Trainer.

_____

_____

c) Der Eiskunstläufer warf seine Partnerin hoch in die Luft.

_____

_____

Der Konjunktiv

Verben können in unterschiedlichen **Modusformen** stehen:

Der **Indikativ** (Wirklichkeitsform) drückt eine Tatsache aus: Sie <u>hat</u> den Film gesehen.

Beim **Konjunktiv** (Möglichkeitsform) unterscheidet man:

Konjunktiv I: wird vor allem verwendet, um Äußerungen anderer wiederzugeben (indirekte Rede). Man bildet ihn aus dem Infinitivstamm des Verbs und der Konjunktivendung:

Sie sagt, sie <u>habe</u> den Film gesehen.

Konjunktiv II: drückt Wünsche oder Vorstellungen aus. Man bildet ihn aus dem Verbstamm im Präteritum und der Konjunktivendung. Bei starken Verben werden aus *a, o, u* die Umlaute *ä, ö, ü*:

Es <u>wäre</u> toll, wenn sie diesen Film <u>sähe</u>.

---

1 *Bestimme in den folgenden Sätzen, ob es sich um Konjunktiv I oder Konjunktiv II handelt. Kreuze an.*

	Konj. I	Konj. II
a) Der Reporter sagt, das sei Weltrekord.	☐	☐
b) Der Trainer meinte, über 10 Sekunden laufe heute keiner mehr.	☐	☐
c) Für die junge Läuferin wäre es ein Erfolg, wenn sie unter die ersten fünf käme.	☐	☐
d) „Wie wäre es, wenn du mal wieder mehr Sport triebest?"	☐	☐

> **TIPP**
> Konjunktivendungen:
> ich geb/gäb – **e**
> du geb/gäb – **est**
> er geb/gäb – **e**
> wir geb/gäb – **en**
> ihr geb/gäb – **et**
> sie geb/gäb – **en**

2 *In den folgenden Sätzen werden Aussagen als indirekte Rede wiedergegeben. Bilde von dem Verb in Klammern jeweils den Konjunktiv I und setze ihn ein.*

a) Der Reporter fragte den Handballer, wie es möglich _____ (sein), im entscheidenden

Moment den Siegtreffer zu erzielen.

b) Der Handballer antwortete, er _____ (haben) sich einfach auf den Abwurf

konzentriert.

c) Der Reporter wollte wissen, was er _____ (empfinden), im Finale

zu stehen.

d) Der Handballer meinte, er _____ (fühlen) sich fantastisch.

3 *Bilde von dem Verb in Klammern den Konjunktiv II und setze ihn ein.*

a) Es wäre besser, wenn der Radsport ohne Doping (auskommen) _____ .

b) Es wäre sehr von Nutzen, wenn es mehr Kontrollen (geben) _____ .

c) Es wäre schon seltsam, wenn der Spitzenreiter gegen den Abstiegskandidaten (verlieren)

_____ !

Satzglieder bestimmen

Sätze bestehen aus Wörtern und Wortgruppen. Sie bilden Satzglieder. Diese erkennt man daran, dass sie **allein** vor die gebeugte Verbform gestellt werden können, ohne dass sich der Sinn des Satzes ändert **(Umstellprobe)**.

1 *Überprüfe mithilfe der Umstellprobe, ob die hervorgehobenen Wörter und Wortgruppen Satzglieder sind. Kreuze an.*

	ja	nein
a) Tobias hat **zum Geburtstag** ein Skateboard geschenkt bekommen.	☐	☐
b) Er will es **gleich** ausprobieren.	☐	☐
c) Draußen regnet es **aber** in Strömen.	☐	☐
d) Also muss Tobias sich noch **einen Tag** gedulden.	☐	☐

Die Frageprobe
Zur genauen Bestimmung der Satzglieder verwendet man die **Frageprobe.**

Prädikat: Was geschieht? Subjekt: Wer oder was?

Akkusativobjekt: Wen oder was? Dativobjekt: Wem?
Genitivobjekt: Wessen? Präpositionalobjekt: Wovon?, Mit wem?, Worüber?

Adverbiale Bestimmungen:
Temporalbestimmung (Zeit): Wann?, Seit wann? Lokalbestimmung (Ort): Wo?, Wohin?, Woher?
Kausalbestimmung (Grund): Warum? Modalbestimmung (Art und Weise): Wie?

2 *Bestimme die unterstrichenen Satzglieder mithilfe der Frageprobe.*

a) In ihrer Freizeit spielt Annika Volleyball.

_____

_____

b) Mit ihrer Mannschaft nimmt sie regelmäßig an Turnieren teil.

_____

_____

c) Wegen ihrer tollen Leistung haben sie beim letzten Wettkampf verdient gewonnen.

_____

_____

_____

d) Vor Freude warf Annika dem jubelnden Publikum ihren Ball zu.

_____

_____

Satzbauregeln

Beim Satzbau müssen einige wichtige Regeln beachtet werden:

1. Im Aussagesatz steht die gebeugte Verbform immer an zweiter Stelle. Zweiteilige Prädikate umrahmen andere Satzglieder: Er hat den Ball ins Tor des Gegners geschossen.

2. Das Dativobjekt steht meist vor dem Akkusativobjekt: Der Trainer gab dem Stürmer noch eine Chance.

3. Bei der Anordnung von Adverbialbestimmungen steht die temporale Bestimmung vor der lokalen: Ich bin gestern im Kino gewesen.

3 *Stelle die folgenden Sätze so um, dass das fett gedruckte Satzglied an die richtige Stelle rückt. Notiere, welche Satzbauregel (1–3) du angewendet hast.*

a) Der Stürmer hat den Ball **gestoppt** mit dem linken Fuß.

_____

b) Der Torwart gab klare Anweisungen **seinen Mitspielern.**

_____

c) Wir haben uns so **gefreut** auf das Endspiel.

_____

d) Die Siegerehrung fand auf dem Rasen **nach dem Spiel** statt.

_____

4 *Ergänze in den folgenden Sätzen die angegebenen adverbialen Bestimmungen und schreibe die Sätze auf.*

a) Ich war im Stadion. (temporale Bestimmung: wann?)

_____

b) Meine Mannschaft hat gewonnen.
   (modale Bestimmung: wie?)

_____

_____

c) Der Brasilianer hat den Ball geschossen.
   (lokale Bestimmung: wohin?)

_____

_____

d) Der Schiedsrichter zeigte dem Spieler die rote
   Karte. (kausale Bestimmung: warum?)

_____

_____

ZUSAMMENGESETZTE SÄTZE

Nebensätze bestimmen

Nebensätze sind Teilsätze in einem Satzgefüge. Sie sind immer mit einem Hauptsatz verknüpft und können nicht allein stehen. Zwischen Haupt- und Nebensatz muss immer ein Komma gesetzt werden. Man unterscheidet:
- **Relativsätze** (Attributivsätze), die mit einem Relativpronomen eingeleitet werden:
  Die Eiskunstläuferin, die im letzten Jahr Gold gewann, kam diesmal nur auf Platz 3.
- **Konjunktionalsätze** (Adverbialsätze), die mit einer Konjunktion eingeleitet werden:
  Die Eiskunstläuferin kann noch gewinnen, wenn sie ihre Kür fehlerfrei meistert.

1 Unterstreiche in den folgenden Sätzen alle Nebensätze und markiere das Einleitewort. Bestimme das Einleitewort (Relativpronomen = RP, Konjunktion = K) und leite daraus die Satzart ab. Notiere dein Ergebnis in der Randspalte.

a) Stundenlang probte sie den Hüftaufschwung am Stufenbarren, der immer ihr Lieblingsgerät gewesen war. _____

b) Obwohl sie die Übung schon im Schlaf konnte, passierten ihr immer wieder Fehler. _____

c) Der Salto, den sie so lange geübt hatte, gelang ihr beim Wettkampf mühelos. _____

d) Vor jedem Wettkampf ging sie früh schlafen, damit sie am Morgen topfit war. _____

2 Bilde aus den folgenden Sätzen Satzgefüge mit einem Nebensatz. Unterstreiche den Nebensatz. Das Einleitewort ist bereits vorgegeben.

a) Eishockey ist eine Mannschaftssportart. Sie wird immer beliebter. **die**

_____

_____

b) Der Puck ist eine flache Hartgummischeibe. Der Puck wird mit Schlägern in das gegnerische Tor geschoben oder geschossen. **die**

_____

_____

_____

c) Die Spieler tragen Schutzanzüge. Eishockey ist ein körperbetonter Sport. **weil**

_____

_____

d) Ich schaue mir gern Eishockeyspiele an. Die häufigen Auseinandersetzungen auf der Eisfläche gefallen mir nicht. **obwohl**

_____

_____

Adverbialsätze anhand der einleitenden Konjunktion näher bestimmen

Adverbialsatz	Konjunktion	Beispiel
Temporalsatz (Zeit)	als, nachdem	Er sprang auf, als der Siegtreffer fiel.
Lokalsatz (Ort)	wo, wohin, woher	Sein Blick ging ungläubig zur Anzeigetafel, wo ein neuer Weltrekord abzulesen war.
Modalsatz (Art und Weise)	wie, indem, dadurch, dass	Sie konnten nur Meister werden, indem sie im letzten Punktspiel alles gaben.
Kausalsatz (Begründung)	weil, da	Der Spieler kommt zum Einsatz, weil er gute Leistungen gezeigt hat.

3   *Um welche Nebensätze handelt es sich bei den unterstrichenen Sätzen? Achte auf die Konjunktion. Kreuze an.*

a) Im 4 x 100-Meter-Staffellauf gewann die deutsche Mannschaft noch Silber, nachdem sie lange Zeit auf dem vorletzten Platz gelegen hatte.

☐ Temporalsatz   ☐ Kausalsatz   ☐ Modalsatz

b) Weil die erste Übergabe des Staffelstabs nicht optimal gelaufen war, kam es zu dem ärgerlichen Rückstand.

☐ Lokalsatz   ☐ Temporalsatz   ☐ Kausalsatz

c) Sie konnten bei dem Turnier nur noch mithalten, indem sie ihre letzten Reserven ausschöpften.

☐ Kausalsatz   ☐ Lokalsatz   ☐ Modalsatz

d) Dadurch, dass die Schlussläuferin so schnell lief, konnte sie ihre Konkurrentinnen überholen.

☐ Temporalsatz   ☐ Modalsatz   ☐ Kausalsatz

e) Als der Trainer den grandiosen Endspurt sah, war er vor Freude außer sich.

☐ Temporalsatz   ☐ Lokalsatz   ☐ Modalsatz

f) Bei der Siegerehrung sah man nur glückliche Gesichter, wohin man auch blickte.

☐ Modalsatz   ☐ Temporalsatz   ☐ Lokalsatz

4   *Die folgenden Satzgefüge sind mit der falschen Konjunktion verknüpft. Schreibe die Sätze mit der richtigen Konjunktion auf.*

a) Die Turnerin bekam eine hohe Bewertung, indem sie ihre Bodenübung fehlerfrei zeigte.

_____

_____

b) Sie konnte es kaum glauben, wo sie die Wertung der Punktrichter sah.

_____

c) Bei der Siegerehrung zeigte sich ihre Rührung dadurch, bis ihr die Tränen kamen.

_____

_____

3 SCHREIBEN UND TEXTE ÜBERARBEITEN

EINEN TEXT SCHREIBEN

In einer Vergleichsarbeit oder Lernstandserhebung kann dir die Aufgabe gestellt werden, einen Text zu verfassen. Das kann ein Artikel für eine Schülerzeitung, ein Brief, ein Tagebucheintrag o. Ä. sein.

Eine gegliederte Aufgabenstellung gibt dir vor, welche inhaltlichen und formalen Merkmale dein Text aufweisen soll. Mit zwei verschiedenen Arten von Aufgaben kannst du konfrontiert werden:
– Du sollst einen literarischen Text, einen Sachtext oder eine grafische Darstellung analysieren und anschließend in deinem Text Stellung dazu nehmen.
– Oder du wirst aufgefordert, einen von mehreren kurzen Texten für einen vorgegebenen Zweck auszuwählen und deine Wahl zu begründen.

Wie man an eine solche Aufgabe herangeht, kannst du an dem folgenden Beispiel üben.

„Normalo" – nein danke!

An einer Hauptschule der Stadt Herzogenaurach wurde eine Umfrage unter 298 Schülerinnen und Schülern zwischen 13 und 17 Jahren durchgeführt. Dabei ging es u. a. um Familienverhältnisse, Freizeitverhalten und Vorstellungen von der Zukunft.
Eine der Fragen lautete: Als was würdest du dich als ehestes bezeichnen?

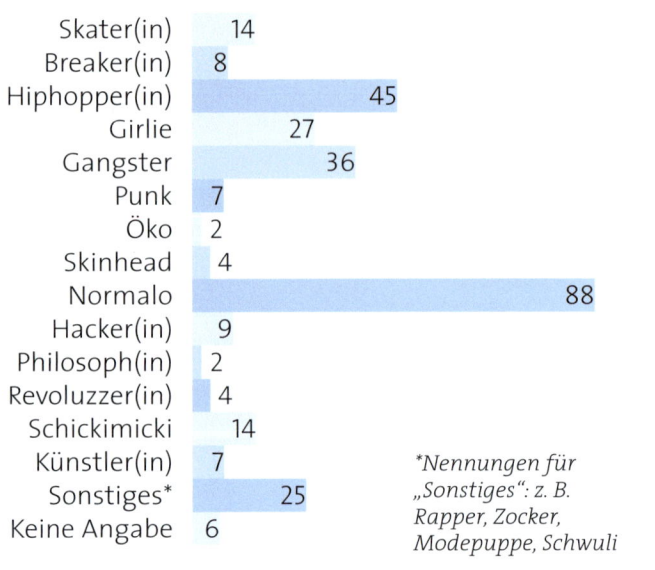

Skater(in)	14
Breaker(in)	8
Hiphopper(in)	45
Girlie	27
Gangster	36
Punk	7
Öko	2
Skinhead	4
Normalo	88
Hacker(in)	9
Philosoph(in)	2
Revoluzzer(in)	4
Schickimicki	14
Künstler(in)	7
Sonstiges*	25
Keine Angabe	6

*Nennungen für „Sonstiges": z. B. Rapper, Zocker, Modepuppe, Schwuli

---

Geh von folgender Situation aus:
Du schreibst regelmäßig für die Schülerzeitung. Diesmal hast du die Aufgabe, zum Thema „Gruppenzugehörigkeit" Stellung zu nehmen. Anlass dafür sind die Ergebnisse der Umfrage von Herzogenaurach.
Von 298 Schülerinnen und Schülern bezeichnen sich 88 als Normalos, d. h., fast ein Drittel der Befragten fühlt sich nicht zu einer Gruppe zugehörig.
Du selbst bist anderer Meinung. Du findest es gut, zu einer Gruppe zu gehören. Du möchtest Gleichgesinnte erkennen und auch von ihnen wahrgenommen und anerkannt werden.

Aufgabe

Schreibe unter der Überschrift „Normalo – nein danke!" einen Artikel, in dem du versuchst, deine Leser davon zu überzeugen, dass es toll ist, zu einer Gruppe zu gehören.

In deinem Artikel sollst du
a) *eine These aufstellen,*
b) *Argumente bringen, die deine These stützen,*
c) *Beispiele anführen, die deine Argumente belegen,*
d) *deinen Standpunkt überzeugend darlegen.*

Die folgenden Aufgaben helfen dir, Ideen zu entwickeln und Material für deinen Artikel zusammenzutragen. Beantworte die Fragen jeweils stichpunktartig.

1   *Beschreibe, was du unter einem Normalo verstehst.*

_____

_____

2   *Wähle aus dem Diagramm drei Gruppen aus und charakterisiere sie in Stichpunkten.*

Charakterisierung	Gruppe 1:	Gruppe 2:	Gruppe 3:
Kleidung			
Auftreten			
Musik			
...			

3   *Wie sehen die anderen Schülerinnen und Schüler diese drei Gruppen?*

_____

_____

_____

4   *Zu welcher Gruppe aus dem Diagramm zählst du dich und warum fühlst du dich dort wohl?*

_____

_____

_____

5   *Gibt es auch Momente, in denen du lieber in einer anderen Gruppe wärst?*

_____

_____

_____

Nachdem du die inhaltlichen Schwerpunkte für deinen Artikel gesammelt hast, geht es nun an die Gliederung deines Textes.

6 *Überlege dir die ersten zwei bis drei Sätze für den Einstieg.*

_____

_____

_____

_____

TIPP

Dein Einstieg soll die Neugier der Leser wecken und zum Thema hinführen. Du kannst
– ein Beispiel aus eigener Erfahrung,
– eine provozierende Behauptung oder
– einen aktuellen Anlass auswählen.

7 *Formuliere deine These zum Thema „Normalo – nein danke!"*

_____

_____

8 *Ergänze die folgenden Satzanfänge. Nutze dazu die von dir in Aufgabe 4 genannten Vorteile.*

Ich finde _____

_____

Für mich ist wichtig, _____

_____

Folglich _____

_____

Beispielsweise _____

_____

Aus diesem Grund _____

_____

9 *Lege abschließend deinen Standpunkt dar und begründe ihn.*

_____

_____

_____

_____

_____

10 *Schreibe nun deinen Artikel auf ein extra Blatt. Halte dich an die Aufgabenstellung auf Seite 40.*

Zoran Drvenkar: **Niemand so stark wie wir**

Wie sollten Mutter und Vater auch erahnen, was mein Leben ausmachte, ich erzähle ja kaum von mir. Zumindest
5 nichts, was sie aufregen konnte. Oder wo sie vielleicht sagen konnten, das und das lässt du ab jetzt sein. Mund halten war an der Tagesord-
10 nung.
Einmal kam ich nach dem Kino nach Hause.
Es war an einem Sonntag, die Nachmittagsvorstellung war
15 um fünf vorbei gewesen, und wie ich die Wohnung betrat und Hallo sagte, fragte Mutter nett und interessiert, was ich mir denn heute im Kino angesehen hätte. Ich log sie an. Ich wollte ihr nicht erzählen, dass es ein Film über Regenwürmer
20 gewesen war, die von einem umgestürzten Elektromast aufgeladen wurden. Wie sollte sie verstehen, dass die Regenwürmer keine andere Wahl hatten, als nach dem Elektroschock wild und tollwütig durch die Gegend zu krabbeln. 25
Sie krochen aus der Dusche und aus den Wasserhähnen, sie krochen von überall her und knabberten jeden an, der ihnen nicht aus dem Weg ging. 30
Was hätte Mutter davon gehalten?
Über die Hälfte der Zuschauer war aus dem Kino gerannt, bevor es richtig losging. Hätte ich das 35 meiner Mutter erzählt, wäre sie garantiert an Ort und Stelle in Ohnmacht gefallen, außerdem hätte ich Kinoverbot bekommen.
War langweilig, sagte ich und wich ihr aus.
Was gab es denn für einen Film? 40
Irgendwas mit Karate, sagte ich und verschwand auf mein Hochbett.

Aus dem Text erfährst du, dass der Ich-Erzähler – er heißt Zoran – seine Mutter anlügt, um einer Diskussion aus dem Weg zu gehen. Er glaubt, dass seine Mutter nicht versteht, warum ihm Gruselfilme gefallen, und befürchtet, dass sie ihm das Kino verbietet.

1 Schreibe dem Ich-Erzähler einen Brief. Darin sollst du
  a) dich zu der Notlüge äußern,
  b) deine Meinung zu Gruselfilmen darlegen,
  c) dem Ich-Erzähler Alternativen zu seinem Verhalten vorschlagen,
  d) ihm Argumente für ein Gespräch mit der Mutter an die Hand geben.

Damit du beim Schreiben an diese Punkte denkst, kannst du dir hier Notizen machen.

> **TIPP**
> Beachte auch die sprachlichen Merkmale eines Briefes wie **Datum, persönliche Anrede** und **Grußformel** am Schluss.
> Schreibe auf ein **extra Blatt.**

a) _____

_____

b) _____

_____

c) _____

_____

d) _____

_____

DEN EIGENEN TEXT ÜBERARBEITEN

Um sicherzugehen, dass dein Text inhaltlich und sprachlich überzeugt, musst du ihn am Ende kritisch durchsehen. Die folgenden Schritte solltest du dabei gehen.

Überprüfen des Inhalts
– Vergleiche die Aufgabenstellung mit deinem Text. Hast du alle wichtigen Forderungen erfüllt? Wenn etwas fehlt, ergänze es. Gehört etwas nicht zum Thema, dann streiche es.
– Fallen dir Stellen auf, an denen du dich wiederholst? Vermeide Dopplungen.
– Ist der Text so geschrieben, dass deine Leser deinen Gedanken folgen können? Formuliere nicht nur Behauptungen, begründe sie auch. Lass den Leser auf diese Weise an der Entstehung deines Gedankengangs teilhaben.
– Beachte die Merkmale deiner Textsorte. Handelt es sich z.B. um eine Erörterung, dann sollten Thesen, Argumente und Beispiele deutlich erkennbar sein.
– Überprüfe auch Einleitung und Schluss. Weckt dein Anfang Neugier und Interesse? Führt er zum Thema? Hast du am Schluss die Hauptaussage zusammengefasst und deinen Standpunkt begründet dargelegt?

Überprüfen der Ausdrucksweise
– Ist dein Stil einheitlich und passt er zum Thema? Überprüfe deine Wortwahl.
– Hast du den Satzbau abwechslungsreich gestaltet? Variiere deine Satzanfänge.
– Achte auf logische Zusammenhänge zwischen den Sätzen. Benutze Wörter und Wortgruppen wie *aber, weil, aus diesem Grund* zur sinnvollen Verknüpfung der Sätze.
– Kannst du den sprachlichen Ausdruck noch verbessern, indem du die Ersatz-, Umstell-, Weglass- oder Erweiterungsprobe anwendest?
– Überprüfe, ob du Füllwörter streichen kannst.

Überprüfen von Rechtschreibung, Zeichensetzung und Grammatik
– Ist dein Text grammatisch einwandfrei? Hast du die richtigen Zeitformen verwendet?
– Sind Rechtschreibung und Zeichensetzung fehlerfrei? Bist du bei der Schreibung eines Wortes unsicher? Schlag im Rechtschreibwörterbuch nach. Überprüfe am Ende auch, ob dein Text Flüchtigkeitsfehler enthält.
– Weitere Tipps zur Fehlerkorrektur erhältst du im Abschnitt „Richtig schreiben" auf Seite 45.

Überprüfen der Form
– Hast du die äußere Form eingehalten, z.B. Rand und Kopf des Textes?
– Kann man deine Schrift gut lesen?
– Ist dein Text durch sinnvolle Abschnitte gegliedert, sodass Lesen und Verstehen leichtfallen?
– Hast du die formalen Vorgaben deiner Textsorte beachtet, z.B. Anrede und Grußformel in Briefen?

RICHTIG SCHREIBEN

Tipps zur Fehlerkorrektur

Die folgende Übersicht enthält Tipps, die dir helfen, häufige Fehler
zu erkennen und zu berichtigen.

	Tipps	Beispiele
Doppelkonsonanten	Achte auf die Aussprache: Nach kurzem Vokal im Wortstamm wird der folgende Konsonant meist verdoppelt. Achtung: Statt doppeltem *k* schreibt man *ck*, statt doppeltem *z* schreibt man *tz*.	*knabbern, Sonne* *Hacke, Witze*
mit oder ohne *h?*	Achte darauf, ob nach einem langen Vokal ein *l, m, n, r* folgt. Oft steht davor ein *h*. Es gibt auch einige Wörter, in denen du den langen Vokal mit einem Doppelvokal schreiben musst. Manchmal wird der lange Vokal nicht besonders gekennzeichnet.	*wählen, nehmen, Bohne, mehr* *Saal, Beere, Moos* *Qual, nämlich, schon*
i oder *ie?*	Wenn das *i* lang gesprochen wird, schreibst du in der Regel *ie*, wird es kurz gesprochen, meistens nur *i*.	*Wiese – Wicht, Stiefel – Stift, ziemlich – Zimt*
Wortstämme	Suche verwandte Formen, denn der Wortstamm wird immer gleich geschrieben.	*Nummer – nummerieren, Geld – Gelder*
s-Laute	Achte auf die Aussprache: Für den stimmhaften *s*-Laut schreibst du *s*, für den stimmlosen *ß*. Wird der Vokal vor dem *s*-Laut kurz gesprochen, schreibst du *ss*, wird er lang gesprochen, schreibst du *ß*.	*Reise – reißen, weise – weiß* *Fluss – Fuß, Guss – Gruß*
das oder *dass?*	Wende die Ersatzprobe an. Artikel, Demonstrativ- und Relativpronomen *das* lassen sich durch *dieses, jenes, welches* im Satz ersetzen. Merke: Die Konjunktion *dass* leitet immer einen Nebensatz ein und kann nicht durch *dieses, jenes, welches* ersetzt werden.	*Das Kind lacht mich an.* *Das sieht man deutlich.* *Das Kind, das da lacht, freut sich.* *Ich glaube, dass das Kind glücklich ist.*
getrennt oder zusammen?	Achte auf die Wortart: Die meisten Verbindungen mit einem Verb werden getrennt geschrieben, ebenso Wortgruppen mit *sein*. Ausnahmen: Viele Verbindungen, z.B. aus Adjektiv + Verb, die eine übertragene Bedeutung haben, werden zusammengeschrieben. Zusammen schreibt man Verbindungen aus Nomen + Nomen oder Adjektiv + Adjektiv, Verbindungen aus Nomen + Adjektiv, Verbindungen mit *irgend-* sowie Nominalisierungen.	*Auto fahren, laufen lernen, langsam trinken, los sein* *offenbleiben (ungelöst bleiben), schwerfallen (Mühe mit etwas haben)* *Kinderwagen, altklug, pudelnass, irgendwie, regelmäßiges Lesenüben*
groß oder klein?	Achte auf Nomensignale wie Artikel, Adjektiv oder Pronomen. Achte auf typische Nachsilben: Steht -*heit*, -*keit*, -*nis*, -*ung*, -*tum*, -*schaft*, -*in* am Wortende, dann handelt es sich um ein Substantiv. Merke: Ableitungen von geografischen Namen auf -*er* schreibt man groß. Ableitungen von geografischen Namen auf -*isch* schreibt man klein.	*der Montag, gute Stimmung, ihr Fahrrad Gesundheit, Heiterkeit, Verständnis, Wohnung Kölner Dom, Berliner Bär* *belgische Schokolade rheinischer Humor*
Zeichensetzung	Achte auf Sinneinheiten: Trenne Aufzählungen, Haupt- und Nebensätze sowie Infinitivgruppen durch Komma voneinander ab.	*Er spielt Fußball, Handball und Schach. Sie hoffte, dass er kommen würde. Er rief an, um ihr zu gratulieren.*

Der folgende Text weist eine Reihe von Fehlern in Rechtschreibung und Zeichensetzung auf.
Deine Aufgabe ist es, die Fehler zu finden und zu korrigieren. Der erste Satz zeigt dir, wie du vorgehen sollst.

1 *Schreibe das korrigierte Wort jeweils in das Kästchen unter das fehlerhafte Wort. Wenn ein Satzzeichen fehlt, setze es in das Kästchen darunter.*

TIPP
Wenn du unsicher bist, nutze die **Tipps zur Fehlerkorrektur** auf **Seite 45**. **Achtung:** Die richtig geschriebenen Wörter brauchst du nicht abzuschreiben.

Geschichte des Geldes

Ein	Leben	ohne	Geld	ist	für	uns	Heute	undenkbar	. Die
							heute		

Wurzeln	der	Endwicklung	des	Geldes	liegen	vermuhtlich

im	Tauschhandel	, der	widerum	erst	durch	die	Arbeitsteilung

notwendich	und	auch	möglich	geworden	war	: Es	stellte

nicht	mehr	jeder	alles	für	den	Eigenbedarf	notwendige	selbst

her	sondern	man	erwarb	fehlende	Dinge	mithilfe	von

eigenen	Überschußprodukten	. Der	ursprünglichste	Handel	bestant

im	dierekten	Tausch	Ware	gegen	Ware	oder	gegen	Dienstleistung	.

Wenn	das	gewünschte	Objekt	nicht	direkt	ein	zu	tauschen

war	, diente	ein	Gegenstant	, der	möglichst	von	allen	begehrt	,

allgemein als wertvoll anerkant , handlich und haltbar sein

sollte , als Tauschvermittler . In unserem Kulturkreis handelte es

sich dabei Meistens um Metalle – Kupfer und Bronze , die

für die Herstelung von Waffen und Geräten gebraucht wurden ,

um Edelmetalle für Schmuckherstellung oder um die

Fertigprodukte selbst .

Der Tauschhandel Ware gegen Ware bestand auch nach der

erfindung des Müntzgeldes weiter , in beuerlichen Gegenden

noch bis weit in die Neuzeit . In Zeiten , in denen das

vertrauen zum offiziellen Geld gestöhrt war , wie Inflation oder

Krieg , dienten wieder wertvolle Objekte ,

wie Gold oder Zigaretten , als

Tauschvermittler .

47

TEXTE ÜBERARBEITEN

Nachdem du gelernt hast, deinen eigenen Text zu überarbeiten, fällt es dir sicher nicht schwer, auch Texte von anderen kritisch zu betrachten.

> **Texte überarbeiten**
> Beim Überarbeiten von Artikeln, Rezensionen, Leserbriefen o. Ä. solltest du auf Folgendes besonders achten:
> – **Wortwahl:** treffende Wörter und Formulierungen verwenden, Jugend- oder Umgangssprache vermeiden, Wortwiederholungen umgehen,
> – **Satzbau:** eintönigen Satzbau vermeiden, Satzanfänge variieren, auf vollständige Sätze achten, verschachtelte und damit unübersichtliche Sätze entwirren, auf sinnvolle und grammatikalisch richtige Satzverknüpfungen achten.

Regelverstöße erkennen

1 Das Einhalten sprachlicher Regeln ist für die Verständlichkeit eines Textes sehr wichtig.

Ordne jeder der folgenden Regeln a) bis f) eine passende Begründung (1) bis (6) zu.
Verbinde die Teilsätze jeweils mit einem Pfeil.

a) Formuliere genau und benutze treffende Wörter, ...

b) Vermeide Jugend- oder Umgangssprache, die man im Schriftlichen nicht verwendet, ...

c) Vermeide Wortwiederholungen in kurzen Abständen, ...

d) Variiere deine Satzanfänge, vermeide eintönigen Satzbau, ...

e) Verknüpfe deine Sätze sinnvoll, ...

f) Vermeide es, deine Sätze unübersichtlich zu verschachteln, ...

(1) ... damit jede/jeder versteht, was gemeint ist.

(2) ... damit deine Leserinnen und Leser den Inhalt eines Satzes erfassen können und nicht die Übersicht verlieren.

(3) ... damit deine Leserinnen und Leser gedankliche Verbindungen herstellen können.

(4) ... damit sich deine Leserinnen und Leser nicht langweilen.

(5) ... damit deine Leserinnen und Leser eine genaue Vorstellung von dem bekommen, wovon erzählt oder berichtet wird.

(6) ... damit der Lesefluss nicht gestört wird.

2 Der folgende Ausschnitt aus einem Schüleraufsatz weist eine Reihe von Regelverstößen auf. Die Stellen, die verbessert werden sollen, sind bereits unterstrichen.

Lies dir die Regeln a) bis f) in Aufgabe 1 noch einmal durch und prüfe, gegen welche davon hier jeweils verstoßen wird. Notiere in den Kästchen den entsprechenden Buchstaben.

Regelverstoß

In der Karikatur geht es um <u>Zoff</u> (1) mit den Eltern. <u>Die vielen Noten, die um den</u>   (1) **b**

<u>Fernseher und um die Zimmertür, die rechts im Bild ist, gezeichnet sind, bedeuten,</u>

<u>dass die Eltern und der Sohn, der nicht zu sehen ist, den man aber ahnt, weil sein</u>

<u>Namensschild an der Tür hängt, sehr laut Musik hören</u> (2). Die Eltern haben einen   (2) ☐

anderen <u>Musikgeschmack</u> als der Sohn. Der <u>Musikgeschmack</u> (3) des Sohnes gefällt   (3) ☐

ihnen nicht. <u>Trotzdem</u> (4) sie selbst laut Musik hören, darf ihr Sohn das nicht. Das finde   (4) ☐

ich <u>irgendwie komisch</u> (5).   (5) ☐

<u>Ich denke,</u> jeder sollte seine Lieblingsmusik hören dürfen. <u>Ich denke</u> (6) auch, dass   (6) ☐

man sich immer mal über die Lautstärke streiten kann.

Den <u>Alten</u> (7) kann man es eben nie recht machen.   (7) ☐

Treffende Wörter und Formulierungen wählen

> **Auf die Wortwahl achten**
> Dein Text soll inhaltlich genau, stilistisch angemessen und abwechslungsreich formuliert sein. Das kannst du erreichen, indem du
> – **Wortfelder** bildest,
> – dir die Bedeutung von **Fachbegriffen** einprägst,
> – **bildhafte Vergleiche** oder **Redewendungen** suchst,
> – **Formulierungsvarianten** ausprobierst.
> Die Arbeit mit dem Wortschatz kannst du auf den S. 30–31 üben.

1 *Welche der folgenden Wörter aus dem Wortfeld „Streit" passen nicht in einen sachlichen Text? Kreuze an.*

a) ☐ Krach   e) ☐ Konflikt

b) ☐ Auseinandersetzung   f) ☐ Zank

c) ☐ Diskussion   g) ☐ Stänkerei

d) ☐ Streitgespräch

2 *Setze in die Lücken der folgenden Sätze die passenden Wörter ein.*

lauschen – zuhören – horchen – vernehmen – aufschnappen

a) Der Mann _____ dem Konzert andächtig.

b) Gerade im Musikunterricht sollten die Schüler besser _____.

c) Sie erschrak, als sie plötzlich eine Stimme _____.

d) Das Kind _____ , ob die Eltern über sein Geburtstagsgeschenk sprachen.

e) Im Vorübergehen konnte er nur wenige Brocken ihres Gesprächs _____.

3 In den folgenden Sätzen wollte der Schreiber eine Häufung des Wortes „sagen" vermeiden. Dabei ist einiges schiefgegangen.

Finde bessere Formulierungen.

a) Die Mutter erzählte ihrem Sohn, er solle seine Radaumusik leiser stellen.

Deine Formulierung: _____

_____

b) Der Sohn sprach verärgert, er wolle ihre Volksmusik auch nicht hören.

Deine Formulierung: _____

_____

c) Die Eltern plauderten darüber, wie sie den Konflikt lösen könnten.

Deine Formulierung: _____

_____

d) Dann schrie sein Vater, ob sie gemeinsam zu einem Rockkonzert gehen wollten.

Deine Formulierung: _____

_____

4 *Ordne den folgenden Umschreibungen jeweils den passenden Fachbegriff zu. Verbinde beide mit einem Pfeil.*

a) Jemanden, der ein Konzert leitet, nennt man ...

(1) ... ein Duett.

b) Wenn Menschen auf einem Instrument spielen, nennt man das auch ...

(2) ... Musical.

c) Eine große Gruppe Musiker nennt man ...

(3) ... Dirigent.

d) Wenn zwei Musiker zusammen spielen, nennt man das ...

(4) ... musizieren.

e) Ein Bühnenstück, das aus Schauspiel, Tanz, Gesang und Musik besteht, nennt man ...

(5) ... Orchester.

Den Satzbau verbessern

Den Satzbau überarbeiten

Achte beim Überarbeiten des Satzbaus darauf, dass du
– die **Sätze übersichtlich** gestaltest (keine Schachtelsätze!),
– die **Satzanfänge variierst** und
– die einzelnen **Sätze** so miteinander **verknüpfst**, dass deutlich wird, was inhaltlich zusammengehört.
  Folgende **Einleitewörter** helfen dir dabei:
  • Relativpronomen: *der, die, das, welche, welcher, welches*
  • Konjunktionen: *und, oder, sowie* (Aufzählung / Reihung); *aber, jedoch* (Gegensatz); *als, während, seit, nachdem, bevor, bis* (Zeit); *wenn, falls* (Bedingung); *sodass* (Folge, Wirkung); *weil, da* (Grund); *damit* (Absicht, Zweck); *obwohl* (Einschränkung); *indem, als ob* (Art und Weise).
Merkwissen und Übungen zum Satzbau findest du auf S.36–39.

1 *Schreibe den Text so um, dass die Satzanfänge variieren. Du kannst auch Sätze miteinander verknüpfen.*

<u>Dann</u> ging ich in mein Zimmer. <u>Dann</u> warf ich mich auf mein Bett. <u>Dann</u> stellte ich die Musik extra laut. <u>Dann</u> kam meine kleine Schwester und beschwerte sich. <u>Dann</u> stritten wir mal wieder.

_____

_____

_____

2 *Verknüpfe die folgenden Sätze sinnvoll miteinander. Nutze Einleitewörter aus dem Merkkasten.*

a) Der Sohn hatte Streit mit seinen Eltern. Sie fanden seine Musik zu laut.

_____

_____

b) Der Sohn hatte eine Lieblingsband. Er musste sie einfach laut hören.

_____

_____

c) Zu seinem Geburtstag wünschte er sich Kopfhörer. Seine Eltern konnten sich nicht mehr beschweren.

_____

_____

3 *Löse den folgenden Schachtelsatz in mehrere Sätze auf.*

Simon ging, als er die CD, die ihm sein Kumpel empfohlen hatte, weil er die Texte stark fand, zu Ende gehört hatte, ins Kaufhaus, um von der Band, die ihm auch gefiel, eine zweite CD zu suchen.

_____

_____

_____

Annikas Artikel über Handys

Annika schreibt zum ersten Mal für die Schülerzeitung „Hitzefrei". Sie will sich zum Thema „Gefahren beim Umgang mit dem Handy" äußern.
Die Redaktion der Schülerzeitung gibt ihr ein Merkblatt zum Schreiben von Artikeln mit.

> **Regeln für das Schreiben sachlicher Beiträge in der Schülerzeitung**
> a) Formuliere genau und benutze treffende Wörter.
> b) Vermeide Jugend- oder Umgangssprache, die man im Schriftlichen nicht verwendet.
> c) Vermeide Wortwiederholungen in kurzen Abständen.
> d) Variiere deine Satzanfänge, vermeide eintönigen Satzbau.
> e) Verknüpfe deine Sätze sinnvoll.
> f) Vermeide es, deine Sätze unübersichtlich zu verschachteln.

1 Die Redaktion hat die Stellen, die in Annikas Artikel zu verbessern sind, bereits unterstrichen.

Lies dir die oben stehenden Regeln a) bis f) aufmerksam durch und prüfe, gegen welche davon Annikas Artikel verstößt. Notiere in den Kästchen jeweils den entsprechenden Buchstaben.

Regelverstoß

Man hört immer wieder, und das schon seit vielen Jahren, Geschichten von Jugendlichen, die sich, weil sie zu viel mit dem Handy, für das sie einen Vertrag haben, telefonieren, hoch verschulden. (1)   (1) ☐

Das ist natürlich irgendwie nicht gut. (2)   (2) ☐

Ein anderes Problem sind Klingeltöne. Das Problem dabei ist, dass man beim Herunterladen gleichzeitig ein Abo kauft. (3)   (3) ☐

Jugendliche überblicken die Kosten für Chat-Spielchen und blinkende Display-Logos oft nicht, weil sie sich hoch verschulden. (4)   (4) ☐

Viele checken auch nicht, dass sie nur abgezockt werden. (5)   (5) ☐

Besser sind Prepaid-Karten. Auf ihnen ist ein bestimmtes Guthaben. Man kann es abtelefonieren. (6)   (6) ☐

2 *Annika hat sich für ihren Artikel die folgende Überschrift überlegt:*

Vorsicht beim Telefonieren!

a) *Findest du sie gelungen? Kreuze an. Begründe deine Entscheidung.*

Ich finde Annikas Überschrift   ☐ gelungen, weil ...   ☐ nicht gelungen, weil ...

_____

_____

b) *Überlege dir eine eigene Überschrift.*

_____

3 Annika will ihren Artikel noch ergänzen. Auch dabei verstößt sie gegen Regeln.

Bestimme in den folgenden Textausschnitten jeweils den Regelverstoß und trage den entsprechenden Buchstaben in das Kästchen ein.
Formuliere dann so um, dass die Regel eingehalten wird.

a) Man sollte jeden Vertrag gründlich lesen, obwohl man das Kleingedruckte nicht übersieht.

Regelverstoß: ☐

Deine Formulierung: _____

_____

_____

b) Für viele Jugendliche ist das Handy zur Schuldenfalle geworden, aus der die Jugendlichen nur schwer wieder herauskommen.

Regelverstoß: ☐

Deine Formulierung: _____

_____

_____

c) Total krass ist der Fall von Luis, in dem die Eltern fast 1000 Euro zahlen mussten.

Regelverstoß: ☐

Deine Formulierung: _____

_____

_____

d) Auch bei der Funktion, wo man was Geschriebenes mit dem Handy verschickt, muss man aufpassen.

Regelverstoß: ☐

Deine Formulierung: _____

_____

_____

e) Viele Eltern, die gar nicht ahnen, was sie damit anrichten, bezahlen die Handyrechnungen, die oft über 100 Euro liegen, sodass die Jugendlichen, weil sie keine Konsequenzen spüren, nicht lernen, mit Geld umzugehen.

Regelverstoß: ☐

Deine Formulierung: _____

_____

_____

f) Dann kommt am Ende des Monats das große Erwachen. Dann kommt die Handyrechnung. Dann ist es oft zu spät.

Regelverstoß: ☐

Deine Formulierung: _____

_____

_____

ZUHÖREN

KONZENTRIERT ZUHÖREN

> **Konzentriert zuhören**
> Um gesprochenen Texten Informationen zu entnehmen und sie nach ihrer Sprechweise einzuordnen, musst du aufmerksam zuhören. Das erreichst du, indem du alles Störende vermeidest. Suche dir daher einen ruhigen Ort, um die CD anzuhören. Lege dir Notizzettel und Stift bereit. Gehe in zwei Schritten vor:
> 1. Höre den Hörtext an und mach dir Notizen zu dem Gehörten.
> 2. Höre den Text noch einmal an und überprüfe, ob du alles richtig gehört und verstanden hast.

Track 2: Lorenz

1 *Höre das Stück (Track Nr. 2) auf der CD an. Du hörst immer denselben Namen, der auf fünf verschiedene Weisen ausgesprochen wird. Notiere die Reihenfolge der Sprechweisen, indem du die Ziffern 1–5 in die Kästchen schreibst.*

☐ ... fragend   ☐ ... ärgerlich

☐ ... ängstlich   ☐ ... bittend

☐ ... schmeichelnd

> **TIPP**
> Überprüfe deine Nummerierung durch ein nochmaliges Hören.

Track 3: Eine Situation erkennen

1 *Höre dir Track Nr. 3 auf der CD an. Die Geräuschfolge gibt eine bestimmte Situation wieder. Kreuze zunächst alle einzelnen Geräusche an, die du erkennst.*

☐ startendes Flugzeug   ☐ Gesprächsfetzen   ☐ Kinderlachen

☐ knarrender Holzboden   ☐ Stimmen durcheinander   ☐ quietschende Tür

☐ ein Gong   ☐ weinendes Kind   ☐ Schritte

2 *Höre den Text ein zweites Mal an und ergänze weitere Geräusche.*

Geräusche: _____

_____

_____

_____

3 *Bestimme nun, um welche Situation es sich handelt. Kreuze an.*

a) ☐ Auf dem Spielplatz   b) ☐ Vor einem Konzertbesuch   c) ☐ In der Kirche

Track 4: Das Fahrrad wurde nicht gekauft.

1 *Höre dir Track Nr. 4 auf der CD an. Ein Satz wird fünfmal unterschiedlich ausgesprochen. Wie wird er jeweils ausgesprochen? Ordne zu:*

gelangweilt – aufgeregt – tadelnd – informierend – ängstlich

1. _____   4. _____

2. _____   5. _____

3. _____

Track 5: Ein Thema – verschiedene Sprechweisen

1 *Höre die drei Text-Teile von Track Nr. 5 auf der CD an. Notiere, welches Thema alle drei Texte gemeinsam haben.*

Thema: _____

2 *Es geht immer um dasselbe Thema, aber die Sprechweisen haben verschiedene Wirkungen auf die Zuhörenden. Kreuze die richtige Antwort an.*

	sachlich	witzig	melodisch
Teil 1	☐	☐	☐
Teil 2	☐	☐	☐
Teil 3	☐	☐	☐

3 *Begründe deine Entscheidungen aus Aufgabe 2, indem du die Sprechweisen mit eigenen Worten beschreibst.*

Teil 1: _____

_____

_____

Teil 2: _____

_____

_____

Teil 3: _____

_____

_____

EINEM HÖRTEXT INFORMATIONEN ENTNEHMEN

Wichtige Informationen von unwichtigen trennen

Um einem Hörtext gezielt Informationen zu entnehmen, musst du die Kernaussagen erkennen. Dazu kannst du in drei Schritten vorgehen:

1. Kläre deine Erwartungen an den Hörtext, z.B. anhand des Titels. Was weißt du über das Thema?
2. Höre den Text einmal ganz an und mach dir beim Hören Stichpunkte zu den Kernaussagen des Textes. Kläre Wörter, die du nicht verstehst.
3. Überprüfe dein Hörverständnis: Höre den Text noch einmal und korrigiere oder ergänze deine Notizen, falls notwendig. Stehen sie in der richtigen Reihenfolge?

Track 6: Wenn die Werbung kommt, drehen die Fernsehsender den Ton lauter.

1 *Was weißt du über das Thema? Notiere einige Stichpunkte.*

Werbung ist teuer,

_____

_____

_____

_____

2 *Höre nun den Text Nr. 6 an. Mach dir Notizen zu Kernaussagen. Im Tipp-Kasten sind schwierige Wörter erklärt.*

TIPP

Kompression = wörtl.: zusammendrücken
Passage = hier: zusammenhängender Teil
subjektiv = persönlich, nicht sachlich

3 *Höre den Text ein zweites Mal und überprüfe dann dein Hörverständnis. Welche der folgenden Aussagen treffen zu? Kreuze an.*

	trifft zu	trifft nicht zu
a) Werbespots dürfen eine bestimmte Lautstärke nicht überschreiten.	☐	☐
b) Die gefühlte Lautstärke ist größer als der tatsächliche Wert.	☐	☐
c) Werbung ist bei allen Sendern um 140 % lauter als der zulässige Spitzenwert.	☐	☐
d) Bei den privaten Sendern ist die Werbung besonders laut.	☐	☐

4 *Höre den Text noch einmal an. Worin besteht der Trick der Werbeleute? Kreuze die richtige Antwort an.*

a) ☐ Durch Schüsse in einem Spielfilm wird man an die Lautstärke gewöhnt.

b) ☐ Laute Passagen werden gedämpft und leise Passagen angehoben.

c) ☐ Musik im Hintergrund erleichtert das Hören.

d) ☐ Man überschreitet den Spitzenwert nur ganz leicht.

Track 7: Das beste Hochdeutsch wird in Hannover gesprochen.

1 *Was weißt du über das Thema?*

_____

_____

2 *Höre nun den Text an und mach dir Notizen zu Kernaussagen und zu Wörtern, die du nicht verstehst.*

Kernaussagen: _____

_____

_____

_____

_____

_____

_____

_____

_____

unbekannte Wörter: _____

_____

3 *Schlage die Wörter, die du nicht verstanden hast, im Wörterbuch nach.*

4 *Höre den Text ein zweites Mal an und korrigiere oder ergänze deine Notizen, falls notwendig.*

5 *Entscheide, welche der folgenden Informationen keine Kernaussagen sind. Kreuze an.*

a) ☐ Hannoveraner sprechen dialektfreies Deutsch. c) ☐ Goethe spottete über die Sachsen.

b) ☐ Meißen liegt in Sachsen. d) ☐ Plattdeutsch ist ein niedersächsischer Dialekt.

6 *Überprüfe dein Hörverständnis. Kreuze die zutreffende Aussage an.*

Hochdeutsch ist ...

a) ☐ ... eine Mischung aus Sächsisch und Preußisch. c) ☐ ... eine Kunstsprache.

b) ☐ ... Deutsch aus dem späten Mittelalter. d) ☐ ... der niedersächsische Dialekt.

7 *Welche der folgenden Aussagen trifft zu, welche nicht? Kreuze an.*

	trifft zu	trifft nicht zu
a) Sächsisch ist die Sprache des Bürgertums in früherer Zeit.	☐	☐
b) Sächsisch galt bis Ende des 18. Jahrhunderts als deutsche Hochsprache.	☐	☐
c) Sächsisch ist die Hochsprache seit dem Siebenjährigen Krieg.	☐	☐
d) Sächsisch wurde auch in Preußen gesprochen.	☐	☐

8 *Notiere hier eine Kernaussage zum Plattdeutschen.*

_____

_____

_____

_____

9 *Was wird hier gesagt? Stelle Vermutungen zur „Übersetzung" an und schreibe die Sätze der Sprechblasen auf Hochdeutsch auf.*

Du sollst dä Läffl* uffschbärrn!

*Löffel

_____

Beter een lütten* Fisch, as gor keen op'n Disch!

*klein

_____

Track 8: Wie haben Komponisten früher Stücke geschrieben und wie komponieren sie heute?

1 *Notiere, was du über die Arbeit eines Komponisten weißt und welche Komponisten du kennst.*

_____

_____

_____

2 *Höre den Text an und notiere dir die Aussagen, die Antwort auf die oben gestellten Fragen geben.*

Komponieren früher: _____

_____

_____

_____

Komponieren heute: _____

_____

_____

_____

_____

3 *Entscheide, welche der folgenden Informationen keine Kernaussagen sind. Kreuze an.*

a) ☐ Mozart hat schon mit 5 Jahren mit dem Komponieren begonnen.

b) ☐ Im 18. Jahrhundert dachten sich Komponisten die Musik am Schreibtisch aus.

c) ☐ Beethoven hat immer viele Tintenkleckse auf den Notenblättern hinterlassen.

d) ☐ Heute entstehen Melodien am Computer.

4 *Überprüfe dein Hörverständnis. Welche der folgenden Aussagen trifft zu, welche nicht? Kreuze an.*

	trifft zu	trifft nicht zu
a) Mozart brauchte zum Komponieren kein Musikinstrument.	☐	☐
b) Mozart nutzte zum Komponieren sein Klavier.	☐	☐
c) Komponisten schrieben früher Kopien von ihren Notenblättern.	☐	☐
d) Kopisten schrieben früher die Notenblätter der Komponisten ab.	☐	☐
e) Ein Sampler ist ein Gerät, das nur Melodien speichern kann.	☐	☐
f) Ein Sampler kann einzelne Töne, Melodien und Geräusche speichern.	☐	☐

59

EINE MITSCHRIFT ANFERTIGEN

Notizen übersichtlich gestalten
Bei einer Mitschrift kommt es darauf an, die Notizen sinnvoll und übersichtlich zu ordnen.
Bereite dazu ein Blatt mit der Überschrift des Hörtextes vor und lass eine Randspalte frei.
Gehe in folgenden Schritten vor:
1. Notiere anhand des Titels dein Vorwissen zum jeweiligen Thema.
2. Höre den Text einmal ganz an und notiere dir Stichpunkte zu den Kernaussagen des Textes.
   Kläre Wörter, die du nicht verstehst und die für das Textverständnis wichtig sind.
3. Überprüfe dein Hörverständnis, indem du den Text noch einmal hörst. Korrigiere oder ergänze deine Notizen.
4. Ordne deine Stichpunkte, indem du sie nach Wichtigkeit markierst. Stelle sie in einer Mindmap dar.

Track 9: Wie funktioniert unsere Stimme?

1 *Was weißt du zum Thema „Stimme"? Notiere Stichpunkte.*

_____

_____

_____

TIPP
Eine Mindmap ist eine Gedankenlandkarte, in der du Stichpunkte Ober- und Unterbegriffen zuordnest.

2 *Kläre die Bedeutung der folgenden Wörter. Schlage in einem Wörterbuch nach.*

Knorpel: _____

elastisch: _____

Cello: _____

3 *Höre den Text zweimal an und mach dir Stichpunkte zu Kernaussagen.*

_____

_____

_____

_____

_____

_____

_____

_____

_____

Kehlkopfdeckel

Stimmlippen

Stimmritze

Stellknorpel

4 *Ordne deine Stichpunkte nun den folgenden Fragen zu.*

Was ist überhaupt Stimme? _____

_____

_____

Wo sitzt die Stimme? _____

_____

_____

Unter welchen Bedingungen erklingt die Stimme? _____

_____

_____

_____

_____

_____

_____

5 *Ordne deine Notizen in einer Übersicht an. Schreibe in dein Heft. So kannst du beginnen:*

Die menschliche Stimme

Sitz der Stimme	**Bedingungen für Stimme**
...	...

6 *Im Hörtext wird die menschliche Stimme mit einem Musikinstrument verglichen. Wie wird bei einem Cello der Klang erzeugt? Kreuze die richtige Antwort an.*

a) ☐ Der Bogen muss im richtigen Winkel auf die Saite treffen, was viel Übung verlangt.

b) ☐ Im Klangkörper entsteht Luft, die durch die gespannten Saiten entweicht.

c) ☐ Saiten werden über den Klangkörper gespannt und mit einem Bogen zum Schwingen gebracht.

d) ☐ Der Bogen verstärkt den Ton der Saiten.

Track 10: Was ist eine Oper?

1 *Was weißt du über Opern?*

_____

_____

2 *Höre den Text an und notiere dir beim Hören Stichpunkte zu Kernaussagen in deinem Heft. Korrigiere und ergänze deine Notizen beim zweiten Hören.*

3 *Kläre die Bedeutung der folgenden Wörter. Schlage in einem Wörterbuch nach. Ergänze weitere Wörter, die du nicht verstanden hast.*

Ouvertüre = _____

Tragödie = _____

Komödie = _____

_____

_____

_____

_____

4 *Ordne deine Stichpunkte aus Aufgabe 2 den folgenden Fragen zu.*

Seit wann gibt es Opern? _____

Welche Bestandteile kann eine Oper haben? _____

_____

Wer wirkt in einer Oper mit? _____

Nach welchem Inhalt werden Opern unterschieden? _____

_____

5 *Gestalte deine Notizen mithilfe einer Mindmap. Schreibe in dein Heft.*
So kannst du beginnen:

Track 11: Wie ist eine Oper aufgebaut?

1 *Höre den Text einmal an. Entscheide, welche der folgenden Aussagen zutreffen und welche nicht. Kreuze an.*

	trifft zu	trifft nicht zu
a) In manchen Opern sprechen die Schauspieler zwischen den Gesangsstücken.	☐	☐
b) Berühmte Singspiele stammen von dem Komponisten Beethoven.	☐	☐
c) In Deutschland werden Opern immer in deutscher Übersetzung gesungen.	☐	☐
d) Im 19. Jahrhundert entstanden Opern, in denen es keine Dialoge gibt.	☐	☐
e) Eine Oper lässt sich in Aufzüge oder Akte gliedern.	☐	☐
f) Ein neues Bild beginnt, wenn eine neue Person auftritt.	☐	☐

2 *Zu diesem Hörtext haben zwei Schüler eine Mitschrift angefertigt. Den Anfang kannst du unten lesen. Höre den Text noch einmal an und entscheide, welche der beiden Mitschriften deiner Ansicht nach sinnvoller ist. Begründe deine Entscheidung in Stichpunkten.*

Mitschrift von Annika

Wie ist eine Oper aufgebaut?
- fremdsprachige Opern werden oft deutsch gesungen
- in Opern wird auch immer gesprochen
- manchmal gibt es keine Musik
- die meisten Opern werden in italienischer Sprache aufgeführt
- Mozart hat auf Italienisch komponiert
- jedes Opernhaus kann auch andere deutsche Fassungen spielen
- ...

Mitschrift von Sebastian

Wie ist eine Oper aufgebaut?
- Singspiele (mit Dialogen):
  - Opern mit hohem Sprechanteil
  - gesprochene und gesungene Teile nicht immer einfach zu verstehen
- italienische Opern:
  - Sänger sprechen nicht, nur Arien und Ensembles
  - viele Opern sind auf Italienisch komponiert
  - Opern werden oft übersetzt, aber auch im Original gesungen
- ...

Ich halte die Mitschrift von _____ für sinnvoller, weil _____

_____

_____

_____

_____

Die Mitschrift von _____ hat Schwachpunkte, z. B. _____

_____

_____

_____

_____

63

Textquellen

S.6: Nach: Silvia Kotulski: Für Peter ist Karneval einfach nur ein Spaß. In: Westdeutsche Zeitung online v. 23.02.2006

S.10: Nach: Ferienjobs – Schüler berichten über ihre Erfahrungen. Online im Internet: http://www.wdr.de/online/freizeit/ferienjobs/erfahrungen.phtml

S.16: Grafik nach: Gerätebesitz Jugendlicher 2010. Medienpädagogischer Forschungsverbund Südwest/JIM-Studie 2010. Online im Internet: http://www.mpfs.de

S.18: Internet-User: Typologie der jugendlichen Internetnutzer: Grafik und Text nach: Flyer „16. Shell Jugendstudie – Jugend 2010". Hg. v. Deutsche Shell Holding GmbH, Hamburg, im September 2010, S. 3

S.20: Paul Watzlawick: Die Geschichte mit dem Hammer. In: Anleitung zum Unglücklichsein. Berlin/Darmstadt/Wien: Deutsche Buch-Gemeinschaft C.A. Koch's Verlag Nachf. 1983, S.35 f. © R. Piper & Co. Verlag München

S.22: Terry Prachett: Nur du kannst die Menschheit retten. München: Goldmann Verlag 1994, S.9–12, 18 f.

S.26: Hermann Hesse: Die Gedichte. Frankfurt/M.: Suhrkamp 1992, S.415

S.28: Erich Kästner: Keiner blickt dir hinter das Gesicht. In: Das Erich Kästner Lesebuch. Hg. v. Christian Strich. Zürich: Diogenes Verlag 1978, S.48

S.40: „Normalo" – nein danke! Nach: Online im Internet: http://www.herzogenaurach.de/Freizeit/Freizeitheim/Jugend/Sozialraumanalyse/Hauptschule.pdf

S.43: Zoran Drvenkar: Niemand so stark wie wir. Reinbek bei Hamburg: Rowohlt Taschenbuch Verlag 1998, S.104 f.

S.46 f.: Nach: Geschichte des Geldes. Online im Internet: http://www.geldgeschichte.de/EinfuehrungGGS.aspx

Hörtexte und ihre Quellen

Texte gesprochen von Ann Vielhaben.

Track 1: Impressum

Track 2: Der Name Lorenz auf fünf verschiedene Weisen ausgesprochen (S.54)

Track 3: Eine Situation anhand von Geräuschen erkennen (S.54)

Track 4: Der Satz „Das Fahrrad wurde nicht gekauft." auf vier verschiedene Weisen ausgesprochen (S.55)

Track 5: Ein Thema – verschiedene Sprechweisen (S.55): „Dass es überhaupt Wolken am Himmel gibt ...", „Er aber, Howard, gibt mit reinem Sinn ...", „Dichter sind natürlich frei ..." Nach: Wissenschaftsbeilage der Frankfurter Allgemeinen Sonntagszeitung v.04.06.2006, S.59 ff.

Track 6: Wenn die Werbung kommt, drehen die Fernsehsender den Ton lauter. (S.56) Nach: Christoph Drösser: Stimmt's? Neue moderne Legenden im Test. Reinbek: Rowohlt Verlag 2002, S.76.

Track 7: Das beste Hochdeutsch wird in Hannover gesprochen. (S.57) Nach: Christoph Drösser: Stimmt's? Neue moderne Legenden im Test. Reinbek: Rowohlt Verlag 2002, S.33 f.

Track 8: Wie haben Komponisten früher Stücke geschrieben und wie komponieren sie heute? (S.59) Nach: Isabelle Auerbach: Kriegen Eisbären eine Gänsehaut? Berlin: Ullstein Verlag 2005

Track 9: Wie funktioniert unsere Stimme? (S.60) Nach: Isabelle Auerbach: Kriegen Eisbären eine Gänsehaut? Berlin: Ullstein Verlag 2005

Track 10: Was ist eine Oper? (S.62) Nach: Arnold Werner-Jensen: Opernführer. Erweiterte und überarbeitete Neuausgabe, München: dtv junior 1994

Track 11: Wie ist eine Oper aufgebaut? (S.63) Nach: Arnold Werner-Jensen: Opernführer. Erweiterte und überarbeitete Neuausgabe, München: dtv junior 1994

Bildquellen

S.6: picture-alliance/dpa/dpaweb, Frankfurt a.M.

S.10 u.l.: Karsten Thielker, images.de

S.10 o.r.: picture-alliance/dpa, Frankfurt a.M

S.14: picture-alliance/Glady Chai von der Laage, Frankfurt a.M.

S.17: © Monkey Business-Fotolia.de

Zweifelsfälle und Varianten untersuchen und begründen – Rechtschreibung

1 Beschreibe die folgenden möglichen Varianten der Groß- und Klein- bzw. der Getrennt- und Zusammenschreibung. Achte hierzu auf die Art der kombinierten Bestandteile wie im Beispiel.

a. Acht geben – achtgeben

Acht: Substantiv, geben: Verb

b. Arbeit suchend – arbeitsuchend

c. bewusst werden – bewusstwerden

d. unten stehend – untenstehend

e. gut aussehend – gutaussehend

2 Notiere, welche Art von Bestandteilen in den oben aufgeführten Zweifelsfällen besonders häufig vorkommt.

3 Schlage in einem (Online-)Wörterbuch nach, welche Schreibungen für die Wörter in Aufgabe 1 empfohlen werden und kreise jeweils die empfohlene Variante ein.

4 Kreise ein, welche der folgenden Varianten du wählen würdest und begründe kurz.

a. iPhone vs. I-Phone

b. Potential vs. Potenzial

c. aufwendig vs. aufwändig

d. Yacht vs. Jacht

Zweifelsfälle und Varianten untersuchen und begründen – Interpunktion

1   Entscheide dich im folgenden kurzen Tagebucheintrag jeweils für eine der angegebenen Interpunktionsvarianten und kreise sie ein.

> *Liebes Tagebuch a. **, / !***
>
> *G/gestern ist was total Lustiges passiert b. **: / ! / . / ...** Erst war ich in der Schule*
> *c. **, / . / ! / ;** A/als ich nach Hause kam, war keiner da d. **. / ! / ... / ,** S/sonst ist*
> *immer jemand da e. **. / ! / ...** Auf dem Küchentisch habe ich dann einen Zettel*
> *gefunden f. **. / ! / : / ,** „Such uns im Keller!"*
> *Ich bin dann runter in den Keller und hab mich fast zu Tode erschreckt g. **! / . / ...***
> *Als ich das Licht angemacht habe, sind alle herausgesprungen h. **. / ! / ... / , / ;***
> *S/sie haben mich wegen meinem Geburtstag überrascht i. **(/ – / ,** ich hatte ja*
> *gestern Geburtstag j. **) . / . / ... / !** Einfach alle waren da k. **. / !!! / , / ,** : D/das war*
> *richtig toll l. **! / . / ...***

2   Notiere nun stichwortartig, welchen Zweck du mit der Interpunktionswahl verfolgt hast. Nutze hierzu z.B. die folgenden Stichworte: Spannung, Emotionalität, Nachdruck, Beenden, Zusammenhang, Gewichtung, Abwechslung erzeugen, Neutralität, Ankündigung ...

a. _____   b. _____

c. _____   d. _____

e. _____   f. _____

g. _____   h. _____

i. _____   j. _____

k. _____   l. _____

3   Notiere mindestens fünf verschiedene Möglichkeiten, den folgenden Satz mit Interpunktionszeichen zu versehen und notiere jeweils mit einem Stichwort, zu welchem Zweck eine Variante jeweils geeignet sein könnte.

Das Land so sieht es die Regierung könnte sich weiterentwickeln

_____

_____

_____

_____

_____

4 Der folgende kurze Text enthält einige unds. Beurteile die Fälle und setze dann ein Komma vor und, wenn dies nötig ist. Für mögliche Kommas vor und notiere (,).

Am Freitag nach der Schule fuhr Sarah zum Einkaufen a. _____ und zum Sport. Zuerst

holte sie Brot beim Bäcker, denn der machte früher zu b. _____ und dann lief sie zum

Supermarkt auf der anderen Straßenseite. Als sie bei der Käsetheke

ankam c. _____ und schon so manches in ihren Einkaufswagen gelegt

hatte – Butter, Eier, einige Tomaten d. _____ und Bananen –, da fiel ihr

ein, dass sie beim Bäcker auch noch Kuchen hatte kaufen wollen.

Der hatte jetzt zu. Also kaufte sie stattdessen eine Kuchenbackmi-

schung e. _____ und alle Zutaten, die sie dafür brauchte. An der Kasse

bezahlte sie alles f. _____ und sie beschloss, nun doch erst nach Hause

zu fahren g. _____ und alles wegzubringen, ehe sie zum Sport fuhr,

damit die verderblichen Sachen nicht schlecht wurden.

5 Beurteile die folgenden Konstruktionen danach, ob es sich um Parataxe oder um Hypotaxe handelt. Kreuze jeweils an.

		Parataxe	Hypotaxe
a.	Lena wollte noch einkaufen gehen, und später wollte sie noch zum Sport fahren.	○	○
b.	Claus spazierte jeden Tag mit seinem Hund, der diese Ausflüge liebte.	○	○
c.	Lucia fuhr zur Bibliothek. Christina wollte lieber zuhause bleiben und lesen.	○	○
d.	Theo wollte seine Mutter überraschen, indem er sein Zimmer aufräumte und Essen machte.	○	○

6 Halte in ein paar Sätzen fest, wozu man Hypotaxe und Parataxe sprachlich nutzen kann.

_____

_____

_____

_____

_____

_____

_____

Ältere und historische Schreibungen untersuchen

1 Der folgende Text stammt aus der mittelhochdeutschen Sprachperiode. Er enthält einige
Schreibungen, die dir bekannt vorkommen müssten und einige, die dir wahrscheinlich
weniger bekannt sind. Lies den Text laut vor und unterstreiche alle Wörter, die du zu
kennen meinst.

Der von Kürenberg

Ich zôch mir einen valken

Ich zôch mir einen valken mêr danne ein jâr.
als ich in dô getrûte, als ich in mir wolte hân,
und ich im sîn gevidere mit golde wol bewant,
dô huob er sich hôhe und fluoc in andriu lant.

5 Sît sach ich den valken schône fliegen.
er fuort an sînen beinen guldîn riemen.
ouch was im sîn gevidere rôt guldîn.
got sol si nimmer gescheiden,
die lieb reht einander sîn.

2 Wähle aus den unterstrichenen Wörtern sieben Wörter aus und notiere die Bedeutung,
die die Wörter deiner Meinung nach haben.

_____

_____

_____

_____

_____

_____

_____

_____

3 Markiere farblich, wie sich manche der mittelhochdeutschen Wörter aus Aufgabe 2 in
der Schreibung von der Schreibung der Wörter unterscheiden, wie du sie kennst.

4 Schreibungen verändern sich. Verbinde die Wörter von den linken Kärtchen (mittelhochdeutsche Schreibungen) mit den dazu passenden Wörtern von den rechten Kärtchen (heutige Schreibungen).

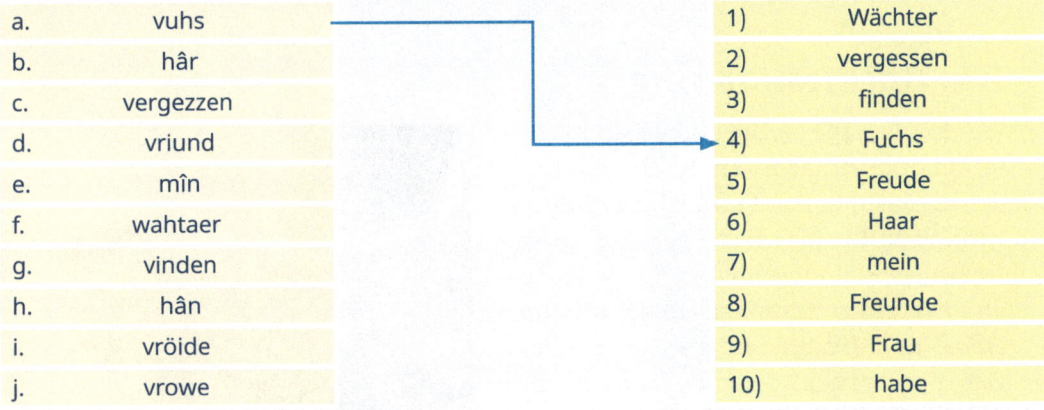

a.	vuhs
b.	hâr
c.	vergezzen
d.	vriund
e.	mîn
f.	wahtaer
g.	vinden
h.	hân
i.	vröide
j.	vrowe

1)	Wächter
2)	vergessen
3)	finden
4)	Fuchs
5)	Freude
6)	Haar
7)	mein
8)	Freunde
9)	Frau
10)	habe

5 Formuliere mindestens eine allgemeinere Beobachtung dazu, wie sich die Schreibungen der Wörter aus Aufgabe 4 verändert haben.

_____

_____

6 Durch die Rechtschreibreform enthalten viele Schreibungen, in denen früher ein <ß> vorkam, heute stattdessen ein <ss>. Die folgende Übersicht gibt ein paar Beispiele für Wörter, die verändert wurden, und für solche, die nicht verändert wurden. Notiere hinter dem Wort in der rechten Spalte jeweils, ob du den Vokal vor dem <ss> bzw. dem <ß> als lang oder kurz wahrnimmst.

	Vor der Reform	Nach der Reform	Wahrgenommene Vokallänge
a.	Abriß	Abriss	
b.	häßlich	hässlich	
c.	Faß	Fass	
d.	Fuß	Fuß	
e.	groß	groß	
f.	Spaß	Spaß	
g.	(er) ließ	(er) ließ	

7 Formuliere auf der Basis deiner Erkenntnis aus Aufgabe 6 einen Grund für die reformierten gelb markierten Schreibungen, die nun ein <ss> aufweisen.

_____

_____

_____

Fremdwörter aussprechen und schreiben

1 Kreise im folgenden kurzen Text alle Fremdwörter sowie alle fremd gebildeten Wörter ein.

Das Onlineshopping

Wer heutzutage online einkaufen möchte, benötigt zunächst ein Konto, das ihm den digitalen Einkauf ermöglicht. Kaufen kann man im Internet eigentlich praktisch alles: Kleidung, Bücher, Spiele, Make-up, Parfums, Konsolen, Dekorationen, Möbel und diverse andere Dinge. Alles, was man braucht, ist ein Computer mit Internetzugang. Die gekaufte Ware wird dann ganz bequem nach Hause geliefert. Ganz einfach!

2 Sortiere die gefundenen Wörter aus Aufgabe 1 passend in die nachfolgende Tabelle ein.

Fremde Aussprache	Fremde Schreibung und Aussprache	Keine Fremdheitsmarker

3 Die Wörter im nachfolgenden Kasten unterscheiden sich danach, ob es sich um Fremdwörter, ursprünglich deutsche Wörter oder um fremd gebildete Wörter handelt. Ordne die Wörter, indem du alle Fremdwörter in Rot einkreist, alle ursprünglich deutschen in Grün und alle fremd gebildeten in Blau.

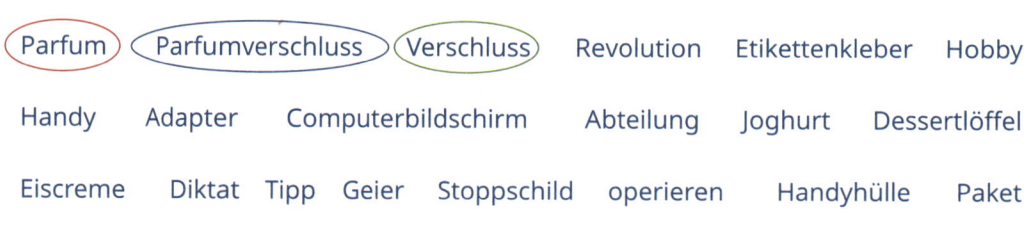

Parfum   Parfumverschluss   Verschluss   Revolution   Etikettenkleber   Hobby

Handy   Adapter   Computerbildschirm   Abteilung   Joghurt   Dessertlöffel

Eiscreme   Diktat   Tipp   Geier   Stoppschild   operieren   Handyhülle   Paket

Überprüfe dein Wissen und Können

In diesem Kapitel hast du dich mit Rechtschreibstrategien, der Reflexion über Abweichungen in der Rechtschreibung, mit Varianten und Zweifelsfällen, mit historischen Schreibungen und mit Fremdwörtern beschäftigt. Prüfe nun dein Wissen und Können, indem du die folgenden Aufgaben löst.

1   Entscheide, ob das unterstrichene Wort groß- oder kleingeschrieben wird. Notiere hierzu hinter dem Satz entweder das Wort „groß" oder das Wort „klein"

     a. ICH MAG DAS <u>SCHWARZE</u> UND DAS GRÜNE KLEID.   _____

     b. ER GAB IHR <u>GEKRITZEL</u> AN SEINEN NACHBARN WEITER.   _____

     c. SIE <u>KÖNNEN</u> DIE HAUSARBEITEN BIS FREITAG MACHEN.   _____

     d. ZEIGT HIER EUER <u>KÖNNEN</u>.   _____

     e. IN <u>SCHWARZ</u> STREICHT ER DEN ZAUN.   _____

     f.   DAS LYRISCHE <u>ICH</u> IN DER ERZÄHLUNG WEIß ALLES.   _____

2   Entscheide, ob die unterstrichenen Wörter getrennt- oder zusammengeschrieben werden. Notiere hierzu hinter dem Satz entweder das Wort „getrennt" oder das Wort „zusammen".

     a. Umut wollte seinem Kater <u>hinterher gehen</u>.   _____

     b. Yrina wollte schon im Februar <u>eis essen</u>.   _____

     c. Tanja mochte es nicht, <u>fenster zu putzen</u>.   _____

3   Finde zu den rechts angegebenen Wörtern jeweils eine Schreibvariante im Buchstabenrätsel und kreise sie ein.

B	I	E	L	R	F	N	Y	E	U	U	Z	P
A	E	P	L	N	D	N	U	R	G	F	U	A
R	R	E	E	A	N	B	N	A	Y	I	H	H
H	N	L	I	U	A	W	D	R	O	M	A	U
Z	N	F	T	K	U	L	R	U	G	E	U	R
K	A	R	N	V	S	S	P	R	H	Z	S	S
I	S	I	E	G	E	A	E	T	U	O	E	E
Z	U	S	D	E	O	S	R	E	R	E	N	T
E	M	E	N	X	I	N	M	E	T	A	U	H
I	U	U	E	R	F	A	P	H	C	J	U	H
L	O	R	T	H	O	G	R	A	F	I	E	M

Frisör
Orthographie
Albtraum
Joghurt
auf Grund
tendenziell
zu Hause

4 Entscheide jeweils, ob das Wort mit oder ohne einen Bindestrich sinnvoller ist. Streiche die andere Variante durch.

a. Herz-Muskel – Herzmuskel
b. Computer-Bildschirm – Computerbildschirm
c. Flaschen-Hals – Flaschenhals
d. Regalbrett-Verschraubung – Regalbrettverschraubung
e. Garagen-Tor – Garagentor
f. Elektro-Installation – Elektroinstallation

5 Beurteile, ob die markierten Interpunktionszeichen fakultativ oder obligatorisch sind.

		fakultativ	obligatorisch
a.	„Ich weiß, dass du gestern in der Stadt warst."	○	○
b.	Peter hat sie gebacken (die Pizza).	○	○
c.	Sie hielt den Atem an. Die Zeit stand still.	○	○
d.	Der LKW-Fahrer sah die Radfahrer losfahren.	○	○
e.	„Mach bitte die Tür zu!"	○	○

6 Kreuze die zutreffenden Aussagen zur Entwicklung unserer heutigen Schrift an.

☐ a. Unser heutiges Schriftsystem hat mit den Schreibungen aus dem Alt- und Mittelhochdeutschen nichts mehr gemeinsam.
☐ b. Einige der heutigen Schreibungen sind nur noch vor dem Hintergrund älterer sprachlicher Formen nachvollziehbar.
☐ c. Die Rechtschreibreformen sollten dazu dienen, die Schreibungen zu systematisieren und zu vereinfachen.
☐ d. Bereits im Mittelhochdeutschen dienten die Rechtschreibreformen der Systematisierung der Schrift.
☐ e. Der Buchdruck gilt als Katalysator der Schriftentwicklung.

7 Vervollständige die folgenden Aussagen zu Fremdwörtern passend.

a. Man unterscheidet Fremdwörter von _____ Wörtern.
b. Fremdwörter sind Wörter, die aus anderen Sprachen stammen, sogenannten

_____ .

c. Außerdem unterscheidet man Fremdwörter danach, ob sie _____
sind oder nicht.
d. So sieht man beispielsweise dem Wort „Fenster" kaum mehr an, dass es ein

_____ ist.

e. Das Wort „Computer" dagegen ist weniger _____ . Sowohl

seine _____ als auch seine _____ sind fremd.

❗ Schätze deinen Lernstand ein

☐ Die Aufgaben konnte ich weitgehend gut lösen.
☐ Mir fielen nicht alle Aufgaben leicht.

Folgende Seiten oder Aufgaben übe ich noch einmal: _____

Notizen

Verzeichnisse

Textquellenverzeichnis

Seite 15/16: Kerp, Livia: *„How to Politik" – Vom Nagellackblog zum jugendpolitischen Buch*, >www.liviajosephine.de/2021/08/20/how-to-politik-vom-nagellackblog-zum-jugendpolitischen-buch/<, Livia Josephine Magazin, München, 20.08.2021 (letzter Aufruf: 29.11.2021).

Seite 24: Meuter, Sabine: *Ist Online-Shopping wirklich besser als Einkaufen im Laden?* (Originaltitel: *Internet oder Laden: So shoppen Kunden bequemer*), >www.welt.de/wirtschaft/webwelt/article197929263/Vergleich-Ist-Online-Shopping-wirklich-besser-als-Einkaufen-im-Laden.html<, Axel Springer SE, Berlin, 04.08.2021, wgr/©dpa (letzter Aufruf: 01.12.2021).

Seite 31: Schmahl, Helmut: *Wirtschaftliche Gründe für die Auswanderung in die USA*, >www.auswanderung-rlp.de/ziele-der-auswanderung/auswanderung-nach-nordamerika/19-jahrhundert/sonstige-auswanderungsgruende.html<, Institut für Geschichtliche Landeskunde an der Universität Mainz e.V. 2001-2021, Mainz (letzter Aufruf: 01.12.2021).

Seite 32: Schmahl, Helmut: *Politische Gründe für die Auswanderung in die USA*, >www.auswanderung-rlp.de/ziele-der-auswanderung/auswanderung-nach-nordamerika/19-jahrhundert/sonstige-auswanderungsgruende.html<, Institut für Geschichtliche Landeskunde an der Universität Mainz e.V. 2001-2021, Mainz (letzter Aufruf: 01.12.2021).

Seite 32: Uebele, Martin/Geis, Wido: *US-amerikanische Einwanderungspolitik*, aus: Deutsche Einwanderung in den USA im 19. Jahrhundert. Lehren für die deutsche Einwanderungspolitik? Köln: Institut der deutschen Wirtschaft 2016, S. 7.

Seite 33: dpa/kst: *Levi Strauss* (Originaltitel: *Levi Strauss machte die Jeans weltberühmt*), >www.duda.news/welt/levi-strauss-machte-die-jeans-weltberuehmt/<, Kölner Stadt-Anzeiger 2020, Köln, 26.02.2019, wgr/©dpa (letzter Aufruf: 01.12.2021).

Seite 37: Schmahl, Helmut: *„Zu einer weiteren ... lateinisch pauper = Armer)."* (Originaltitel: *Wirtschaftliche Gründe für die Auswanderung in die USA*), >www.auswanderung-rlp.de/ziele-der-auswanderung/auswanderung-nach-nordamerika/19-jahrhundert/sonstige-auswanderungsgruende.html<, Institut für Geschichtliche Landeskunde an der Universität Mainz e.V. 2001-2021, Mainz (letzter Aufruf: 01.12.2021).

Seite 37: dpa/kst: *„Levi Strauss wurde ... Wir gehen weg."* (Originaltitel: *Levi Strauss machte die Jeans weltberühmt*), >www.duda.news/welt/levi-strauss-machte-die-jeans-weltberuehmt/<, Kölner Stadt-Anzeiger 2020, Köln, 26.02.2019, wgr/©dpa (letzter Aufruf: 01.12.2021).

Seite 38: Schiller, Friedrich: *Kalafs Geschichte*, aus: Turandot. Prinzessin von China. Ein tragikomisches Märchen nach Gozzi. Stuttgart: Philipp Reclam 2011, S. 6–8.

Seite 41: Gozzi, Carlo: *Gozzi*, aus: Turandot. Tragikomisches Märchen in fünf Akten. Übersetzt von Paul Graf Thun-Hohenstein. Stuttgart: Reclam 2012, S. 30.

Seite 41: Schiller, Friedrich: *„Turandot: Prinz! Noch ist's Zeit ... und Leibeigentum."*, aus: Turandot. Prinzessin von China. Ein tragikomisches Märchen nach Gozzi. Stuttgart: Philipp Reclam 2011, S. 29.

Seite 43: von Hofmannsthal, Hugo: *Siehst du die Stadt*. In: Wende, Woltraud (Hg.): Großstadtlyrik. Stuttgart: Reclam Verlag 1999, S. 52.

Seite 44: Heym, Georg: *Die Stadt*. In: Rothe, Wolfgang (Hg.): Deutsche Großstadtlyrik vom Naturalismus bis zur Gegenwart. Stuttgart: Reclam Verlag 1973, S. 117/118.

Seite 46: Droop, Fritz: *Auf der Neckarbrücke in Mannheim*. In: Seitz, Robert/Zucker, Heinz (Hg.): Um uns die Stadt. Eine Anthologie neuer Großstadtdichtung. Berlin: Sieben-Stäbe-Verlag 1931, S. 133/134.

Seite 48: Kästner, Erich: *Vorstadtstraßen*. In: Karl Otto Conrady (Hg.): Das große deutsche Gedichtbuch, Frankfurt a. M.: Athenäum Verlag 1987, S. 849/850.

Seite 50: Kästner, Erich: *„Die Häuser sind so traurig ... und schlafen."* (Originaltitel: *Vorstadtstraßen*). In: Karl Otto Conrady (Hg.): Das große deutsche Gedichtbuch, Frankfurt a. M.: Athenäum Verlag 1987, S. 849/850.

Seite 51, 51, 52, 52, 55, 55/56, 57: Oates, Joyce Carol: *„Moms Begeisterung darüber ... auf die vierzig zu.", „Dad hatte es Mom erlaubt ... und zu verkaufen.", „Mom lachte wie ein kleines Mädchen ... Frei sah sie aus.", „Es gab einen einzigen Schrank ... Paar Schuhe.", „freaky-logik ... der dich liebt", „In unserer Familie ... Wenn sie zurückkommt.", „Was wollte deine Tante ... Ja, Daddy."*, aus: Mit offenen Augen: Die Geschichte von freaky green eyes. Übers. von Birgitt Kollmann. München: dtv Verlagsgesellschaft 2007, S. 44–48, 61/62, 114–117, 121/122, 181,193–197, 193–197.

Seite 59/60: Kaufmann, Sabine/Frietsch, Martina: *Verschwörungserzählungen*, >www.planet-wissen.de/gesellschaft/psychologie/verschwoerungstheorien/index.htm<, SWR 29.06.2021, Westdeutscher Rundfunk Köln (letzter Aufruf: 01.12.2021).

Seite 68/69, 70, 70, 70: Böll, Heinrich: *An der Brücke, „Es ist klar, ... sie es erfährt.", „... und ich könnte ... nach Hause bringen.", „Die haben mir ... ich sitzen kann."*, aus: Wanderer, kommst du nach Spa... Erzählungen. München: dtv Verlagsgesellschaft 1978, S. 62/63, 63, 63, 62.

Seite 71/72: *Ju-Jutsu*, >www.djjv.de/sportarten/ju-jutsu/<, Deutscher Ju-Jutsu-Verband e.V., Zeitz (letzter Aufruf: 01.12.2021).

Seite 73, 80: *Biologische Vielfalt: Bienen und Insekten schützen, „Das Vorkommen vieler ... oder enthalten werden."* (Originaltitel: *Biologische Vielfalt: Bienen und Insekten schützen*), >www.bmel.de/DE/themen/landwirtschaft/artenvielfalt/insekten-biologische-vielfalt.html<, Bundesministerium für Ernährung und Landwirtschaft 2020, Bonn, 05.07.2021 (letzter Aufruf: 01.12.2021).

Seite 84: *Auszug aus der Lutherbibel, Abschnitt 1. Mose 2.23 (1523)/(1546)*, aus: Schlobinski, Peter: Grundfragen der Sprachwissenschaft. Göttingen: Vandenhoeck & Ruprecht 2014, S. 224.

Seite 84: *Auszug aus der Lutherbibel, Abschnitt 1. Mose 2.23 (2017)*, >www.die-bibel.de/bibeln/online-bibeln/lesen/LU17/GEN.2/1.-Mose-2<, Deutsche Bibel Gesellschaft, Stuttgart (letzter Aufruf: 01.12.2021).

Seite 85: Bechmann, Sascha: *„A Ehe ... D Dirne"*, aus: Sprachwandel – Bedeutungswandel. Eine Einführung. Tübingen: Narr Francke Attempto Verlag 2016, S. 247.

Seite 87: *Think Pink – Das „Mädchengewürz"*, >gewuerz-glueck.com/produkt/maedchengewuerz/<, Freude am Genuss, Wiesenbronn (letzter Aufruf: 24.01.2022).

Seite 87: *Fleischgewürz „Echter Kerl"*, >https://gewuerz-glueck.com/produkt/fleischgewuerz-echter-kerl/<, Freude am Genuss, Wiesenbronn (letzter Aufruf: 24.01.2022).

Seite 90: Nützel, Nikolaus: *Framing – Worte als Rahmen*, aus: Sprachzauber. Warum unser Blabla mehr als Hokuspokus ist. München: arsEdition 2020, S. 116.

Seite 93: *„mîn ougen hânt ... ihre Worte sind)."* (Originaltitel: *46,32-47,15)*, >www.projekt-gutenberg.org/waltherv/walthers/chap007.html<, Projekt Gutenberg-DE, Hamburg (letzter Aufruf: 01.12.2021).

Seite 93: Schiller, Friedrich: *„Wahre Königin ist ... sie sich zeigt."*, >www.friedrich-schiller-archiv.de/gedichte-schillers/kurze-gedichte/macht-des-weibes/<, Friedrich Schiller Archiv, aionas Verlag, Weimar (letzter Aufruf: 01.12.2021).

Seite 93: Simmel, Johannes Mario: *„Die Weiber fingen ... Haaren zu reißen."*, aus: Der Stoff, aus dem die Träume sind. Gütersloh: Bertelsmann u. a. [1973] [1971], S. 200.

Seite 100: Der von Kürenberg: *Ich zôch mir einen valken*. In: Klein, Dorothea: Minnesang. Mittelhochdeutsche Liebeslieder. Mittelhochdeutsch Neuhochdeutsch. Stuttgart: Reclam (2010), S. 13.

Bildquellenverzeichnis

|akg-images GmbH, Berlin: 69.1. |Alamy Stock Photo, Abingdon/Oxfordshire: Maskot 92.1; Tetra Images, LLC 95.3. |Alamy Stock Photo (RMB), Abingdon/Oxfordshire: Fearn, Paul 34.1. |Brückner, Hannah, Hamburg: 10.1, 10.2, 10.3, 13.1, 61.1, 74.1, 74.2, 81.1, 88.1, 96.1, 98.1, 103.1. |fotolia.com, New York: I. Kruk 102.1; Kerekes, Cristian 97.1; Kneschke, Robert 99.1; marog-pixcells 83.1; sguk 32.1. |Freude am Genuss GmbH, Wiesenbronn: https://gewuerz-glueck.com/ 87.1, 87.2. |Getty Images, München: 30.1. |Imago, Berlin: blickwinkel 63.3. |iStockphoto.com, Calgary: DragonImages 14.1; Habur, Izabela 18.1; Nastasic 41.1; Valeriy_G Titel; Živkovic, Miljan 71.1. |Literaturagentur Arteaga, Berlin: mit freundlicher Genehmigung von Livia Josephine Kerp 17.1; Müller, Benedict / mit freundlicher Genehmigung von Livia Josephine Kerp 15.1. |mauritius images GmbH, Mittenwald: Hiltmair, Florian 104.1. |Mintel Deutschland GmbH, Düsseldorf: 25.1. |Picture-Alliance GmbH, Frankfurt a.M.: akg-images 33.1; Kay Nietfeld 82.1; prismaarchivo 100.1; Spremberg/chromorange 93.1; ZB/Büttner, Jens 11.1. |Riva Filmproduktion GmbH, Hamburg: 22.1. |Schwarzstein, Yaroslav, Hannover: 40.1, 40.2, 51.1, 52.1, 54.1, 55.1, 58.1, 65.1, 65.2, 66.1. |Shutterstock.com, New York: Rawpixel.com 29.1. |Stiftung Kloster Dalheim. LWL-Landesmuseum für Klosterkultur, Lichtenau-Dalheim: Foto: Katharina Kruck 59.1. |stock.adobe.com, Dublin: adragan 64.2; Alex from the Rock 84.1; Asier 80.1; Belli VeCtoR 6.1; Bormann, Markus 9.1; Burkard, Sascha 85.1; Cameo 63.2; Creative Wonder 64.1; Daxenbichler, Patrick 26.1; Dutour, Thomas 50.1; fotogestoeber 73.1; Friedberg 90.2; Friends Stock 95.2; grafikplusfoto 77.1, 78.1; Gudellaphoto 63.1; jenyateua 90.1; Krakenimages.com 23.1; lifeonwhite.com 101.1; Syda Productions 95.4; theartofphoto 95.1.